The fingerprint answered
the question of why.
왜 라는 질문에
지문이 답 했다

i·FAS

The fingerprint answered
the question of why.

"왜"라는 질문에
지문이 답했다

관계개선 전문가
안 자 선 지음

도서출판 율림

“왜 그럴까?”라는 부모의 질문에, 아이의 지문은 조용하지만 분명한 목소리로 답을 건넵니다.

이 책은 아이의 손끝에 새겨진 지문이라는 과학적 단서를 통해, 내면에 숨겨진 성향과 가능성을 발견하고 이해하려는 여정을 담고 있습니다.

저자는 2015년 아이파스 지문적성 2급 상담사 자격을 시작으로, 2016년 1급 자격을 취득하고, 2017년 다엘교육센터장, 2018년 전북지사장으로 활동하며 수많은 부모, 아이, 교사와 상담의 자리를 함께해 왔습니다.

현재는 천안서부센터(정안나센터장), 푸른교육센터(차미정센터장), 자람교육센터(성혜연센터장), 익산원센터(김미화센터장), 김제성만교육센터(임연희센터장) 등 5개 센터와 실제 1급 상담사로 교육시킨 약 52명의 2급 상담사와 함께 전국 각지의 유아기관 GFAT 검사(유전자지문적성검사)와 부모교육, 중·고등학교, 지역기관에서 GFAT 검사(유전자지문적성검사)와 진로 탐색과 코칭을 진행하고 있습니다.

이 책은 단순한 경험담이 아닙니다. IFAS GFAT 검사(유전자지문적성검사)의 이론적 기준 위에 세워진 사례 중심의 성향해석서입니다.

GFAT 검사(유전자지문적성검사)는 한 사람의 성향을 모호하게 표현하지 않고, 내면 성향, 표면 성향, 잠재 성향을 종합적으로 분석하며, 여기에 선천적 개인 재능, 다중 능력의 우선순위, 학습 민감도, 내면 에너지까지 함께 고려하여 정밀하고 균형 잡힌 상담이 이루어집니다.

이 책에서는 종합 분석 중에서도 특히 내면 성향에 초점을 맞추어 사례를 구성하였습니다. 겉으로 드러나는 행동이나 결과보다는, 그 이면에 있는 생각의 흐름과 감정의 구조, 그리고 그 사람만의 가능성을 바라보는 데 집중하였습니다.

지문은 단지 '패턴'이 아니라, 태아기부터 형성된 한 사람의 선천적 신경 발달의 흔적이며, 이는 '운명'을 결정짓는 것이 아니라, 자유로운 삶의 태도를 시작하는 출발점이 되어야 합니다.

성향에는 좋은 성향, 나쁜 성향이 없습니다. 각각의 성향은 저마다의 강점과 약점을 갖고 있으며, 이를 부모와 교사가 함께 이해하고, 강점은 부각하고 약점은 보완할 수 있도록 돕는 훈련의 과정이 무엇보다 중요합니다. 따라서 지문으로 한 사람을 단정 짓거나 규정하는 태도는 지문검사의 본질에서 벗어나는 것입니다.

지문은 우리 아이가 어떤 존재인지 '결정'하는 것이 아니라, 가능성과 방향성을 함께 모색할 수 있는 도구가 되어야 합니다.

한 사람의 성향과 가능성을 보다 정밀하게 알고 싶다면, GFAT 종합검사를 직접 받고 상담을 진행하실 것을 권해드립니다.

지문은 타고난 성향을 보여주는 '평생 변하지 않는 지도'이기에, 그 해석 또한 충분한 이해와 전문성이 필요합니다.

저자는 '지문적성상담사 1급', '맞춤형 진로코칭전문가 1급', '기업컨설팅 1급', '자기주도학습 2급' 자격을 보유하고 있으며, 상담 만족도 100%에 가까운 수많은 현장 경험을 통해 정확한 분석과 따뜻한 공감의 상담을 이어가고 있습니다.

이 책이 부모와 교사, 그리고 아이가 함께 성장하는 여정의 출발점이 되기를 진심으로 바랍니다. 지문이라는 과학 속에 담긴 마음의 이야기를 통해, 이제 아이의 손끝이 들려주는 조용한 속삭임에 귀 기울여 보세요.

"왜 그럴까?"라는 부모의 간절한 물음에 과학적이고 명확한 답을 제시하는 이 책을 만나게 되어 정말 기쁩니다.

저자는 2015년부터 시작된 지문적성 상담사로서의 여정을 통해, 단순히 자격을 취득하는 것을 넘어 진정으로 아이들을 이해하고자 하는 마음으로 끊임없이 성장해왔습니다. 2급에서 1급으로, 다시 다엘교육센터장과 전북 지사장으로 발걸음을 옮기며, 매 순간 아이들의 목소리에 귀 기울이고 부모들의 고민에 함께 공감해 온 그의 진심어린 노력이 이 책 곳곳에서 빛을 발합니다.

아이의 손끝에 새겨진 지문이라는 과학적 단서를 통해 우리 아이들의 내면에 숨겨진 성향과 무한한 가능성을 발견할 수 있는 길을 제시합니다.

특히 IFAS GFAT 지문적성검사의 이론적 토대 위에 구축된 이 책은 단순한 경험담을 넘어서, 내면 성향, 표면 성향, 잠재 성향을 종합적으로 분석하는 체계적인 접근법을 보여줍니다. 11가지 기본 성향 패턴과 10가지 다중 능력을 통한 정밀한 분석 방법은 기존의 막연한 육아 방식에서 벗어나 과학적 근거에 기반한 맞춤형 교육을 가능하게 합니다.

책 속에는 소리에 예민했던 5세 현수, 등교를 거부했던 8세 지민, 트로트 가수로 성장한 서윤이, 문제아에서 모범생으로 변화한 지훈이 등 실제 상담 사례들이 생생하게 담겨 있어, 독자들로 하여금 자신의 아이에게서도 숨겨 진 보석을 발견할 수 있는 희망을 품게 합니다.

저자가 직접 만나온 수많은 아이들과의 소중한 만남들이 고스란히 녹아있 어, 읽는 이로 하여금 깊은 공감과 함께 실질적인 도움을 받을 수 있습니다. 무엇보다 아이를 바라보는 저자의 따뜻한 시선과 부모의 마음을 헤아리는 세심함이 페이지마다 전해져, 단순한 분석을 넘어 진정한 이해와 소통의 길을 열어줍니다.

　서울대, 카이스트, 경희대를 비롯한 전국 1,000여 학교와 100여 기관에 서 검증된 IFAS GFAT 방법론은 이 책의 신뢰성을 더욱 높여줍니다. 아이 를 키우는 모든 부모님들과 교육에 관심 있는 분들에게 꼭 필요한 실용적이 고 과학적인 지침서로 추천합니다.

이 책을 통해 우리 아이들의 진정한 모습을 이해하고, 그들의 잠재력을 최 대한 발휘할 수 있는 소중한 기회를 얻으시길 바랍니다. 아이의 지문이 들 려주는 조용하지만 분명한 목소리에 귀 기울여 보세요. 그 안에서 우리가 찾던 답을 발견하게 될 것입니다.

양진 _ (사)출산육아교육협회 이사장

아이의 가능성은 손끝에 새겨져 있습니다.

그 지문을 읽을 줄 아는 사람이, 진짜 교육자입니다.

지문은 뇌의 발달, 성향, 감정, 재능, 학습 방식까지 연결된 신경계 기반의 유전 정보입니다.

저는 지난 20년간 국내외에서 지문과 대뇌 발달, 다중 능력 간의 상관관계를 연구해왔고, 그 과정에서 수많은 데이터를 분석하며, GFAT(Gene Finger-prints Aptitude Test)이 단순한 적성검사를 넘어 교육과 상담을 위한 혁신 도구가 될 수 있음을 확인했습니다.

안자선 지사장처럼 지문학을 실천의 언어로 풀어내고, 현장에서 아이들의 가능성을 꽃피운 분은 흔치 않습니다. 그는 IFAS 전북지사장으로서 지난 10년간 초중고, 유치원, 어린이집 등 다양한 교육 현장에서 아이들과 부모들을 만나왔고, 수많은 상담사, 센터장과 함께 지문 기반 맞춤형 교육의 실전 모델을 만들어왔습니다.

이번에 출간된 『왜?라는 질문에 지문이 답했다』는 그의 현장 경험과 통찰을 담은 결정체입니다.

지문이라는 과학적 언어가 어떻게 아이의 성향, 감정, 재능, 학습 방식, 심리 특성까지 연결되는지를 이론에만 머물지 않고, 일상 언어로 풀어내어 누구나 공감하고 실천할 수 있도록 구성한 점에서 매우 뛰어난 책입니다.

이 책은 지문학을 처음 접하는 학부모에게는 아이를 이해하는 해설서가 될 것이고, 현장에 있는 교사와 상담사에게는 교육과 상담의 패러다임을 바꾸는 실천 도구가 될 것입니다.

지문은 운명이 아니라 가능성입니다.

그리고 그 가능성을 읽고 연결해주는 이가 진짜 교육자입니다.

이 책은 그 길을 걷고자 하는 모든 이들에게 명확한 나침반이 될 것입니다.

김용 _ IFAS 지문학 박사

안자선 다엘교육 대표님과 인연을 맺은 지 3년이 되었습니다. 비록 길지 않은 시간이지만, 그동안 마치 10년 넘게 함께해 온 듯한 깊은 신뢰를 쌓게 되었습니다.

진로 상담 전문가로서 수많은 학생과 학부모, 그리고 상담사들을 만나 왔지만, 안 대표님처럼 지문 검사 결과인 프로파일을 정교하게 해석하여 부모와 자녀의 관계를 개선하는데 진정성과 탁월한 능력을 보이는 분은 드물었습니다.

아이의 손끝 무늬를 통해 아이의 마음을 읽어내고 소통의 다리를 놓아 주는 모습을 볼 때면, 저절로 고개가 숙여질 정도입니다.

이 책에는 이론 중심의 상담 기법 대신, 저자가 현장에서 몸소 체득한 생생한 상담 경험과 구체적인 사례들이 담겨 있습니다.

"당신의 아이는 이미 답을 알고 있다"라는 이 책의 메시지처럼, 저자는 아이의 타고난 성향과 가능성을 읽어내고 있습니다.

지문을 기반으로 한 성향 분석은 단순한 운명론이나 점술이 아니라, 신경과학과 유전학에 바탕을 둔 객관적인 통찰임을 이 책은 분명하게 말하고 있습니다.

그 통찰을 일상 언어로 풀어내어 부모와 상담자가 쉽게 이해하고 활용할 수 있도록 한 점이 특히 인상적입니다.

저는 현재 재능디자인연구소에서 아이들의 재능을 발견하고 계발하여 '진학'이 아니라 각자에게 맞는 '진로'를 스스로 찾도록 돕는 일을 하고 있습니다.

저자의 접근법은 이러한 우리 연구소의 철학과 깊이 맞닿아 있습니다. 아이마다 타고난 재능과 성향이 다르기에, 이를 존중하고 북돋을 때 비로소 맞춤형 진로와 교육이 가능해집니다. 아이의 가능성을 발견하고 끄집어내어 주체적인 성장과 진로 탐색을 강조하는 재능디자인연구소의 철학과 궤를 같이하는 것이어서 더욱 공감됩니다.

그런 의미에서, 저자가 펼쳐 나가려는 이 새로운 도전이 교육 현장에 큰 변화를 불러올 것이라고 확신합니다.

이 책은 아이를 깊이 이해하고 싶은 학부모님은 물론이고, 아이와 매일 마주하며 지도하는 교사분들과 상담 전문가들에게도 꼭 필요한 소중한 지침서이자 실용서가 되어줄 것입니다. 저 역시 한 교육자로서 이 책을 통해 많은 통찰을 얻었고, 여러분께도 일독을 권합니다.

손영배 _ 〈이제는 진학이 아니라 진로다〉저자,
재능디자인연구소 소장

당신의 아이는 이미 답을 알고 있습니다.

― 지문이 들려주는 타고난 성향의 이야기

"선생님, 제 아이는 왜 이럴까요?"

이 한마디에 담긴 부모의 간절함은 그동안 제가 아이와 부모를 만나며 가장 많이 들었던 질문입니다.

그날도 마찬가지였습니다. 여섯 살 민준이는 엄마 뒤에 숨어 조용히 서 있었고 제가 이름을 부르자 저에게로 웃으면서 다가왔습니다.

"민준아, 선생님한테 손 좀 빌려줄 수 있을까?

손가락 도장놀이 하는 것처럼 잠깐 찍으면 되는데 어때?"

민준이는 고개를 끄덕이며 손을 내밀었습니다.

저는 민준이의 작은 손을 부드럽게 잡고 손끝 지문을 찍었습니다.

그리고 그 손끝 지문을 찍었을 때, 펼쳐진 것은 그냥 선과 곡선이 아니었습니다.

그것은 한 아이의 영혼이 담긴 지도였습니다.

아이의 지문은 거짓말을 하지 않습니다.

태아기 13주부터 형성되어 평생 변하지 않는 이 고유한 무늬는 당신이 그토록 이해하고 싶었던 아이의 비밀을 모두 품고 있습니다.
왜 어떤 아이는 조용한 방에서만 집중할 수 있는지,
왜 어떤 아이는 매일 아침 옷 선택으로 전쟁을 치르는지,
왜 칭찬에도 무감각한 듯 보이는지,
그 모든 의문의 실마리가 아이의 손끝에 있습니다.

"같은 방식으로 키웠는데, 우리 아이들은 왜 이렇게 다를까요?"

한 어머니가 쌍둥이를 키우며 던진 이 질문은, 150년이 넘는 지문 과학의 역사를 관통하는 핵심입니다. 프랜시스 갤튼(Francis Galton)의 통계 분석부터 미네소타 대학의 쌍둥이 연구까지, 과학은 놀라운 사실을 밝혀냈습니다.
'우리 성향과 기질의 70% 이상이 유전적 요인에 영향을 받는다.'
하지만 이것이 운명론을 의미하진 않습니다. 오히려 자유의 시작점입니다.

매일 밤 숙제와 씨름하는 아이,
사소한 일에도 눈물을 쏟는 아이,
친구 사귀기를 두려워하는 아이,
그들은 '고쳐야 할 문제'가 아니라, '이해해야 할 다름'입니다.
아이의 지문이 말해주는 타고난 성향을 존중할 때, 기적 같은 일이 일어납니다. 끊임없는 갈등이 이해로 바뀌고, 좌절했던 학습이 즐거운 발견으로 변합니다.

이 책은 당신 아이의 손에 새겨진 코드를 알아가기 위한 안내서입니다.
그러나 이것은 아이를 분류하거나 판단하기 위한 것이 아닙니다.

이것은 당신의 아이가 태어날 때부터 알고 있었던 진실을 발견하는 여정입니다.

　당신이 이 책을 펼친 이유는 분명합니다.
　"왜 우리 아이는 다른 아이들과 다를까?"
　"왜 내 말이 아이에게 통하지 않을까?"
　"왜 같은 실수가 계속 반복될까?"

　그 모든 답은 이미 아이의 손끝에 새겨져 있습니다.
　우리에게 필요한 것은 단 하나 그 무늬에 담긴 메시지를 읽고,
　아이가 본연의 빛깔대로 세상을 밝힐 수 있도록 돕는 것입니다.

　지문은 운명이 아닙니다. 그것은 가능성의 시작점입니다.

　이제, 당신의 아이가 태어날 때부터 알고 있었던 그 진실을 함께 발견해 보시겠습니까?

차례

2부 손끝에서 읽는 마음의 언어

3부 지문이 열어주는 양육의 새로운 지평

5부   지문 너머, 더 넓은 세상으로

제15장 | 한계를 깨는 마음의 혁명

제16장 | 우리 가족만의 행복 지도 그리기

제17장 | 지문이 예견하는 미래 교육의 혁명

작은 손에 담긴 무한한 가능성

1

당신의 아이는
이미 답을 알고 태어났습니다

1. 태아기부터 시작된 놀라운 지문의 비밀

"왜 우리 현수는 항상 엉뚱한 이야기를 하고 가만히 있질 못할까요? 집에 손님이 오면 가만히 있으면 좋겠는데 아무리 이야기를 해도 듣는 둥 마는 둥 해요."

IFAS GFAT(유전자지문적성검사) 상담을 요청한 어머니의 얼굴에는 지친 기색이 역력했습니다. 다섯 살 현수는 장난감을 들고서 뭔가를 열심히 하고 있었습니다. 그의 작은 손가락이 끊임없이 장난감을 만지작거리는 모습이 눈에 띄었습니다.

저는 방문을 요청하는 부모님들과 함께 수많은 아이들을 만나왔습니다. 그 과정에서 듣게 된 수많은 '왜'라는 질문들 중 이런 유형의 질문이 참 많았습니다.

이 모든 질문에 대한 해답은 아이의 작은 손끝에 이미 새겨져 있습니다. 그날, 저는 현수의 작은 손을 부드럽게 잡고 손끝 지문을 찍었습니다. 본사 연구소에서 온 GFAT 지문 분석 결과를 보니 현수가 왜 그러는지 이유가 있었습니다.

"연구소에서 보내준 현수의 지문 분석을 보니, 현수가 왜 그러는지 알 수 있었어요."

엄마에게 보고서를 보여드리며 설명해 드렸습니다.

"이건 현수가 까다롭거나 고집이 센 것이 아니라, 그의 신경계가 우리보다 훨씬 더 많은 정보를 처리하고 있다는 증거입니다."

현수 엄마의 눈에서 안도감과 이해의 빛이 번졌습니다. 지문 검사 후 상담이 끝났을 때 현수 어머니에게는 그 간의 갈등과 좌절을 해소하는 순간 이었습니다.

인간의 지문은 태아기 13주차에 형성되기 시작합니다. 이 시기는 뇌의 발 달과 신경계 형성이 급속도로 이루어지는 시기와 일치합니다. 태아기 때 발생하는 지문 융선은 상피-진피 경계에서 형성되며, 이 시기 신경 성장도 함께 일어납니다. 즉, 물리적으로 지문 생성을 담당하는 세포들이 동시기 신경 축삭(nerve axons) 형성과 겹치고, 지문의 융선과 곡선은 피부 아래 신경 분포와 깊은 연관성이 있으며, 이는 각 개인의 고유한 신경계 발달 패턴을 반영합니다.

　이것이 단순한 우연일까요? 과학은 그렇지 않다고 말합니다. 지문과 두뇌 발달은 같은 유전자 신호에 의해 조절되며, 이 과정에서 형성된 패턴은 평생 변하지 않습니다.

　더 놀라운 사실은 임신 중 엄마의 스트레스나 지속적인 약물복용은 태아에게는 심장이 터질듯한 압력으로 다가가고 이는 지문이 왜곡되는 현상으로 나타납니다. 실제로 지문이 왜곡되는 현상이 나타난 어머니에게 상담시 조심스럽게 "혹시, 임신 중 많이 힘든 상황이 있으셨을까요?"라는 질문에 눈물을 흘리는 사례도 많이 있었습니다. 실제 산모의 임신 초기 5개월까지의 건강이 아이의 평생 건강을 좌우한다는 연구결과도 있습니다.(영국의 역학자 데이비드 바커(David Barker)의 Barker 가설)

　이처럼 지문은 마치 신이 각 아이에게 내린 사용설명서와도 같습니다.

2. "제 아이는 왜 그럴까요?"
- 모든 부모의 질문에 대한 해답

"우리 아이들은 똑같이 키웠는데, 왜 이렇게 다를까요?"
군산에서 쌍둥이 형제를 키우는 부모님이 저에게 던진 이 질문은 지문 과학 연구의 핵심을 관통합니다. 같은 환경, 같은 양육 방식에도 불구하고 아이들은 저마다의 고유한 성향을 보입니다. 이것이 바로 타고난 기질의 힘입니다. 미네소타 대학의 쌍둥이 연구에서 밝혀진 바에 따르면, 성격과 기질의 약 70%가 유전적 요인에 영향을 받습니다. 놀랍게도 따로 자란 일란성 쌍둥이들도 같이 자란 쌍둥이만큼 성향이 유사했다는 사실은 타고난 기질의 강력한 영향력을 증명합니다. 하지만 이것이 결정론을 의미하진 않습니다. 오히려 이해의 시작점입니다.

군산에서 만난 8살 1학년 지민이는 매일 아침 학교 가기를 거부했습니다.

"어린이집도 처음에는 안가려고 했다가 시간이 지나면서 잘 다니긴 했어요. 초등학교 입학했을 때는 좀 나아진 줄 알았는데 더 그러네요."

부모님은 지민이를 '반항적'이라고 여겼지만, 지민이의 지문에서 발견된 패턴은 다른 이야기를 들려주었습니다. 이 패턴은 어떤 장소든지 안전과 믿음이 중요하고 그러기까지 시간이 필요한 패턴입니다.

"지민이에게 학교는 어린이집과는 또 다른 세계입니다. 이해가 필요하고 그 장소와 그 장소에 있는 사람에 대한 안전이 필요한 패턴입니다. 낯선 환경, 낯선 친구, 시끄러운 소리, 낯선 냄새 … 이 모든 것이 새로운 환경의 두려움이 다른 아이들보다 몇 배로 강하게 느껴져요. 유아기관에 계신 선생님들와 달리 초등학교 선생님은 조금 다른 분위기이기 때문에 스스로 적응해야 하는 학교에서는 더 안전에 대한 두려움이 있을거예요."

상담 후 지민이의 부모님은 아침 루틴을 바꾸기 시작했습니다. 서두르거나 호통치지 않고 여유를 두고 미리 그날의 일정을 알려주고, 선생님과 친구들에 대해 긍정적인 이야기를 해주고 학교에 가야하는 이유에 대해서 설명해 주었습니다. 어느 정도 시간이 지나자 지민이의 등교 거부는 사라졌습니다.

이런 사례는 지문 읽기가 단순한 점술이 아니라 과학적 근거에 기반한 강력한 통찰 도구임을 보여줍니다. 지문은 거짓말을 하지 않습니다. 그것은 아이가 태어날 때부터 세상과 소통하는 고유한 방식을 알려주는 객관적 증거입니다.

3. 아이의 손에서 발견한 인생의 청사진

부안의 어린이집에서 만난 서윤이는 언제나 긍정적이고 활발한 아이였습니다. 친구와 잘 지내고 인사도 잘하는 서윤이는 항상 웃는 아이였습니다. 서윤이 엄마는 서윤이가 가수를 했으면 좋겠다고 했습니다. 아이도 노래하는 것을 좋아하고 어머니도 하고 싶었던 일이었다고 하시면서 질문을 했습니다. 서윤이의 지문검사 후 "우리 아이가 가수를 할 수 있을까요?"상기된 얼굴로 물어보는 어머니는 결과 상담할 때 미소를 지었습니다.

다행히도 아이는 엄마의 성향을 닮은 지문을 가지고 있어서 가능성이 있다고 말씀드렸습니다. 서윤이와 엄마는 상담에 만족했고 현재는 누구나 알 수 있는 트로트 가수가 되었습니다.

이 사례는 아이와 어머니가 같은 성향이고 하고 싶은 일도 같은 경우여서 서윤이는 어머니의 응원을 받으며 하고 싶은 일을 할 수 있었습니다. 하지만 서윤이 사례와 달리 자녀가 재미있어 하고 행복해하는 일이 엄마와 같지 않다면 엄마는 어떻게 하는 게 좋을까요?

우리는 종종 아이들을 '빈 슬레이트'로 여기고, 우리가 원하는 방향으로 그들을 형성할 수 있다고 생각합니다. 하지만 과학은 다른 이야기를 들려줍니다. 아이들은 이미 고유한 잠재력과 성향을 가지고 태어납니다. 우리의 역할은 그것을 '만들어내는' 것이 아니라 '발견하고 지원하는' 것입니다.

지문 과학은 단순히 아이를 이해하는 것을 넘어, 그들의 잠재력을 최대한 발휘할 수 있도록 돕는 로드맵을 제공합니다. 그것은 아이의 강점을 발견하고, 약점을 보완하며, 그들만의 강점의 고유한 길을 찾도록 안내하는 나침반입니다.

어느 대학교의 최신 연구에 따르면, 아이의 타고난 성향에 맞게 환경과 교육 방식을 조정했을 때, 학업 성취도는 28%, 정서적 웰빙은 34%까지 향상되었습니다. 이는 '맞춤형 양육'의 강력한 효과를 증명합니다.

학부모님들과 함께한 경험에서 저는 한 가지 진실을 발견했습니다. 우리나라 아이들도, 세계 어느 곳의 아이들도 모두 비슷한 고민과 도전을 안고 있습니다. 그리고 그 해답은 종종 우리가 미처 보지 못했던 곳, 바로 아이의 작은 손끝에 있었습니다.

당신의 아이는 이미 모든 답을 알고 태어났습니다.

그 답은 그들의 작은 손끝에 새겨져 있습니다.

우리에게 필요한 것은 그 메시지를 읽고, 이해하고, 존중하는 지혜입니다.

다음 장에서는 지문 패턴의 과학적 근거와 다양한 유형에 대해 더 깊이 탐구하겠습니다. 하지만 그전에 잠시 시간을 내어 당신 아이의 작은 손을 살펴보세요.

그 손끝에 새겨진 선과 곡선 속에는 당신이 그토록 알고 싶었던 모든 '왜'에 대한 답이 담겨 있습니다.

당신의 아이는 이미 자신이 누구인지 알고 있습니다.

이제 우리가 그것을 발견할 차례입니다.

제 2 장

지문,
신이 내린 가장 완벽한 사용설명서

1. 과학이 증명한 지문 –
성향 연결의 신비로운 메커니즘

"왜 우리 아이는 항상 이렇게 산만할까요? 다른 아이들처럼 한 자리에 앉아 있질 못해요."

동현이 어머니의 표정에는 걱정과 피로가 가득했습니다. 저는 어머니의 동의를 얻어 동현이의 작은 손의 지문을 찍었습니다. 동현이의 GFAT 검사 결과에는 '주성향이 감성형과 창조사고형'으로 분석이 되었습니다. 감성형은 전체 인구의 약 39%를 차지하는 가장 흔한 유형으로, 분위기에 민감하고 생각이 쉽게 바뀌며 감정 변화가 많은 특성을 보입니다. 또한 창조사고형은 친화력이 아주 좋고 호기심이 많아서 궁금한 것이 많고 처음보는 물건에 대한 관심이 아주 큽니다.

"동현이는 산만한 것이 아니라, 아이가 가지고 있는 지문 성향을 보이고 있어요. 이런 아이들은 한 가지 일에만 순간 집중하는 능력이 뛰어나지만, 분위기 영향을 많이 받고 방해 요소가 있으면 집중력이 쉽게 흐트러집니다. 또한 아이디어가 많고 호기심이 강한 성향이 같이 있어서 잠시도 가만히 있을 수 없는 모습이 자주 보일 수 있습니다. 모방형이라는 학습 습관을 가지고 있어서 뭐든 보고 배우는 모방 능력이 뛰어납니다. 환경이 중요하기 때문에 어떤 환경에 노출이 되느냐가 아주 중요합니다. 동현이의 부모님, 친구, 선생님 등 동현이에게 보여지는 모든 주위 환경이 중요합니다. 어쩌면 에디슨이나 아인슈타인처럼 될 수도 있는 아이입니다."

상담이 끝난 후 어머니의 얼굴에 안도감이 번졌습니다. 어머니는 이제부터는 동현이를 혼내지 않고 환경을 바꾸겠다고 하셨습니다.

집중할 때는 방해 요소를 제거하고, 그룹 스터디를 통해 긍정적인 학습 분위기를 만들어 주며 궁금해하는 것을 물어볼 때는 바쁘더라도 답해주고 모르는 것은 같이 검색해보고 이해할 수 없는 행동을 하더라도 칭찬을 아끼지 않겠다고 하셨습니다.

동현이 어머니는 동현이와 같이 즐기고 배우는 것이 습관이 되었고, 동현이는 학교에서 우등생이자 모범생이 되었습니다.

"지문이 어떻게 성격과 학습 성향을 예측할 수 있을까요?"

이 질문에 대한 답은 발달 생물학과 행동 연구의 교차점에 있습니다. 인간의 지문은 태아기 13주차에 형성되기 시작합니다. 이 시기는 뇌의 발달과 신경계 형성이 급속도로 이루어지는 시기입니다. 과학자들은 지문 패턴의 형성과 신경 발달 사이에 연관성이 있다고 제안하지만, 이 두 과정이 정확히 어떻게 연결되는지에 대한 명확한 메커니즘은 아직 완전히 밝혀지지 않았습니다.

하지만 최근 연구에 따르면, 지문 패턴과 개인의 성격 특성 사이에 통계적 상관관계가 있을 수 있다는 증거가 있습니다.

한 연구팀이 "Big Five" 성격 요인을 기반으로 14개의 성격 구성 요소를 개발하고, 이를 지문 패턴과 연관시키는 연구를 진행했습니다. 그들은 지문 패턴과 성격 특성 사이에 통계적으로 유의미한 연관성을 발견했습니다.

그러나 이러한 연관성이 직접적인 인과관계인지, 아니면 다른 요인에 의한 것인지는 아직 명확하지 않습니다. 지문 패턴과 성격 특성 모두 유전적 요인과 환경적 요인에 영향을 받기 때문에, 이 둘 사이의 관계는 복잡할 수 있습니다.

2. 뇌 발달과 지문이 만나는 결정적 순간들

중학교에서 만난 열네 살 민지는 수업 시간에 항상 창밖을 바라보는 아이였습니다. 선생님들은 민지가 수업에 집중하지 않는다고 걱정했지만, 민지의 지문 분석 결과는 다른 이야기를 들려주었습니다.

민지의 손에는 '내면이 창조사고형' 지문 패턴이 보여지고 선천적 개인 재능에 공상성이 있었습니다.

선천적인 재능인 공상성을 가진 아이는 상상력이 풍부하고, 새로운 시도를 좋아하며, 창의력을 발휘할 수 있는 일에 흥미를 느끼는 특성과 연관되어 있습니다.

창조사고형 아이들의 학습 습관은 기존 틀에서 벗어나 새로운 관점으로 생각하는 경향이 있습니다. 이런 아이들에게는 창의적인 표현 기회와 자유로운 학습 환경이 필요합니다.

GFAT 종합분석 결과를 바탕으로, 민지의 부모님은 민지의 학습 방식을 바꿔주기로 했습니다. 민지의 의사를 최대한 존중하고, 과학과 미술 분야에서 창의적인 표현 기회를 제공했습니다.

민지는 친구들 사이에서 아이디어가 많다는 이야기를 들으며 자신감을 얻어 여러 대회에 참여하면서 아이디어로 상도 받았습니다.

부안에서 만난 열여섯 살 진우는 내면 성향이 흥미로운 현실주의형 지문 패턴을 보였습니다.

이 유형은 전체 인구의 약 9%를 차지하며, 지도자와 조정협조자의 중간형 특성을 보입니다.

"진우는 뛰어난 현실감각과 상황적응력을 가지고 있어요. 현실주의형 아이들은 한 가지 생각으로 행동하다가도 주변 영향으로 유연하게 기준을 바꿀 수 있습니다. 이런 아이들은 주도형 학습 습관을 가지고 있지만, 때로는 첫 선택을 끝까지 밀어붙이는 훈련이 필요합니다."

진우는 학생회장 선거에 출마하여 현실적이고 실용적인 공약으로 학생들의 지지를 얻었습니다. 그의 뛰어난 상황 판단력과 결단력은 학교 문제 해결에 큰 도움이 되었습니다.

지문 패턴과 신경 발달 사이의 관계에 대한 과학적 연구는 아직 진행 중입니다. HOX 유전자라는 특별한 유전자군이 태아 발달 초기에 중요한 역할을 한다는 것은 알려져 있습니다. 신경과학 연구들은 뇌의 특정 영역과 특정 행동 패턴 사이의 연관성을 다양한 방법으로 밝혀내고 있습니다.

여러 쌍둥이 연구에서 밝혀진 바에 따르면, 일란성 쌍둥이도 서로 다른 지문 패턴을 가지며, 이는 유전적 요인 외에도 태내 환경이 지문 형성에 영향을 미친다는 것을 시사합니다. 이러한 발견은 지문 패턴이 유전적 요인과 환경적 요인의 복잡한 상호작용의 결과임을 보여줍니다.

또한, 뇌 발달과 지문 형성의 결정적 시기에 대한 다른 자료를 보면 임신 13주차부터 형성되기 시작하는 지문은 손가락 끝의 피부층에서 세포들이 빠르게 증식하면서 주름이 형성되고, 이후 땀샘이 발달하면서 고유한 지문 패턴이 만들어집니다.

뇌의 발달 시기는 임신 3주차부터 신경판(neural plate)이 형성되며 발달을 시작합니다. 이후 신경관(neural tube)이 형성되고, 24주차까지 주요 뇌 구조들이 완성됩니다.

이러한 시기적 겹침은 지문과 뇌 발달이 동일한 배아 시기 동안 이루어지며, 이로 인해 특정 환경적 요인이나 유전적 요인이 두 발달 과정에 동시에 영향을 미칠 수 있음을 시사합니다.

지문 패턴과 신경 발달 장애의 연관성 연구에 따르면, 지문 패턴은 임신 24주차 이전에 영구적으로 형성되며, 이 시기의 환경적 요인이나 유전적 변이가 신경 발달에 영향을 미칠 수 있습니다. 예를 들어, 자폐 스펙트럼 장애(ASD) 아동의 지문 패턴이 일반 아동과 다르다는 연구 결과가 있습니다.(출처: Wiley Online Library)

최근 연구에서는 출생 직후의 뇌 형태학적 특징이 개인의 고유성을 나타내는 지문처럼 작용할 수 있음을 보여주었습니다. 이러한 형태학적 지문은 감각운동 및 시각 피질에서 두드러지게 나타나며, 이는 태아기 후반의 뇌 발달 과정에서 형성됩니다.

관련 연구 자료로는 지문 형성의 발달적 기초와 변이 연구는 지문 능선이 어떻게 형성되며, 그 변이에 어떤 요인이 영향을 미치는지를 다룹니다.

지문 패턴과 신경 발달의 연관성 논문은 지문 패턴이 신경 발달 장애와 어떤 연관성이 있는지를 탐구합니다.

출생 전 뇌의 형태학적 지문 연구는 출생 전 뇌의 형태학적 특징이 개인 식별에 어떻게 활용될 수 있는지를 보여줍니다.

이러한 연구들은 지문과 뇌 발달이 동일한 시기에 이루어지며, 이로 인해 특정 환경적 요인이나 유전적 요인이 두 발달 과정에 동시에 영향을 미칠 수 있음을 시사합니다. 이는 지문 패턴이 뇌 발달의 지표로 활용될 수 있는 가능성을 열어줍니다.

3. 거짓말하지 않는 증거: 지문 패턴과 성격 특성의 상관관계

익산에서 만난 열일곱 살 준호는 뛰어난 학업 성취도에도 불구하고 팀 프로젝트에서 항상 어려움을 겪었습니다. 그의 지문을 분석했을 때, '완벽주의형' 패턴이 뚜렷했습니다. 이 패턴은 전체 인구의 약 3.1%를 차지하는 유형입니다.

"준호의 지문 패턴은 그가 왜 팀 활동에서 어려움을 겪는지를 설명해줍니다. 완벽주의형 사람들은 원리원칙을 중시하고 책임감이 강하지만, 주관이 뚜렷하여 고집으로 보여져서 다른 사람의 의견이 이해되지 않으면 그 의견을 수용하는 데 어려움을 느낄 수 있습니다."

준호는 학교 토론 동아리에 가입하여 다양한 관점을 경청하는 훈련을 시작했습니다. 그의 분석적 능력과 책임감은 여전했지만, 이제 그는 다른 사람들과 더 원활하게 협력할 수 있게 되었습니다.

예술학교에 다니는 열여섯 살 소연이는 '예술이상형' 지문 패턴을 보였습니다. 이 유형은 전체 인구의 약 0.8%에 불과하며, 무대체질인 성향입니다. 예술적 감성이 풍부하면서도 독특한 자기만의 방식으로 표현하는 특성을 가집니다.

"소연이는 일반적인 성향보다 더 자기중심적이고 독립적인 성향을 가지고 있어요. 예술이상형 아이들은 매우 독특한 사고방식과 표현 방식을 가지고 있으며, 예술 분야에서 특별한 재능을 발휘할 수 있습니다. 그러나 이런 아이들은 목표 설정과 감정 조절을 배우는 것이 중요합니다."

소연이는 학교 미술부에서 독특한 표현으로 주목받았고, 전국 대회에서 수상하기도 했습니다. 소연이의 작품은 기존의 틀을 벗어난 예술적인 시각을 보여주었습니다.

연구에 따르면, 지문 패턴과 성격 특성 사이에 통계적 상관관계가 있을 수 있습니다. 일부 연구에서는 특정 지문 패턴과 특정 성격 특성 사이에 통계적으로 유의미한 연관성을 발견했습니다. 대만의 한 연구에서는 참가자의 70% 이상이 지문 기반 성격 특성 분석에 만족했습니다.

지문이 성격을 100% 결정한다고 말하는 것은 과학적 오류입니다. 환경, 양육, 개인의 선택 등 다양한 요소가 함께 작용합니다. 하지만 지문은 타고난 기질적 성향에 대한 흥미로운 단서를 제공할 수 있습니다. 가장 중요한 것은, 이 단서가 아이를 더 잘 이해하고 지원하는 데 도움이 될 수 있다는 점입니다.

한 학교의 100명의 아이들을 관찰한 결과, 지문과 행동 특성 사이에는 상당한 일치도가 있었습니다. 다시 말하지만 물론 이것이 운명론을 의미하진 않습니다. 같은 지문 패턴을 가진 두 아이라도 환경과 경험에 따라 매우 다른 성격으로 발달할 수 있습니다. 하지만 지문은 그들이 세상을 경험하고 정보를 처리하는 '기본 경향성'에 대한 중요한 통찰을 제공합니다.

완주에서 방문 상담을 받은 한 어머니는 이렇게 말했습니다.
　"아이의 지문을 통해 그의 성향을 이해하게 되자, 매일 벌어지던 갈등이 절반으로 줄었어요. 이제 저는 아이가 '고치려고 노력하지 않아서' 그런 것이 아니라, 정말로 다르게 세상을 경험하고 있다는 것을 알게 되었거든요."
　이것이 바로 지문 분석의 가장 큰 가치입니다. 그것은 단순히 아이의 미래를 예측하는 도구가 아니라, 현재 아이를 더 깊이 이해하고 존중하는 열쇠입니다.

다음 장에서는 이런 통찰을 바탕으로, 왜 우리가 지금까지 아이들을 종종 오해하고 잘못 판단해왔는지, 그리고 어떻게 이런 새로운 이해가 교육과 양육의 패러다임을 바꿀 수 있는지 살펴보겠습니다.
　지문은 운명이 아니라 가능성의 지도입니다. 그것은 오직 진실, 즉 당신의 아이가 태어날 때부터 가지고 있던 고유한 잠재력과 성향의 청사진을 보여줍니다.
　우리의 역할은 이 청사진을 올바르게 읽고, 아이가 자신만의 빛으로 세상을 밝힐 수 있도록 돕는 것입니다.

제 3 장

왜 우리는 아이를 오해했는가

1. 교육의 패러다임을 뒤집는 충격적 발견

"선생님, 우리 지훈이가 또 싸움을 했대요. 친구를 때렸다는데, 대체 어떻게 해야 할지 모르겠어요."

지역아동센터장님이 지훈이 어머니의 이야기를 듣고 저에게 연락을 주셨습니다. 센터에서 만난 지훈이 어머님의 눈에는 절망감이 어려 있었습니다. 열두 살 지훈이는 학교에서 '문제아'로 낙인찍혔고, 부모님은 매일 밤 그의 행동을 어떻게 바꿀 수 있을지 고민하며 잠을 이루지 못했습니다.

지훈이의 지문을 찍고 연구소의 분석 결과를 보니 '지도자형' 지문이었습니다. 이 패턴은 강한 주관과 독립심, 높은 자존감과 도전 정신을 특징으로 합니다.

"지훈이는 타고난 리더십과 강한 주도성을 가진 아이입니다. 하지만 그의 이런 에너지가 적절한 방향으로 발산되지 못하면, 때로는 공격적인 행동으로 나타날 수 있어요."

센터장님과 부모님 그리고 지훈이와 같이 GFAT 지문 분석 보고서를 보며 오랜 시간 상담하고 지훈이의 의견을 존중하여 지역아동센터 봉사활동으로 리더와 상담 도우미 역할을 맡겼습니다.

단 상담 도우미로서는 친구들의 고민을 들어주기만 하고 충고는 하지 않는 조건을 주었습니다. 리더 역할은 어렵지 않게 했지만, 상담 도우미 역할은 아주 힘들어 했습니다.

시간이 흐른 뒤에 지훈이는 예전에 힘들었던 친구와의 일을 털어놓는 다른 친구의 말에 공감하며 서로 들어주다가 해결이 되는 경험을 하였다고 합니다. 그러면서, 다른 친구의 힘들었던 일에도 공감해야겠다는 생각으로 변하기 시작한 지훈이는 상담 도우미 역할을 진지하게 받아들였고, 한 학기가 지나고부터 '문제아'에서 '모범생'으로 변하기 시작했습니다.

이 사례는 지훈이도 스스로 본인의 행동에 반성을 많이 했으며 상담 후 문제 행동을 고치고자 하는 마음이 커서 모범생으로 바뀌는 과정이 그리 오래 걸리지 않았습니다.

이것이 바로 우리가 아이들을 오해하는 가장 근본적인 이유입니다. 강점인 리더 역할도 할 수 있는 기회를 주고 약점인 들어주기와 공감을 향상시키는 기회도 같이 제공하니 스스로가 약점을 보완할 수 있게 되었습니다.

우리는 모든 아이를 동일한 잣대로 평가하고, 획일화된 교육 방식과 기대치를 적용합니다. 그 결과 자신의 타고난 성향과 맞지 않는 환경에서 '문제 행동'을 보이는 아이들이 생겨납니다.

중요한 것은 아이들의 성향은 한 가지 성향이 있는 경우도 있지만 다른 성향이 같이 있는 다중성향인 아이들도 있습니다.

앞선 사례의 지훈이는 주성향에 지도자형도 있지만 조정협조형도 있었습니다.

다중 성향을 가지고 있는 아이들은 한 성향의 약점을 다른 성향이 보완해줄 수 있거나 강점을 더 크게 부각시켜 줄 수도 있습니다.

타고난 선천적인 성향은 좋고 나쁜 것이 아니기 때문입니다. 각 성향의 강점과 약점을 알고 강점은 부각시키고 약점은 보완하면 됩니다. 나의 강점을 알고 또 상대방의 약점을 안다면 다름을 이해하기 쉽습니다. 하지만 상대방의 약점도 모르고 나의 약점도 모른다면 관계는 어려워집니다.

현대 교육 시스템은 대부분 한 가지 유형의 학습자, 즉 조용히 앉아서 지시를 따르는 아이들에게 최적화되어 있습니다. 이는 일부 아이들에게는 잘 맞을 수 있습니다. 하지만 또 일부 아이들에게는 답답한 감옥과 같을 수 있습니다.

일부 중·고등학교에서 지문검사를 하고 교사교육을 한 후에 교사들이 아이들의 다양한 성향을 인식하고 소통 방식을 조정한 학교에서는 학생들의 학업 성취도가 상승했고, 문제 행동은 감소했습니다.

이는 단순히 아이들의 '문제'를 고치려 하기보다, 그들의 고유한 성향을 이해하고 존중하는 것이 훨씬 효과적임을 보여줍니다.

지문을 찍고 연구소에서 보내주는 아이들의 지문분석결과를 상담하는 과정에서 가장 자주 듣는 말은 "아, 이제 우리 아이를 이해할 수 있어요"입니다. 부모님들과 교사들은 아이의 행동을 새로운 관점에서 바라보게 되고, 이는 종종 획기적인 변화의 시작점이 됩니다.

지문은 아이들이 세상을 인식하고 소통하는 다양한 방식을 반영할 수 있습니다.

중학교 교사였던 한 선생님은 이렇게 말합니다.

“지문에 대해 알기 전에는 활동적인 아이들을 ‘산만하다’고만 생각했어요. 하지만 이제는 그들이 단지 다른 방식으로 세상과 상호작용 한다는 것을 이해합니다. 교실에서 다양한 성향의 아이들과 다양한 방법으로 소통하기를 시작했더니, 모든 아이들이 더 행복해하고 잘 참여하게 되었어요.”

진정한 교육 혁명은 모든 아이를 똑같이 만들려는 시도를 포기하고, 각자의 고유한 재능과 성향을 발견하고 육성하는 데서 시작됩니다.

지문상담은 이 혁명의 첫 걸음을 위한 지도를 제공합니다.

2. 손끝에서 읽는 아이의 진짜 목소리

“우리 민서가 학교에서 전혀 말을 안 한대요. 선생님께서 말이 늦은 것 같다고 상담을 권유하셨어요.”

한 작은 카페에서 만난 민서 어머니는 걱정스러운 표정으로 말했습니다.

다섯 살 때 민서는 집에서는 끊임없이 재잘대지만, 유치원에서는 한 마디도 하지 않는 ‘선택적 함구증’을 보였고 지금은 더 심해진 상태였습니다.

민서의 지문을 검사하고 분석결과를 보니 조정협조형과 지도자형 지문으로 나타났습니다. 이 두 지문은 분위기에 적응하기까지 시간이 걸리는 성향입니다. 특히 부모와의 분리불안이 있을 경우는 더 크게 보여지기도 합니다.

민서 부모님은 맞벌이 가정이라 어릴 때부터 모르는 분과 지냈는데 그분은 아이들은 잘 돌보기는 하지만 냉철하신 분이었다고 합니다. 적응하는데 시간이 오래 걸리는 민서는 불안해하며 엄마가 오기를 손꼽아 기다렸고 그 두려움을 나중에 알게 되었다고 합니다. 그 이유로 분리불안이 생겼고 낯선 사람이 있으면 말을 하지 않는 선택적 함구증 증상을 보인 것입니다.

“민서는 새로운 환경에 적응하기까지 시간이 걸리고 민감하게 반응하는 아이입니다. 조정협조형 아이들은 종종 낯선 상황에서 불안감을 느끼고, 특히 낯선 사람이나 낯선 환경에서는 더 자신의 감정을 언어로 표현하는 대신 ‘침묵’으로 대응하기도 합니다.”

이 결과를 바탕으로, 민서의 부모님과 교사는 민서가 학교 환경에 천천히 적응할 수 있도록 도왔습니다.

부모님 중 한 명이 처음 몇 주 동안 교실밖에 함께 있기도 했습니다.

민서 선생님은 민서에게 아주 부드럽게 대화하며 질문에 대답하지 않을 때는 재촉하지 않고 기다려 준다는 표현을 했습니다. 점차적으로 민서는 안전감을 느끼기 시작했고, 수개월 후에는 다른 아이들과 마찬가지로 활발하게 대화하기 시작했습니다.

이것이 지문 분석이 제공하는 또 다른 중요한 통찰입니다. 이런 지문을 가진 아이들은 자신의 느낌과 필요를 언어로 명확하게 표현하지 못할 수 있습니다. 대신, 그들은 행동으로 ‘말’합니다. 그 행동은 때로 짜증, 화, 울음, 공격성, 혹은 침묵의 형태로 나타납니다. 부모와 교육자로서 우리의 과제는 이러한 행동의 언어를 해석하고, 그 아래에 있는 진짜 메시지를 이해하는 것입니다.

지문은 이 분석 과정에 중요한 단서를 제공할 수 있습니다. “학교에서 ‘문제아’라고 불리는 아이들의 대부분은 사실 ‘잘못된’ 아이가 아니라, 그저 자신의 타고난 성향과 맞지 않는 환경에 있는 아이들입니다. 지문을 통해 아이들의 성향을 더 잘 이해하게 되면 그들의 행동이 실제로 무엇을 말하려는 것인지 더 잘 들을 수 있습니다.”

전통적인 교육 방식은 종종 아이들의 ‘결함’이나 ‘약점’에 초점을 맞춥니다. 하지만 이는 매우 제한적인 시각입니다. 모든 아이는 자신만의 고유한 강점과 재능을 가지고 있습니다. 중요한 것은 그 강점을 발견하고, 약점을 보완할 수 있는 전략을 개발하는 것입니다.

지문은 이 과정에서 중요한 도구가 될 수 있습니다. 그것은 아이의 타고난 성향과 학습 스타일에 대한 통찰을 제공함으로써, 부모와 교육자가 아이의 진짜 목소리를 더 잘 이해하고 응답할 수 있도록 돕습니다. 아이들은 자신이 어떤 존재인지, 무엇을 필요로 하는지 이미 알고 있습니다. 그들은 그것을 손끝의 지문을 포함해 다양한 방식으로 우리에게 '말하고' 있습니다. 우리에게 필요한 것은 그 메시지를 듣고 이해하는 능력입니다.

3. 모든 아이는 다르게 빛난다 : 지문으로 본 개성의 스펙트럼

중학교 3학년 교실에 들어서면, 스물여덟 명의 아이들이 서로 다른 방식으로 앉아있고, 듣고, 참여하는 모습을 볼 수 있습니다. 어떤 아이는 가만히 앉아 집중하고, 다른 아이는 끊임없이 움직입니다. 어떤 아이는 질문에 즉시 손을 들고, 다른 아이는 조용히 생각을 정리합니다.

이 교실의 아이들을 지문검사 해보니 다양한 지문을 가진 친구들이 분포되어 있었습니다.

감성형	조정협조형	지도자형	현실주의형	창조사고형	완벽주의형	규율원칙형
11명	8명	4명	2명	1명	1명	1명
39.3%	28.6%	14.3%	7%	3.6%	3.6%	3.6%

한 교실 안에 이렇게 다양한 성향과 학습 스타일이 공존한다는 사실은 놀랍습니다. 더 놀라운 것은, 전통적인 교육 방식이 이러한 다양성을 충분히 고려하지 않는다는 점입니다.

담임선생님은 이렇게 말합니다.

"지문을 통해 아이들의 다양성을 이해하게 된 후, 모든 유형의 아이들이 즐겁게 참여할 수 있는 균형 잡힌 활동을 제공하려고 합니다. 예를 들어, 자유놀이 시간과 구조화된 활동 시간을 번갈아 제공하고, 조용한 공간과 활동적인 공간을 함께 마련합니다. 그 결과, 아이들의 행복감과 참여도가 크게 향상되었어요."

"지문 기반 맞춤형 교육"을 도입한 후, 이 학급은 변화하였습니다. 교사는 수업 방식을 다양화하고, 각 학습 유형에 맞는 활동을 균형 있게 배치했습니다.

① **감성형** 아이들을 위해 그룹 활동과 역할극을 도입했습니다.

② **조정협조형** 아이들을 위해 다양한 관점에서 주제를 탐구하는 시간을 마련했습니다.

③ **지도자형** 아이들에게는 학급 프로젝트 리더 역할을 부여했습니다.

④ **창조사고형** 아이에게는 창의적 표현의 기회를 제공했습니다.

⑤ **완벽주의형과 규율원칙형** 아이들을 위해 명확한 지침과 구조를 제공했습니다.

⑥ **현실주의형** 아이들을 위해 실생활과 연결된 실용적 과제와 구체적인 목표 달성 활동을 제공했습니다.

그 결과, 학업 성취도는 향상되었고, 문제 행동은 감소했습니다. 더 중요한 것은, 아이들의 얼굴에서 학습의 즐거움과 자신감이 되살아났다는 점입니다.

한 학부모님은 딸의 변화에 대해 이렇게 말합니다.

"우리 소연이는 '창조사고형' 아이인데, 전통적인 학습 방식에서 항상 어려움을 겪었어요. 하지만 지문을 통해 소연이의 성향을 이해하고 맞춤형 학습 전략을 적용한 후, 소연이는 마치 다른 아이가 된 것처럼 변했어요. 이제 소연이는 학교에 가는 것을 좋아하고, 자신의 창의적인 아이디어를 자신감 있게 표현합니다."

각자 다른 색의 빛을 발하는 28개의 별들이 모여 하나의 찬란한 별자리를 이루는 것처럼, 우리 아이들도 저마다의 고유한 빛으로 세상을 밝힐 수 있습니다. 우리의 역할은 그 빛을 억누르거나 바꾸려 하는 것이 아니라, 그것이 가장 밝게 빛날 수 있는 환경을 만들어 주는 것입니다.

2,300년이 지난 지금, 우리는 이 지혜의 진실을 재발견하고 있습니다.

군산에 사는 윤서의 어머니는 이렇게 말합니다.

"지문 분석을 통해 우리 아이를 이해하게 된 후, 저는 더 이상 아이를 '고치려' 하지 않게 되었어요. 대신, 그의 타고난 강점을 키우고 약점을 보완할 수 있는 방법을 찾게 되었죠. 이제 우리 가정은 매일매일이 싸움터가 아니라 서로의 다름을 존중하고 배우는 공간이 되었습니다."

진정한 교육의 혁명은 바로 여기서 시작됩니다. 모든 아이가 똑같아지는 것이 아니라, 각자의 고유한 잠재력을 최대한 발휘할 수 있는 환경을 만드는 것. 그것이 우리가 꿈꾸는 미래 교육의 모습입니다.

다음 장에서는 지문에 따른 성향을 더 자세히 살펴보고, 각 성향에 맞는 구체적인 전략을 제시하겠습니다.

지문은 단지 개성을 이해하는 도구가 아니라, 모든 아이가 자신만의 방식으로 빛나도록 돕는 실천적 지침이 될 수 있습니다.

손끝에서 읽는 마음의 언어

'왜'라는 질문에 지문이 답했다

2

제4장

손금이 아닌 지문으로 미래를 예측하다

1. 지문이 알려주는 성향, 부모의 눈으로 이해하기

우리 아이의 손끝에는 어떤 이야기가 담겨 있을까요?

손금이 미래를 예측한다는 미신과 달리, 지문은 과학적으로 입증된 유전적 특성과 성향의 지도입니다.

지문은 태아기 초기, 대략 임신 13-19주 사이에 형성되며, 이 시기 아기의 피부 아래층과 표피 사이의 압력과 성장 속도의 차이가 고유한 패턴을 만들어냅니다.

흥미롭게도, 지문은 뇌의 발달 시기와 맞물려 형성되기 때문에 신경학적 특성과 밀접한 관련을 가집니다.

부모로서 우리 아이의 지문을 이해하는 것은 단순한 호기심 이상의 의미를 가집니다. 이는 아이의 타고난 성향과 잠재력을 조기에 파악하는 창문이 될 수 있습니다.

예를 들어, 두형문(Whorl type 지도자형, 완벽주의형) 패턴으로 이성이 우세한 아이는 종종 독립적이고 목표 지향적인 성향을 보이는 반면, 기형문(Loop type감성형,독창형) 패턴으로 감성이 많은 아이는 적응력이 뛰어나고 사회성이 좋은 경향이 있습니다. 이러한 이해는 자녀의 행동 패턴에 대한 더 깊은 통찰력을 제공하며, 부모가 아이의 고유한 특성에 맞는 양육 방식을 개발하는 데 도움을 줄 수 있습니다.

무엇보다 중요한 것은, 지문 분석이 결정론적 접근법이 아니라는 점입니다.

이는 아이의 잠재적 강점과, 더 지원이 필요할 수 있는 영역을 파악하는 안내서와 같습니다. 부모로서 우리의 역할은 아이의 고유한 지문처럼 특별한 그들만의 여정을 지원하고 안내하는 것입니다.

2. 11가지 주요 지문 패턴과 그 숨겨진 의미

우리 아이들과 학생들의 타고난 특성을 이해하는 것은 부모와 교사에게 매우 중요한 과제입니다. 흥미롭게도 이러한 타고난 특성을 파악할 수 있는 놀라운 방법 중 하나가 바로 GFAT 검사인 지문 분석입니다. 지문은 단순히 신원 확인 수단이 아니라, 개인의 유전적 특성과 잠재력을 담고 있는 '보이는 유전자'라고 할 수 있습니다.

1) 지문과 유전의 관계

연구 결과에 따르면 인간의 성격과 재능의 약 70%는 선천적 유전 요인에 의해 결정된다고 합니다. 이는 우리가 흔히 생각하는 것보다 유전적 영향이 훨씬 크다는 것을 보여줍니다. 특히 학업 성취와 관련해서도 쌍둥이 6,000

쌍을 대상으로 한 연구에서 학업 성취의 70%가 유전적 특성에 기인한다는 결과가 나왔습니다.

미국 미네소타 대학 쌍둥이 연구소의 연구결과에 따르면 같은 특성을 공유할 일치율이 일란성 쌍둥이와 이란성 쌍둥이 사이에 상당한 차이를 보이는데, 이는 유전적 요인의 중요성을 뒷받침합니다. 예를 들어, 눈 색깔의 경우 일란성 쌍둥이는 99%, 이란성 쌍둥이는 28%의 일치율을 보였고, 정신분열증은 각각 48%와 17%, 자폐는 64%와 3%의 일치율을 보였습니다.

또한 네덜란드에서 진행된 연구에서는 일란성 쌍둥이 중 한 명이 창의성이 필요한 직업군에 속할 때 나머지 한 명도 동일 직업군에 속할 확률이 68%에 달했지만, 이란성 쌍둥이의 경우 그 확률이 40%로 낮아졌습니다. 이 결과는 창조적인 직종의 유전력이 70%에 이른다는 것을 보여줍니다. 특히 문학처럼 창의적인 글쓰기는 83%, 미술과 연기는 56%의 유전력이 작용한다고 합니다.

2) 지문의 형성과 특성

엄마의 뱃속에서 13주에서 19주 사이에 완성되는 지문은 평생 변하지 않으며, 일란성 쌍둥이조차 서로 다른 지문을 가집니다. 유전학자들에 의하면 지문은 태아의 대뇌가 형성될 때 함께 발달하며, DNA 유전에 의해 결정됩니다. 이는 지문이 단순한 피부 무늬가 아니라 우리의 두뇌 발달과 깊은 연관성을 가지고 있음을 시사합니다.

지문은 사람마다 모두 다르고 평생 변하지 않아 어떤 두 사람의 지문이 우연히 같을 확률이 약 870억분의 1 정도에 불과합니다. 이러한 독특한 특성 때문에 지문은 오래전부터 개인 식별의 중요한 수단으로 사용되어 왔습니다. 그러나 영국을 중심으로 의사, 생리학자, 유전학자들이 집중적으로 연구한 결과, 지문에는 개인의 타고난 성격, 학습 스타일, 적성, 그리고 잠재적 재능에 대한 귀중한 정보가 담겨 있다는 사실이 밝혀졌습니다.

3) 주요 지문 패턴과 그 의미

지문은 크게 네 가지 기본 패턴으로 분류됩니다. 호형문(Arch), 기형문(Loop), 두형문(Whorl), 혼합문(Composite). 각 패턴은 서로 다른 성격 특성과 연관됩니다.

① 호형문(Arch)

호형문은 한쪽에서 들어와 반대쪽으로 나가는 물결 모양의 패턴입니다. 전체 인구의 약 5% 정도에서 나타나는 비교적 드문 패턴입니다. 호형문은 다시 단순호형문, 텐트호형문, 루프호형문으로 세분화됩니다.

단순호형문	자기 절제력이 강하고 신뢰감을 주는 '지구의 소금' 같은 사람들입니다. 자기 억압적이고 감정을 억제하는 경향이 있으며, 규율과 원칙을 중시합니다. 이런 유형은 공무원, 회계사, 판사 등의 직업에 적합합니다.
텐트호형문	가운데가 솟아오른 형태로, 감각적이고 감성적이며 아이디어가 풍부합니다. 열정적이지만 충동적인 면도 있어 감정을 자제하는 데 어려움을 겪을 수 있습니다. 창조적 사고에 강점이 있어 연구개발 분야에 적합합니다.
루프호형문	Arch 안에 Loop가 포함된 형태로, 호형문의 안정성과 기형문의 적응력을 함께 갖추고 있습니다.

② 기형문(Loop)

기형문은 한쪽에서 들어와 같은 쪽으로 나가는 고리 모양의 패턴으로, 전체 인구의 약 65%가 가지고 있는 가장 흔한 패턴입니다. 기형문은 정기문과 반기문으로 나뉩니다.

정기문	융선의 꼬리가 새끼손가락 방향으로 향하는 패턴으로, 전체 인구의 약 39%에서 나타납니다. 적응력이 뛰어나고 다재다능하며, 다른 사람의 제안에 따라 행동하는 경향이 있습니다. 엄지가 Loop이면 표현이 자유로운 분위기에서 적극적이고 다른 사람과 잘 어울립니다. 이런 유형은 교수, 예술가, 전문가 등의 직업에 적합합니다.
반기문	융선의 꼬리가 엄지손가락 방향으로 향하는 패턴으로, 전체 인구의 약 0.4%에서만 나타나는 매우 드문 패턴입니다. 검지에 자주 발견되며, 예리한 선택 능력을 가집니다. 독창적인 생각을 하며 역발상에 강점이 있습니다. PD, 영화감독, 과학자 등 독창성이 필요한 직업에 적합합니다.

③ 두형문(Whorl)

두형문은 중심에서 동심원이나 나선 형태로 퍼져나가는 모양으로, 전체 인구의 약 30%에서 나타납니다. 두형문은 나선형과 원형으로 나뉩니다.

나선형	전체 인구의 약 14%에서 나타나며, 독립적이고 결단력 있는 리더십 성향을 보입니다. 이기적인 면도 있지만 강한 욕구와 함께 감정 조절 능력도 뛰어납니다. 훈련 시간이 걸리지만 훈련 받으면 빠르게 본능적으로 반응할 수 있습니다. 이런 유형은 지도자, CEO, 장성, 정치인 등의 직업에 적합합니다.
원형	전체 인구의 약 3.1%에서 나타나며, 나선형보다 더 강한 완벽주의적 성향을 보입니다. 철저하고 꼼꼼한 성격으로 정확성을 추구하며, 회계사, 감사 등의 직업에 적합합니다.

④ 혼합문(Composite)

혼합문은 두 가지 이상의 기본 패턴이 혼합된 형태로, 다양한 유형이 있습니다.

쌍기문	두 개의 Loop가 포함된 패턴으로, 전체 인구의 약 30%에서 나타납니다. 분열된 생각을 가질 수 있지만, 균형 잡힌 사고와 협력 능력이 뛰어납니다. 컨설턴트, 분석가 등의 직업에 적합합니다.
공작문	Loop의 매력과 Whorl의 선택성, 식별능력을 결합한 패턴으로, 전체 인구의 약 0.8%에서 나타납니다. 높은 예술적 이상과 창의성을 지니며, 연극인, 연예인 등에 적합합니다.
나선쌍두문	두 개의 나선형을 포함한 패턴으로, 현실적이고 객관적인 판단력을 지닙니다. 아나운서, 기자 등의 직업에 적합합니다.
내파쌍두문	원 안에 쌍기문이 있는 형태로, 높은 헌신과 박애 정신을 보입니다. 목사, 봉사단체, 사회복지 분야에 적합합니다.

3. 집에서 알아보는 지문 탐정 프로젝트 예시

가족과 함께하는 지문 탐정 활동은 재미있는 교육적 경험이 될 수 있습니다. 이 프로젝트를 통해 아이들은 과학적 관찰력을 키우는 동시에 자신과 가족 구성원들의 독특한 특성에 대해 알아볼 수 있습니다.

1) 준비물

- 잉크 패드 (무독성 제품 권장), 흰 종이, 확대경
- 지문 패턴 차트 (인터넷에서 쉽게 찾을 수 있음)
- 젖은 수건 (지문 채취 후 손 닦기용)

2) 활동

① 가족 지문 수집하기

모든 가족 구성원의 지문을 채취합니다. 잉크 패드에 손가락을 가볍게 누른

후, 흰 종이에 굴리듯이 찍습니다. 각 손가락의 지문을 모두 채취하고 누구의 것인지 이름을 표시해 둡니다.

② 지문 패턴 분석하기

확대경을 사용하여 각 지문의 패턴을 자세히 관찰합니다. 앞서 설명한 11가지 패턴 중 어디에 속하는지 분류해 봅니다. 가족 구성원들 사이에 어떤 유사점과 차이점이 있는지 토론해 보세요.

③ 가족 지문 트리 만들기

수집한 지문을 가족 트리 형태로 정리하여 유전적 패턴을 시각화합니다. 부모와 자녀 간에 어떤 지문 패턴이 유사하게 나타나는지 관찰해 보세요.

④ 성격 특성과 연결하기

각 가족 구성원의 지문 패턴과 앞서 설명한 성격 특성을 연결해 보세요. 실제 관찰된 성향과 얼마나 일치하는지 가족 토론을 통해 확인해 봅니다.

⑤ 일상생활 연결하기

가족 구성원의 지문 패턴이 일상생활의 선호도나 행동 패턴과 어떻게 연관되는지 이야기해 봅니다. 예를 들어, 소용돌이 패턴이 많은 가족 구성원이 정말 목표 지향적인 성향을 보이는지, 아치 패턴을 가진 구성원이 실제로 실용적인 접근법을 선호하는지 등을 논의해 보세요.

이 프로젝트는 단순한 재미를 넘어, 가족 구성원 각자의 독특한 특성을 이해하고 존중하는 문화를 형성하는 데 도움이 됩니다. 또한 아이들에게 과학적 관찰과 분석의 기초를 가르치는 좋은 기회가 될 수 있습니다. 무엇보다 이 활동은 "우리 모두는 지문처럼 독특하고 특별하다."는 중요한 메시지를 전달합니다.

더 정확한 것은 IFAS GFAT 검사를 해 보시는 방법을 추천드립니다.

제5장

GFAT(Gene Fingerprint Aptitude Test)에 관하여

1. IFAS 지문적성검사 – 단순한 차이가 아닌 진정한 초월

대한민국 지문적성검사의 선두주자 IFAS(아이파스)는 이학박사 김용 박사님의 탁월한 연구와 20년 가까운 헌신적 노력을 바탕으로 발전해 왔습니다. 2005년 영국에서 지문적성검사 시스템을 도입한 후, 끊임없는 연구와 혁신을 통해 2006년 완전히 독자적인 지문적성검사 시스템을 구축했습니다.

국내 피문학 관련 박사학위 1호인 김용 박사님은 컴퓨터공학을 전공하고 검색엔진을 개발한 경험을 바탕으로, 피문학과 유전학 및 대뇌생리학을 깊이 연구하여 GFAT(Gene Fingerprints Aptitude Test, 유전자지문적성검사)라는 혁신적인 시스템을 개발했습니다.

타 회사들이 단순히 대만에서 도입한 시스템을 그대로 활용하는 것과 달리, IFAS는 국립과학수사연구소장을 지낸 김종열 박사님, 생물학 전공의 이상태 박사님, 심장내과 전문의 최석구 박사님, 유전학 전공의 김정수 박사님 등 각 분야 최고의 전문가들이 참여하는 다학제적 연구팀을 구성했습니다. 의학, 생물학, 유전학, 한의학, 심리학, 교육학, 경영학, 공학 분야의 전문가들이 함께 모여 끊임없는 연구를 진행해왔기에, '차이가 아닌 초월'이라는 표현이 어울릴 정도로 타 회사들과 차별화된 서비스를 제공하고 있습니다.

IFAS는 단순한 성향 분석이나 다중지능 8가지 분류에 그치는 타사와 달리, 15개 영역 35가지 세부 정보를 제공합니다. 뇌과학에 근거한 10가지 능력 우월순위 분석, 한국직업능력개발원 DB를 활용한 200가지 전공적합도와 직업 추천, 성향별 대인관계 요령(부모와 자녀, 친구, 동료, 남녀관계), 성향별 직무적합도와 직무역량 정보까지 종합적인 정보를 담은 보고서를 제공합니다.

특히 IFAS만의 특별한 점은 내면 성향, 표면 성향, 사고 성향을 구분하여 16,384가지 유형으로 성향을 세분화하고, 각 성향에 맞는 맞춤형 학습법과 진로 방향을 제시한다는 것입니다.

또한 다중 능력 후천성검사를 통해 선천적 능력과 현재 발달 상태를 비교 분석하여, 아이의 잠재력과 발전 가능성을 정확히 파악할 수 있게 해줍니다.

IFAS의 가장 큰 차별점은 보고서 분석 이후의 '맞춤형' 솔루션에 있습니다. 다른 회사들이 단순히 결과 보고서만 제공하고 끝내는 것과 달리, IFAS는 검사 결과를 바탕으로 한 다양한 후속 프로그램을 제공합니다.

맞춤형 솔루션 후속프로그램

맞춤형 진로 탐색 프로그램	아이의 타고난 능력과 성향에 맞는 진로를 탐색하고, 15분 만에 자신의 미래 직업을 찾을 수 있도록 돕습니다.
맞춤형 자기주도학습 코칭 프로그램	아이의 학습 스타일과 뇌특성에 맞는 학습법을 코칭하여 학습효율성을 극대화합니다.
맞춤형 진학상담 프로그램	입시 전문가들이 아이의 특성에 맞는 진학 방향과 전략을 제시합니다.
맞춤형 창업/취업/전직/퇴직자 교육프로그램	청소년뿐만 아니라 성인들의 경력 개발에도 맞춤형 솔루션을 제공합니다.

IFAS의 프로그램은 이미 전국 1,000여 개 학교, 60여 개 대학, 100여 개 기관에서 검증받았습니다. 서울대학교, 카이스트, 경희대학교를 비롯한 명문 대학들과 삼성, 현대백화점, SBS 등 유수의 기업들, 그리고 전라남도교육청, 강원도교육청 등 다양한 교육기관에서 IFAS의 프로그램을 활용하고 있습니다.

특히 학교 현장에서는 학생들이 진단과 본인 특성 파악 후 단 15분 만에 자신의 진로를 선택할 수 있게 돕는 IFAS의 프로그램이 큰 호응을 얻고 있으며, 전국적으로 연간 100여 회의 진로박람회에서도 IFAS의 시스템이 활용되고 있습니다.

IFAS의 시스템은 단순한 경험이나 직관에 의존하지 않고, 철저한 과학적 연구와 데이터에 기반합니다.

"지문은 눈에 보이는 뇌다!"라는 국립과학수사연구소장을 지낸 김종열 박사님의 말처럼 지문에는 우리 뇌의 특성이 그대로 반영되어 있다는 과학적 사실에 근거하여 개발되었습니다.

IFAS는 "지문과 장문을 이용한 진로적성검사시스템 및 방법"에 관한 특허 (등록번호 10-1775268-0000)를 보유하고 있으며, "유전자지문적성검사와 다중 능력검사를 융합한 맞춤형 진로 탐색 시스템 및 방법"에 관한 특허 (10-2441008-0000)도 2022년에 등록했습니다. 이러한 특허 기술과 AI 지문 분석솔루션 개발을 통해 더욱 정확하고 과학적인 적성검사를 제공하고 있습니다.

아이의 미래가 걱정되는 학부모님들과 학생들의 잠재력을 최대한 끌어내고 싶은 교사분들께 IFAS는 특별한 가치를 제공합니다.

교사분들께 드리는 특별한 가치

정확한 적성 파악	타고난 특성과 현재 발달 상태를 정확히 파악하여 아이의 진정한 잠재력을 발견할 수 있습니다.
맞춤형 교육 방향 제시	아이의 특성에 맞는 학습법과 진로 방향을 제시하여 효율적인 교육이 가능합니다.
자신감과 동기부여	자신의 강점을 알게 된 아이들은 자신감을 갖고 더 적극적으로 미래를 준비할 수 있습니다
시간과 비용 절약	불필요한 사교육이나 시행착오 없이 아이에게 맞는 진로와 학습법을 효율적으로 찾을 수 있습니다.

지문은 눈에 보이는 뇌입니다. 아이의 타고난 재능을 발견하고, 그에 맞는 맞춤형 진로와 학습법을 찾을 수 있고 아이의 인생을 변화시킬 수 있는 프로그램입니다. GFAT는 이러한 지문을 분석하여 개인의 타고난 특성을 파악합니다.

2. IFAS 지문 패턴에 따른 11가지 성향 유형

각 성격유형은 내면 특성, 표면 특성, 사고 특성으로 구분되며, 개인의 성향과 적합한 직업 방향을 이해하는 데 도움을 줍니다.

1) 감성형

적응력과 다재다능함을 지니며 따뜻한 인간관계 형성

감성이 풍부하고 공동학습을 선호하는 유형입니다. 결정이 빠르고 행동도 민첩하며, 따뜻한 표정과 강한 추진력을 보여줍니다. 지속력은 약하지만 적극성이 강합니다. 일반적인 사고방향과 단순 평가방식을 갖고 있으며, 정보를 적극적으로 수용합니다. 감정의 변화가 많고 한 가지 일에 급박한 심증을 느끼지만, 타인에 대한 이해심이 깊습니다. 교사나 간호사처럼 한 가지 일에 집중하면서도 상황이 변화하는 직업에 적합합니다.

2) 독창형

역발상과 예리한 분석력으로 혁신적 아이디어 창출

유연한 주관과 감성적 판단을 중시하는 유형입니다. 공동학습을 선호하고 결정과 행동이 빠릅니다. 따뜻한 표정을 지니며 추진력과 지속력이 모두 강합니다. 역발상적 사고와 예리한 분석력이 특징이며, 정보를 적극적으로 수용합니다. 순발력과 즉흥력이 뛰어나며, 무(無)에서 유(有)를 창조할 수 있는 능력이 있습니다. 독특한 아이디어를 바탕으로 새로운 방향을 제시하는 작가, 예술가, 조사관, 유튜버 같은 직업에 적합합니다.

3) 규율원칙형

원칙을 중시하고 안정성을 추구

유연한 주관과 감성적 판단을 기반으로 하지만 원칙을 중시합니다. 공동학습을 선호하고 결정은 빠르나 행동은 보통입니다. 훈련된 표정을 보이며 추진력은 약하고 지속력은 강합니다. 일반적인 사고방향과 단순 평가방식을 갖고 있으며, 정보를 적극적으로 수용합니다. 규율과 질서를 중시하는 성격으로, 맡은 일에 대한 책임감이 강합니다. 안정적이고 정확성을 요구하는 업무에 적합합니다.

4) 창조사고형

창의적 발상과 독창적 문제해결 능력

유연한 주관과 감성적 판단이 특징입니다. 공동학습을 선호하고 결정이 빠르며 행동도 민첩합니다. 따뜻한 표정과 강한 추진력을 보이며 지속력은 보통입니다. 일반적인 사고방향과 단순 평가방식을 갖고 있으며, 정보를 적극적으로 수용합니다. 새로운 아이디어가 풍부하고 자신감이 넘치며, 타인의 모습을 잘 관찰합니다. 교사, 전문기술자, 기획/컨설팅, 조종사같이 창의성과 도전이 결합된 직업에 적합합니다.

5) 조정협조형

균형 잡힌 사고와 협력 능력이 뛰어남

유연한 주관을 지녔으며 생각주머니가 2개인 유형입니다. 감성적이고 공동학습을 선호하며, 결정과 행동이 모두 느린 편입니다. 따뜻한 표정을 지니며 추진력, 지속력, 적극성이 모두 보통 수준입니다. 일반적인 사고방향을 가졌으나 비교분석을 통해 문제를 해결하는 능력이 뛰어나며, 정보를 적극적으로 수용합니다. 멀티태스킹에 능숙하고 중간 조정자 역할을 잘 수행합니다. 다양한 사고력과 개관성이 뛰어나며, 논리성도 갖추고 있습니다. 고객상담, 중개인, 작가, 상담사와 같은 조율이 필요한 직업에 적합합니다.

6) 현실주의형

냉철하고 객관적인 판단력 소유

주도적이고 이성적인 판단을 중시합니다. 생각주머니가 2개로 다각적인 분석이 가능하며, 혼자 공부하는 것을 선호합니다. 결정과 행동이 모두 느린 편이며, 냉철한 표정을 보입니다. 추진력과 지속력이 강하며 적극성은 보통입니다. 일반적인 사고방향을 가졌으나 비교분석을 통해 철저히 검증하며, 선택적으로 정보를 수용합니다. 거절할 때 죄책감을 느끼지 않고, 계획을 꼼꼼하게 세워 실행합니다. 멀티태스킹, 선택과 협상, 분위기 파악, 객관성 뛰어남, 논리적 특징이 있습니다. 상황판단과 결단력이 동시에 필요한 직업, 전문적 종사자에게 적합합니다.

7) 헌신박애형

타인을 위한 봉사와 헌신에 가치 부여

주도적이고 이성적이면서도 타인에 대한 배려가 깊습니다. 생각주머니가 1개로 단순명료하며, 혼자 공부하는 것을 선호합니다. 결정은 빠르지만 행동은 느린 편이며, 냉철한 표정을 보입니다. 추진력, 지속력, 적극성이 모두 보통 수준입니다. 일반적인 사고방향과 단순 평가방식을 갖고 있으며, 정보를 적극적으로 수용합니다. 생각이 심플한 반면 내면을 이해하기 어렵고, 의존적이고 주위에 신경을 많이 쓰기도 합니다. 봉사와 헌신정신이 필요한 직업, 비서, 사회복지사, 장애인단체, 종교단체 등에 적합합니다.

8) 지도자형

독립적이고 결단력 있는 리더십 성향

주도적이고 이성적인 판단을 중시합니다. 생각주머니가 1개로 단순명료하며, 혼자 공부하는 것을 선호합니다. 결정은 빠르지만 행동은 느린 편이며, 냉철한 표정을 보입니다. 추진력과 지속력이 강하고 적극성은 보통입니다. 일반적인 사고방향과 단순 평가방식을 갖고 있으며, 선택적으로 정보를 수용합니다. 목표 지향적이고 신뢰를 중요시하며, 자기 주장이 강합니다. 기대치가 높은 사람들에게 적합한 기획/관리부, 독립 창업, 연설가, 군장성, 정치인, 기획가 같은 직업이 어울립니다.

9) 완벽주의형

철저하고 꼼꼼한 성향으로 정확성 추구

주도적이고 이성적이며 완벽함을 추구합니다. 생각주머니가 1개로 단순명료하며, 혼자 공부하는 것을 선호합니다. 결정은 빠르지만 행동은 느린 편이며, 냉철한 표정을 보입니다. 추진력은 보통이지만 지속력이 강하고 적극성은 보통입니다. 일반적인 사고방향과 단순 평가방식을 갖고 있으며, 선택적으로 정보를 수용합니다. 변화를 싫어하고 타인 주장에 소극적이며, 본인기준으로 안정추구 성향이 강합니다. 거절할 때 신경 쓰이는 일은 피하려하며, 끝을 잘 맺지 못하는 특징이 있습니다. 선택옵션과 가지치기에 능숙합니다. 안정적이고 정확성을 요구하는 업무, 공무원, 회계사 등에 적합합니다.

10) 예술이상형

높은 이상과 가치를 추구

주도적이고 이성적이면서도 예술적 감성이 풍부합니다. 생각주머니가 1개로 단순명료하며, 혼자 공부하는 것을 선호합니다. 결정과 행동이 모두 빠른 편이며, 따뜻한 표정을 보입니다. 추진력과 지속력이 강하고 적극성은 보통입니다. 일반적인 사고방향과 단순 평가방식을 갖고 있으며, 선택적으로 정보를 수용합니다. 관심 받기를 좋아하고 한 가지를 파고드는 특성이 있습니다. 열정적이고 실천력 있는 국회의원, 연설가, 연극인, 발레리나 같은 직업에 적합합니다.

11) 독창이상형

독창성과 이상을 결합한 예술적 성향

주도적이고 이성적이면서도 독창적인 아이디어가 풍부합니다. 생각주머니가 1개로 단순명료하며, 혼자 공부하는 것을 선호합니다. 결정과 행동이 모두 빠른 편이며, 따뜻한 표정을 보입니다. 추진력은 보통이지만 지속력이 강하고 적극성은 보통입니다. 역발상적 사고를 통해 창의적인 해결책을 제시하고, 단순하게 문제를 파악하며, 선택적으로 정보를 수용합니다. 무(無)에서 유(有)를 만들어내는 역발상적 사고, 자기중심적, 자아도취, 정의력 부족, 현실감각이 부족한 면도 있지만 창의적인 아이디어는 무궁무진합니다. 창조적, 예술적 능력을 발휘하는 전문가, 대중적으로 인기 있는 직업인 연극, 영화, 개그맨에 적합합니다.

GFAT 유전자지문적성검사의 11가지 성격 유형은 각각 고유한 성향과 강점을 지닌 심리적 특성의 틀입니다. 이 유형들은 어느 하나가 더 우월하거나 열등한 것이 아니라, 각기 다른 환경이나 직업에서 더 잘 발휘될 수 있는 잠재능력을 의미합니다. 즉, 유형 간의 우열이 아닌, '적합성'과 '활용 방식'의 차이로 이해해야 합니다. 특히 주목할 점은, 전체 인구의 약 54%가 내면의 성향과 외면에 드러나는 성향이 서로 다른 '이중 성향'을 갖고 있다는 사실입니다.

이러한 이중 성향은 자신의 진짜 모습을 잘 드러내지 못하거나, 때로는 자신의 본래 의도와 다르게 행동하는지를 이해하는 데 중요한 실마리를 제공합니다. 외부에 비치는 모습이 진짜 성격을 숨기기도 하고, 자신조차도 내면의 성향을 인지하지 못하는 경우도 많습니다.

또한, 같은 성격 유형이라 하더라도 그것이 '내면 성향(본성)'인지, '표면 성향(표현된 모습)'인지에 따라 해석이 달라질 수 있습니다. 예를 들어, 한 사람이 '논리적 성향'을 가졌다고 해도, 그것이 내면의 본성인지, 외부에 드러난 사회적 역할인지에 따라 실제 사고방식, 스트레스 요인, 직무 적응 방식은 전혀 다르게 나타날 수 있습니다.

따라서 GFAT 유전자지문적성검사에서는 단순히 유형을 분류하는 데 그치지 않고, 내면과 표면의 성향이 어떻게 분포되어 있는지를 정밀하게 파악하는 것이 핵심입니다.

이런 분석을 통해 개인은 자신도 몰랐던 내면의 잠재성을 발견할 수 있고, 그에 맞는 성장 전략이나 진로 선택이 가능해집니다.

3. 손가락 위치와 의미

각 손가락의 위치에 따라 지문의 의미가 달라지는데, 특히 중요한 것은 왼손 엄지와 오른손 엄지입니다.

이것은 오른손잡이인지 왼손잡이인지에 따라 중요한 감성인자 보유가 오른손엄지에 있는지 왼손엄지에 있는지가 달라집니다.

1) 왼손 엄지 내면 특성을 나타내며, 결정 유형(이성적/감성적), 멀티태스킹 능력, 주관 유무, 결정 속도와 행동 민첩성 등을 보여줍니다.

2) 오른손 엄지 표면 특성을 나타내며, 표정(따뜻한/차가운), 지속력, 추진력 등을 보여줍니다.

3) 왼손 검지 통합 사고 능력의 강약을 나타냅니다.

4) 오른손 검지 순차 분석 능력, 분석의 철저함, 사고 방향(일반 사고/역발상) 등을 보여줍니다.

4. 지문 분석의 실용적 활용

지문 분석은 다양한 영역에서 실용적으로 활용될 수 있습니다.

1) 진로 탐색 타고난 적성에 맞는 직업을 선택하고 진로를 설계하는 데 도움을 줍니다. GFAT 분석 결과는 한국직업능력개발원 DB를 활용하여 전공 적합도와 직무역량을 참고하여 178여 가지 직업을 추천해 줍니다.

2) 학습 방법 대뇌의 영역별 강도, 다중 능력과 다중지능, 학습 이해 속도 등을 분석하여 개인에게 가장 효과적인 학습 방법을 찾아줍니다. 어떤 아이는 시각적 자료로 학습할 때 효과적이고, 어떤 아이는 청각적 자료나 신체 활동을 통해 더 잘 배울 수 있습니다.

3) 자녀 양육 아이의 타고난 성향을 이해하면 그에 맞는 교육과 양육 방식을 제공할 수 있습니다. 예를 들어, 조정협조형 아이에게는 균형 잡힌 사고를 발달시킬 수 있는 환경을, 창조사고형 아이에게는 창의성을 발휘할 수 있는 기회를 제공하는 것이 중요합니다.

4) 인간관계 남녀(부부), 부모와 자녀, 친구 및 동료 간의 대화 요령을 이해하여 더 효과적인 소통을 할 수 있습니다. 서로 다른 성향을 이해함으로써 갈등을 줄이고 조화로운 관계를 형성할 수 있습니다.

5) 직업 선택 및 직무 배치 성향별 직무 적합도와 직무 역량 정보를 바탕으로 개인의 강점을 극대화할 수 있는 직무를 선택하거나 배치할 수 있습니다. 이는 기업의 인재 관리와 조직 생산성 향상에도 큰 도움이 됩니다.

GFAT 지문 분석은 개인의 타고난 특성을 객관적으로 파악하여 스스로를 더 깊이 이해하고, 자신에게 맞는 환경과 방향을 찾는 데 도움을 줍니다. 중요한 것은 이 분석이 개인의 한계를 규정하는 것이 아니라, 타고난 강점을 발견하고 발전시키는 데 의미가 있다는 점입니다.

부모와 교사로서 우리는 아이들의 지문 패턴에 담긴 타고난 특성을 이해함으로써, 그들이 자신의 잠재력을 최대한 발휘할 수 있는 맞춤형 지원과 환경을 제공할 수 있습니다. 이것이 바로 4차 산업혁명 시대에 맞는 진정한 맞춤형 교육의 첫걸음입니다. 아이들의 타고난 특성을 존중하고 그에 맞는 교육을 제공함으로써, 우리는 그들이 자신의 잠재력을 최대한 발휘하고 행복한 삶을 살 수 있도록 도울 수 있습니다.

제6장

아이의 두뇌는 이미 알고 있었다

1. 지문으로 열리는 타고난 능력의 문

흥미롭게도, 지문 패턴은 이러한 다양한 능력유형과 연관성을 보입니다. 지문 패턴과 능력의 연관성은 태아기 초기 발달 단계에서 비롯됩니다. 지문이 형성되는 임신 13-19주는 뇌 발달의 중요한 시기이기도 합니다. 이 시기에 형성되는 신경 연결은 아이의 인지적 강점과 약점의 기초를 형성하며, 이 패턴이 지문에도 반영된다는 과학적 연구 결과가 있습니다.

인간의 능력은 다양한 형태로 발현됩니다. 우리가 잘 알고 있는 다중지능은 하워드 가드너의 8가지 다중지능입니다. 하워드 가드너는 처음에 7가지 지능을 제시했으며, 후에 자연친화 지능을 추가해 8가지 지능 이론을 확립했습니다. 또한 실존적 지능을 9번째로 제안했지만 아직 완전히 인정되지는 않아 '8과 1/2 지능'으로도 불립니다.

하워드 가드너의 다중지능(Multiple Intelligence)이론에 따르면, 지능은 언어적, 논리-수학적, 공간적, 음악적, 신체-운동감각적, 대인관계적, 자기

이해적, 자연친화적 지능 등 다양한 유형으로 나뉩니다.

1983년 출간한 「마음의 틀: 다중지능 이론(Frames of Mind: The Theory of Multiple Intelligences)」을 통해 기존의 IQ 중심 단일 지능 개념을 비판했습니다.

가드너는 뇌 손상 환자, 영재아 등에 대한 연구를 통해 인간의 지능이 단일한 것이 아니라 여러 독립적인 영역으로 구성되어 있다고 주장했습니다. 그는 지능을 '문제를 해결하거나 하나 이상의 문화권에서 가치를 인정받는 물건을 창조하는 능력'으로 정의했습니다. 다중지능은 주로 심리검사, 자가진단, 행동관찰 등 다양한 방법으로 측정됩니다. 주로 설문형 검사지를 통해 8가지 지능의 발달 정도를 파악합니다. 하워드 가드너의 다중지능 이론은 주로 교육 혁신에 초점을 맞추고 있습니다. 기존 교육이 언어 지능과 논리-수학 지능에만 편중되어 있다고 비판하고, 다양한 지능을 골고루 발달시킬 수 있는 교육 방식을 제안합니다. 모든 아이들이 각자 다른 방식으로 배우고, 다양한 영역에서 잠재력을 가지고 있다는 점을 강조합니다. 이 지능들은 상호 독립적이지만 실제 삶에서는 서로 복합적으로 작용한다고 봅니다.

IFAS의 다중 능력은 지문 분석에 기반한 GFAT(Genetic Fingerprint Aptitude Test) 적성검사 시스템입니다. 이 이론에 따르면 열 손가락의 지문은 각각 뇌의 특정 영역과 연결되어 있으며, 손가락의 지문에 있는 융선의 수와 삼각점을 분석하여 뇌의 발달 영역을 파악할 수 있다고 봅니다. 즉, 선천적으로 발달된 뇌 영역에 기반한 다중 능력을 측정하는 것이 핵심입니다.

IFAS의 다중 능력은 개인 맞춤형 진로 지도와 교육에 중점을 둡니다. 타고난 뇌 발달 영역에 기반한 능력을 파악함으로써 개인에게 적합한 양육,

교육, 직업 선택을 지원합니다. 특히 진로 탐색, 자기주도학습, 부모교육, 기업컨설팅 등 실용적인 분야에 적극 활용됩니다.

2. 당신 아이의 감춰진 재능을 발견하는 결정적 단서들

아이의 지문은 그들의 잠재적 재능과 강점을 발견하는 중요한 단서를 제공합니다. 우리의 왼손은 우뇌와 연결되어 있고 오른손은 죄뇌와 연결되어 있습니다.

우뇌와 연결된 왼손 엄지는 전전두엽의 대인관계능력, 검지는 후전두엽의 공간능력, 중지는 두정엽의 신체운동능력, 약지는 측두엽의 음악능력, 소지는 후두엽의 구상능력과 연결되었습니다.

죄뇌와 연결된 오른손 엄지는 전전두엽의 자기이해능력, 검지는 후전두엽의 논리사고능력, 중지는 두정엽의 신체조작능력, 약지는 측두엽의 언어능력, 소지는 후두엽의 관찰능력과 연결되었습니다.

이 재능은 각각의 능력들이 타고난 재능으로 나타나며 공부도 하나의 재능이고 예술 운동 등 10가지 능력들 중 우위에 있는 재능이 가장 빨리 많이 발현될 수 있는 가능성을 보여줍니다.

모든 아이들은 각자의 출발선이 다를 수 있습니다. 어떤 아이는 공부라는 출발선에서 출발하고 어떤 아이들은 음악이나 운동이라는 출발선에서 출발합니다. 앞으로 미래 시대에는 한 가지 직업만을 가지고 살아갈 수 없습니다. 적어도 3가지 영역에서 5가지 직업을 가지고 15가지 분야에서 일을 해야 합니다. 그렇다면 잘할 수 있는 일, 좋아하는 일을 알고 찾는 게 중요하다고 봅니다.

3. 천재의 지문, 평범함의 지문은 없다 :
    모든 아이는 특별하다

지문 연구의 가장 중요한 교훈 중 하나는 '천재의 지문'이나 '평범함의 지문'이라는 개념이 존재하지 않는다는 것입니다. 모든 지문 패턴은 그 자체로 독특하며, 각각의 패턴은 서로 다른 강점과 잠재력을 나타냅니다. 이는 우리 사회가 종종 제한적으로 정의하는 '지능'과 '성공'의 개념을 재고하도록 합니다.

전통적인 교육 시스템은 주로 언어적, 논리-수학적 지능을 중심으로 설계되어 있어, 이러한 영역에서 강점을 보이는 아이들이 '똑똑하다'고 인식되는 경향이 있습니다.

그러나 지문 패턴이 보여주듯이, 지능은 훨씬 더 다양한 형태로 발현됩니다. 창의적, 신체적, 사회적, 음악적 영역에서의 뛰어난 능력도 마찬가지로 가치 있고 중요한 지능의 형태입니다.

예를 들어, 역사적으로 많은 예술가, 음악가, 발명가들이 학교에서는 어려움을 겪었지만, 자신의 고유한 지능 유형과 일치하는 분야에서 놀라운 업적을 이루었습니다.

아인슈타인은 학교에서 언어 지연을 보였지만, 그의 시각적-공간적 사고 능력은 물리학의 혁명적 발전을 이끌었습니다.

모차르트는 사회적 규범을 따르는 데 어려움을 겪었지만, 그의 음악적 천재성은 시대를 초월해 빛납니다.

부모로서 우리의 역할은 아이의 지문 패턴과 그에 따른 자연스러운 강점을 인식하고, 그들이 자신의 고유한 방식으로 빛날 수 있도록 지원하는 것입니다. 이는 때로는 기존의 교육 시스템이나 사회적 기대에 도전하는 것을 의미할 수 있습니다. 아이가 학교에서 어려움을 겪더라도, 그것이 지능의 부족이 아니라 단순히 그들의 자연스러운 학습 스타일과 현재 교육 환경 사이의 불일치일 수 있음을 이해하는 것이 중요합니다.

모든 아이는 자신만의 독특한 지문처럼 특별한 존재입니다.

우리가 다양한 지능 형태의 가치를 인정하고, 각 아이의 고유한 강점을 발전시킬 수 있는 환경을 조성할 때, 아이들은 진정한 잠재력을 발휘할 수 있습니다.

이러한 환경 조성을 위한 몇 가지 구체적인 방법을 살펴보겠습니다.

1) 강점 기반 접근법 채택하기

아이의 약점에 초점을 맞추기보다, 그들의 자연스러운 강점을 발견하고 이를 발전시킬 수 있는 기회를 제공하세요. 예를 들어, 논리사고능력이 뛰어나다면, 이를 더 발전시킬 수 있는 복잡한 퍼즐이나 전략 게임을 제공할 수 있습니다.

2) 다양한 학습 경험 제공하기

아이들에게 다양한 학습 방식을 경험할 수 있는 기회를 제공하세요. 시각적, 청각적, 운동감각적, 사회적 학습 등 다양한 접근법을 통해 아이가 자신에게 가장 잘 맞는 방식을 발견할 수 있도록 돕습니다.

3) 개인화된 목표 설정하기

모든 아이에게 동일한 기준을 적용하기보다, 각 아이의 고유한 발달 경로와 속도를 존중하는 개인화된 목표를 설정하세요. 이는 아이가 자신의 속도로 성장하면서도 성취감을 경험할 수 있게 해줍니다.

4) 다중지능 활동 장려하기

하워드 가드너의 다중지능이론에 기반한 활동을 통해 아이들이 다양한 형태의 지능을 개발할 수 있도록 지원하세요. 언어적, 논리적, 공간적, 음악적, 신체적, 대인관계적, 자기이해적, 자연친화적 활동을 골고루 경험하게 함으로써 균형 잡힌 발달을 촉진합니다.

5) 성공의 다양한 모델 보여주기

아이들에게 다양한 분야에서 성공한 사람들의 이야기를 들려주세요. 과학자, 예술가, 운동선수, 교사, 기업가 등 다양한 분야의 롤모델을 통해 성공의 여러 가지 형태를 보여줍니다.

6) 실패를 배움의 기회로 인식하기

실패를 두려워하지 않는 환경을 조성하세요. 지문 패턴이 어떻든, 모든 아이가 시행착오를 통해 배우고 성장할 수 있도록 안전한 실험과 도전의 장을 제공합니다.

7) 개방적 대화 유지하기

아이들과 그들의 관심사, 강점, 어려움에 대해 열린 대화를 나누세요. 아이의 지문 패턴과 연관된 성향을 이해하는 것은 이러한 대화의 출발점이 될 수 있습니다.

8) 다양성을 존중하는 가정 문화 조성하기

가정 내에서 각 가족 구성원의 고유한 강점을 인정하고 존중하는 문화를 만드세요. 이는 아이들이 자신과 타인의 다양성을 자연스럽게 받아들이고 존중하는 태도를 발달시키는 데 도움이 됩니다.

이러한 접근법을 통해, 우리는 각 아이의 고유한 지문 패턴과 같이 독특한 잠재력을 발견하고 발전시킬 수 있는 환경을 조성할 수 있습니다. 중요한 것은 '정상'이나 '평균'의 좁은 정의에 아이를 맞추려 하기보다, 아이의 내재된 강점과 관심사를 따라 그들만의 성장 경로를 지원하는 것입니다.

아인슈타인의 말처럼, "모든 사람은 천재입니다. 그러나 물고기에게 나무 오르기 능력으로 판단한다면, 그것은 평생 자신이 바보라고 생각하며 살 것입니다." 우리의 역할은 각 아이가 자신만의 '물속에서 헤엄치는' 능력을 발견하고 발전시킬 수 있도록 돕는 것입니다.

제7장

눈물과 웃음의 지도, 지문에 담긴 감정의 비밀

1. 화를 잘 내는 아이, 수줍음이 많은 아이 : 지문이 알려주는 진짜 이유

각 성향의 특징으로 친구들의 이야기를 들어볼까요?

감성형	깊은 감수성을 가진 민지의 이야기
독창형	새로운 시각을 가진 준호의 이야기
조정협조형	학급의 숨은 중재자 수진이의 이야기
규율원칙형	학급의 안전한 기둥 민석이의 이야기
창조사고형	경계를 넘나드는 호기심 많은 청소년 현우의 이야기
현실주의형	실용적인 문제 해결사 지현이의 이야기
지도자형	자연스러운 리더십의 소유자 태준이의 이야기
완벽주의형	세심한 디테일의 달인 서연이의 이야기
헌신박애형	따뜻한 마음의 도우미 지수의 이야기

| 예술이상형 | 꿈과 아름다움을 추구하는 창작자 현지의 이야기 |
| 독창이상형 | 세상을 바꾸고 싶은 청소년 혁신가 민호의 이야기 |

1) 감성형 (Emotional Type) - 깊은 감수성을 가진 민지의 이야기

민지는 중학교 2학년 학생으로, 미술 시간이면 항상 창의적인 작품을 만들어냅니다. 민지는 반 친구들의 기분 변화를 민감하게 알아차리며, 누군가 슬퍼 보이면 조용히 다가가 위로해 주곤 합니다.

"이 그림은 내가 느끼는 가을의 분위기를 표현했어요. 색깔로 감정을 담고 싶었어요."

민지가 미술 수행평가에서 말했습니다. 민지의 작품은 단순한 풍경화가 아니라 감정이 물씬 담긴 표현이었고, 미술 선생님은 민지의 섬세한 감성에 감탄했습니다.

감성형인 민지는 주변 환경의 분위기와 감정에 매우 민감하게 반응합니다. 교실의 긴장감, 친구들의 표정 변화, 선생님의 목소리 톤까지 모두 민지에게 영향을 미칩니다. 민지는 다른 친구들이 무심코 지나치는 감정적 뉘앙스까지 포착하며, 이를 자신의 일기나 그림에 표현합니다.

감성형 학생들은 예술적 감각과 공감 능력이 뛰어납니다. 이들은 단순한 사실보다 그 안에 담긴 감정과 의미를 중요시합니다. 풍부한 감수성으로 세상을 바라보며, 이를 통해 친구들과 깊은 우정을 형성합니다.

민지의 가장 큰 강점은 그녀의 뛰어난 공감 능력입니다. 학급에서 따돌림 당하는 친구가 있을 때, 민지는 그 친구의 아픔을 진심으로 이해하고 다가가 도움을 주었습니다.

이런 진실된 태도는 반 분위기를 긍정적으로 바꾸는 데 기여했습니다.

"민지는 우리 반의 감정 바로미터 같아요."

담임 선생님이 학부모 상담 시간에 말했습니다.

"민지는 반 분위기를 잘 파악하고, 친구들의 감정을 잘 이해하기 때문에 종종 갈등 상황을 중재하는 역할을 해요."

감성형의 장점은 다음과 같습니다.

뛰어난 공감 능력으로 친구들의 감정을 깊이 이해하고 지지합니다.

풍부한 상상력과 창의성으로 예술 활동에서 두각을 나타냅니다.

진정성 있는 소통으로 친구들과 깊은 우정을 형성합니다.

문학, 음악, 미술 등 예술 과목에서 감성적 표현력이 뛰어납니다.

학급 분위기와 친구들의 기분을 파악하는 사회적 감수성이 발달했습니다.

그러나 민지의 민감한 감수성은 때로 민지에게 부담이 되기도 합니다.

수학 시간에 문제를 풀지 못했을 때 선생님의 가벼운 지적을 받고, 하루 종일 그 말에 상처받아 집중하지 못했던 적이 있습니다.

"가끔은 모든 것이 너무 강하게 느껴져요."

민지가 상담 선생님에게 털어놓았습니다.

"친구들이 다투는 것을 보면 마치 제가 다투는 것처럼 가슴이 아파요. 그래서 때로는 너무 지치기도 해요."

감성형의 약점은 다음과 같습니다.

비판이나 부정적 피드백에 지나치게 민감하게 반응할 수 있습니다.

친구들의 감정에 쉽게 영향받아 객관성을 잃을 때가 있습니다.

학교의 갈등 상황이나 긴장된 분위기에서 스트레스를 많이 받습니다.

시험 결과나 성적에 대해 감정적으로 반응할 수 있습니다.

자신의 감정에 몰입하여 학업에 집중하지 못할 때가 있습니다.

민지는 시간이 지남에 따라 자신의 감성을 더 잘 관리하는 법을 배워가고 있습니다.

상담선생님의 조언으로 감정 일기를 쓰기 시작했고, 감정이 너무 강하게 올라올 때는 잠시 심호흡을 하는 방법을 익혔습니다.

"내 감수성은 나의 강점이지만, 때로는 거리를 두는 법도 배워야 한다는 것을 알게 되었어요."

민지는 이제 자신의 감정을 이해하고 표현하면서도, 그것에 휩쓸리지 않는 균형을 찾아가고 있습니다.

감성형 학생의 풍부한 감수성을 인정하고 가치 있게 여겨주세요.

비판할 때는 부드럽게 접근하고, 그들의 감정을 존중해주세요.

예술, 문학, 음악 등 감정을 표현할 수 있는 활동 기회를 제공하세요.

감정 조절과 자기 관리 기술을 가르쳐 주세요.

때로는 감정적 거리를 두는 법을 알려주어 감정적 소진을 방지하세요.

2) 독창형 (Creative Type) - 새로운 시각을 가진 준호의 이야기

준호는 고등학교 1학년 학생으로, 과학 동아리에서 항상 남다른 아이디어를 제시합니다. 다른 학생들이 교과서에 나온 방식으로 실험을 설계할 때, 준호는 항상 "이렇게 하면 어떨까요?"라며 새로운 접근법을 제안합니다.

"식물 성장 실험을 할 때 단순히 빛의 양만 측정하는 게 아니라, 다양한 색깔의 빛을 사용해보면 어떨까요? 그리고 음악도 들려주면서 말이에요."

준호가 과학 동아리 시간에 제안했습니다. 처음에는 친구들이 의아해했지만, 그의 독특한 실험 설계는 교내 과학 경진대회에서 큰 주목을 받았습니다.

독창형인 준호는 기존의 방식과 규칙에 도전하는 것을 즐깁니다.

그는 항상 새로운 가능성을 탐색하고, 교과서에 나온 방식을 넘어선 아이디어를 제시합니다. 준호의 머릿속은 끊임없이 "만약에 이렇게 한다면?"이라는 질문으로 가득 차 있습니다. 독창형 학생들은 독특한 사고방식과 창의적인 문제해결 능력이 뛰어납니다.

이들은 일상적인 학교 과제에서도 새로운 접근법을 찾아내며, 남들이 보지 못하는 연결고리를 발견합니다. 그들은 종종 교과 내용을 넘어 자신만의 관심사를 깊이 탐구합니다.

준호의 가장 큰 강점은 그의 혁신적인 사고방식입니다.

국어 시간에 기존의 문학 작품을 현대적으로 재해석하는 과제가 주어졌을 때, 준호는 전통 설화를 소셜 미디어 포맷으로 재구성하는 독특한 프로젝트를 제출했고, 이것이 학년 전체에서 가장 혁신적인 작품으로 선정되었습니다.

"준호는 항상 색다른 관점을 가져와요."

국어 선생님이 말했습니다.

"그의 생각은 때로는 엉뚱해 보이지만, 자세히 들여다보면 깊은 통찰력이 담겨 있어요. 그의 창의성은 다른 학생들에게도 영감을 줍니다."

독창형의 장점은 다음과 같습니다.

혁신적이고 창의적인 아이디어로 학교 프로젝트에 새로운 접근법을 제시합니다.

복잡한 문제에 다양한 각도에서 접근하여 독창적인 해결책을 찾아냅니다.

호기심이 많아 교과 내용 이상의 지식을 자발적으로 탐구합니다.

변화를 두려워하지 않고 새로운 도전을 즐깁니다.

여러 학문 분야를 연결하여 통합적인 사고를 할 수 있습니다.

그러나 준호의 독창적인 성향은 때로는 학교생활에 어려움을 가져오기도 합니다.

그는 가끔 정해진 학습 과정이나 규칙적인 과제에 지루함을 느끼고, 수업 시간에 엉뚱한 질문을 던져 진도를 방해한다는 지적을 받기도 합니다.

"준호는 정말 창의적인 학생이지만, 때로는 기본적인 과정을 건너뛰려고 해요."

수학 선생님이 우려했습니다.

"새로운 방법을 찾기 전에 기본 원리를 제대로 이해하는 것도 중요하다는 점을 깨닫게 해주고 싶어요."

독창형의 약점은 다음과 같습니다.

규칙적인 학교생활과 반복적인 학습에 쉽게 지루함을 느낍니다.

기본적인 단계를 건너뛰고 자신만의 방식으로 문제를 해결하려 할 수 있습니다.

너무 많은 아이디어를 동시에 추구하다 집중력이 분산될 수 있습니다.

현실적인 제약이나 평가 기준을 고려하지 않은 과제를 제출할 수 있습니다.

자신의 아이디어가 받아들여지지 않을 때 좌절감을 느낄 수 있습니다.

준호는 상담 선생님과의 정기적인 대화를 통해 자신의 창의성을 학교 환경에 더 효과적으로 적용하는 방법을 배우고 있습니다. 그는 기본 개념을 확실히 이해한 후에 창의적인 접근을 시도하는 습관을 들이기 시작했습니다.

"저는 여전히 새로운 아이디어를 떠올리는 것을 좋아하지만, 기본기도 중요하다는 것을 배웠어요."

준호는 말합니다.

"이제는 제 아이디어를 실현하기 위해 필요한 기초 지식을 쌓는 데도 시간을 투자하고 있어요."

3) 조정협조형 (Cooperative Coordinator Type) – 학급의 숨은 중재자 수진이의 이야기

수진이는 초등학교 6학년 학생으로, 항상 조용히 학급의 중심에서 친구들 사이의 관계를 원활하게 만드는 역할을 합니다. 학급 임원은 아니지만 모든 친구들이 어려움이 있을 때 수진이를 찾습니다.

"수진이가 우리 사이에서 오해를 풀어줬어요. 그 애가 없었다면 우리는 계속 싸웠을 거예요."

한 친구가 선생님에게 말했습니다. 수진이는 자신보다 친구들 사이의 화합과 학급 분위기를 우선시합니다.

조정협조형인 수진이는 자연스럽게 다양한 의견과 관점을 조율하는 능력을 가지고 있습니다. 수진이는 친구들 사이의 갈등 상황에서도 중립을 유지하며, 모두가 만족할 수 있는 해결책을 찾기 위해 노력합니다.

수진이는 자신이 주목받는 것보다 학급 전체의 조화와 협력을 더 중요하게 생각합니다.

조정협조형 학생들은 뛰어난 경청 능력과 친구들의 감정을 읽는 공감 능력을 가지고 있습니다. 그들은 다른 학생들의 강점을 빠르게 파악하고, 이를 팀 프로젝트나 학급 활동에 효과적으로 활용합니다. 또한 갈등 상황에서 완충 역할을 하며, 학급이 분열되지 않도록 조화를 유지합니다.

수진이의 가장 큰 강점은 탁월한 조율 능력입니다.

학급 프로젝트를 준비할 때, 의견이 갈리는 상황에서 수진이는 각 친구들의 생각을 경청하고 모두의 의견을 반영한 절충안을 제시했습니다.

수진이의 중재 덕분에 프로젝트는 성공적으로 진행되었고, 모든 학생들이 참여할 수 있었습니다.

"수진이는 마치 우리 반의 보이지 않는 리더 같아요."

담임 선생님이 학부모 상담에서 말했습니다.

"수진이는 자신을 내세우지 않으면서도, 친구들 사이의 대화를 이끌고 모두가 함께 협력할 수 있는 분위기를 만듭니다."

조정협조형의 장점은 다음과 같습니다.

다양한 친구들의 의견과 요구를 균형 있게 조율하는 능력이 뛰어납니다.

학급 내 갈등 상황에서 중립적 입장을 유지하며 해결책을 찾습니다.

모든 친구들의 참여와 기여를 이끌어내는 포용력이 있습니다.

복잡한 관계나 상황을 섬세하게 관리하는 데 능숙합니다.

학급의 화합과 협력적 분위기를 조성하는 데 탁월합니다.

그러나 수진이의 이런 조율 중심적 성향은 때로는 자신의 의견이나 필요를 뒤로 미루게 만듭니다.

수진이는 종종 다른 친구들의 의견 조율에 너무 집중한 나머지, 자신의 생각을 적극적으로 표현하지 못하는 경우가 있습니다.

"수진이는 항상 친구들 사이에서 중재자 역할을 하다 보니, 정작 자기가 무엇을 원하는지 말하는 경우가 드물어요.”

수진이의 어머니가 상담 선생님께 말했습니다.

“때로는 자기 주장도 당당히 펼쳤으면 좋겠어요.”

조정협조형의 약점은 다음과 같습니다.

모두를 만족시키려다 자신의 의견을 명확히 표현하지 못할 수 있습니다.

갈등을 피하기 위해 때로는 중요한 문제에 대한 자신의 입장을 밝히지 않을 수 있습니다.

친구들의 요구를 우선시하다 자신의 학업이나 필요를 소홀히 할 수 있습니다.

모든 상황을 해결하려는 책임감에 부담을 느낄 수 있습니다.

갈등 상황에서 중립을 지키려다 스트레스를 받을 수 있습니다.

수진이는 학교 상담 선생님과의 정기적인 대화를 통해 조율자 역할을 유지하면서도 자신의 목소리를 내는 법을 배우고 있습니다. 수진이는 매일 자신의 생각과 감정을 일기에 적는 습관을 들이기 시작했습니다.

“친구들 사이의 좋은 관계도 중요하지만, 내 생각도 소중하다는 걸 배웠어요.”

수진이는 말합니다.

“이제는 다른 친구들의 의견을 들으면서도, 필요할 때는 제 의견도 분명히 말하려고 노력해요.”

조정협조형 학생의 중재 능력을 인정하고 격려해 주세요.

동시에 자신의 의견을 표현하는 연습을 할 수 있는 안전한 기회를 제공하세요.

모든 문제를 해결하는 책임이 그들에게만 있지 않다는 것을 알려주세요.

자기 주장 훈련이나 자신의 경계 설정에 관한 기술을 가르쳐 주세요.

그들의 노력을 인정하되, 자기 돌봄의 중요성도 강조해 주세요.

4) 규율원칙형 (Principled Type) - 학급의 안전한 기둥 민석이의 이야기

민석이는 중학교 3학년 학생으로, 매일 아침 정확히 8시 20분에 등교해 자신의 책상을 정리하는 것으로 하루를 시작합니다.

학급 일정표는 항상 그의 공책 첫 페이지에 깔끔하게 작성되어 있고, 숙제는 한 번도 늦게 제출한 적이 없습니다.

"약속한 시간을 지키는 것은 서로에 대한 존중의 표현이라고 생각해요. 그리고 규칙은 우리 모두가 안전하고 공정하게 생활하기 위한 것이죠."

민석이는 학급 회의에서 말했습니다. 민석이의 원칙적인 태도는 때로는 엄격해 보이지만, 많은 친구들에게 신뢰와 안정감을 줍니다.

규율원칙형인 민석은 명확한 구조와 규칙을 중요시합니다.

민석이는 예측 가능하고 안정적인 환경에서 편안함을 느끼며, 학교생활의 모든 측면에 체계적으로 접근합니다.

민석이는 옳고 그름에 대한 강한 내적 나침반을 가지고 있으며, 이를 자신의 행동 기준으로 삼습니다.

규율원칙형 학생들은 높은 책임감과 성실함을 가지고 있습니다.

그들은 약속과 마감 시간을 중요하게 여기며, 맡은 일을 정확하고 철저하게 완수합니다. 또한 공정성과 일관성을 중시하여, 모든 학생이 동등한 대우를 받는 환경을 선호합니다.

민석이의 가장 큰 강점은 그의 신뢰성과 책임감입니다.

학급 도서부장으로서, 그는 완벽한 대출 기록 시스템을 만들어 단 한 권의 책도 분실되지 않게 했습니다. 선생님들은 중요한 업무가 있을 때 종종 민석이에게 맡깁니다.

"민석이가 맡은 일은 걱정할 필요가 없어요."

"그 학생은 항상 약속을 지키고, 세부사항까지 꼼꼼하게 확인합니다.

민석의 성실함은 다른 학생들에게도 좋은 본보기가 됩니다."

규율원칙형의 장점은 다음과 같습니다.

강한 책임감과 성실함으로 맡은 일을 완수하고 신뢰를 얻습니다.

체계적이고 조직적인 접근으로 학업과 과제를 효율적으로 관리합니다.

규칙과 약속을 중요시하여 안정적이고 예측 가능한 환경을 조성합니다.

정확성과 세부사항에 대한 관심으로 실수를 최소화합니다.

강한 도덕적 나침반으로 올바른 선택을 하고 정직하게 행동합니다.

그러나 민석이의 이런 원칙적인 성향은 때로는 경직되고 유연성이 부족해 보일 수 있습니다. 갑작스러운 일정 변경이나 예상치 못한 상황에서 그는 적응하는 데 어려움을 겪기도 합니다.

"민석이는 정말 믿음직한 학생이지만, 가끔은 규칙에 너무 얽매여 있어요."

체육 선생님이 우려했습니다.

"체육대회 날 갑자기 계획이 바뀌었을 때, 그 아이가 매우 불안해하는 모습을 봤어요. 변화를 받아들이는 것이 그에게는 어려운 도전인 것 같아요."

규율원칙형의 약점은 다음과 같습니다.

예상치 못한 변화나 불확실성에 적응하는 데 어려움을 겪을 수 있습니다.

규칙과 절차에 너무 집착하여 창의적인 해결책을 놓칠 수 있습니다.

때로는 흑백논리적 사고로 상황의 다양한 측면을 고려하지 못할 수 있습니다.

자신과 타인에게 지나치게 높은 기준을 적용해 스트레스를 유발할 수 있습니다.

실수나 실패를 수용하는 데 어려움을 겪을 수 있습니다.

민석이는 상담 선생님과의 정기적인 대화를 통해 원칙을 유지하면서도 유연성을 기르는 방법을 배우고 있습니다. 민석이는 예상치 못한 상황에 대처하는 연습을 시작했고, 때로는 계획을 수정하는 것도 필요하다는 것을 깨닫고 있습니다.

"규칙의 목적이 더 중요하다는 것을 배웠어요."

민석이는 말합니다.

"규칙을 지키는 것도 중요하지만, 때로는 목적을 달성하기 위해 다른 방법을 시도해볼 수도 있다는 걸 배우게 되었어요."

규율원칙형 학생의 책임감과 성실함을 인정하고 격려해 주세요.

변화와 예상치 못한 상황에 적응하는 기술을 가르쳐 주세요.

규칙의 목적과 의도를 설명하고, 때로는 유연하게 적용할 수 있음을 보여주세요.

실수나 실패를 성장의 기회로 받아들이는 마음가짐을 길러주세요.

다양한 관점을 고려하고 타협하는 경험을 제공하세요.

5) 창조사고형 (Creative Thinker Type) - 경계를 넘나드는 호기심 많은 청소년 현우의 이야기

현우는 중학교 2학년 학생으로, 과학실에서 가장 많은 시간을 보냅니다. 그의 책상 서랍에는 다양한 영역의 책들이 가득하고, 수업 노트에는 수업 내용과 함께 그만의 아이디어와 질문들이 빼곡히 적혀 있습니다.

"과학 시간에 배운 화학 반응을 음악으로 표현해 볼 수 있을까요? 각 원소마다 다른 음계를 부여해서 화학 반응을 작곡해보면 어떨까요?"

현우가 과학 동아리 시간에 제안했습니다. 처음에는 친구들이 의아해했지만, 이 독특한 프로젝트는 학교에서 큰 주목을 받았습니다.

창조사고형인 현우는 항상 새로운 가능성을 탐색하고 기존의 경계를 넘나드는 사고를 합니다. 현우는 서로 다른 학문 분야를 연결하여 독창적인 아이디어를 만들어내는 능력이 뛰어납니다. 현우에게는 '불가능'이라는 개념이 호기심과 도전으로 다가옵니다.

창조사고형 학생들은 호기심이 많고 지적 모험을 즐깁니다. 그들은 문제를 다양한 각도에서 바라보며, 패턴과 연결고리를 발견하는 데 능숙합니다. 또한 상상력이 풍부하여 아직 존재하지 않는 것을 마음속에 그려볼 수 있는 능력이 있습니다.

현우의 가장 큰 강점은 그의 경계를 넘나드는 사고 방식입니다.

국어 시간에 한국 전통 설화를 배울 때, 현우는 그것을 현대 과학 개념과 연결시켜 독특한 해석을 제시했고, 이것이 학급 토론을 한층 더 깊고 풍부하게 만들었습니다.

"현우는 우리 학급의 생각 보따리를 열어주는 열쇠 같은 학생이에요."

국어 선생님이 말했습니다.

"그의 질문과 아이디어는 다른 학생들도 더 자유롭게 생각할 수 있게 해주죠. 그 아이가 있는 수업은 항상 활기차고 창의적입니다."

창조사고형의 장점은 다음과 같습니다.

복잡한 문제에 대한 독창적이고 혁신적인 해결책을 제시합니다.

다양한 교과목의 지식을 통합하여 새로운 통찰력을 만들어냅니다.

호기심과 탐구심으로 수업 내용 이상의 지식을 자발적으로 탐색합니다.

미래지향적 사고로 새로운 가능성과 아이디어를 제시합니다.

창의적인 질문과 토론으로 학급 분위기를 활성화합니다.

그러나 현우의 이런 창의적인 성향은 때로는 학교생활에 어려움을 가져오기도 합니다.

그는 가끔 기본적인 교과 과정보다 자신만의 관심사에 너무 몰두하여, 시험을 위한 준비가 부족할 때가 있습니다.

"현우의 아이디어는 정말 놀랍지만, 때로는 기본적인 교과 내용 학습에 소홀해요."

"그의 창의성은 큰 장점이지만, 학교에서 요구하는 기본 지식과 균형을 이루는 것이 필요합니다."

창조사고형의 약점은 다음과 같습니다.

기본적인 학습 내용보다 자신의 관심사에 지나치게 몰두할 수 있습니다.

여러 아이디어 사이에서 초점을 잃고 과제 완성에 어려움을 겪을 수 있습니다.

일상적인 학교 과제나 반복적인 연습에 쉽게 지루함을 느낍니다.

실용적인 세부사항이나 계획 수립에 소홀할 수 있습니다.

자신의 독특한 아이디어가 이해받지 못할 때 좌절감을 느낄 수 있습니다.

현우는 상담 선생님과의 정기적인 대화를 통해 창의성을 유지하면서도 학교 교육과정에 더 잘 적응하는 방법을 배우고 있습니다. 그는 자신의 아이디어를 기록하는 별도의 노트를 만들고, 기본 학습을 마친 후에 창의적인 탐구를 이어가는 루틴을 개발했습니다.

"기본 개념을 확실히 이해하는 것이 더 창의적인 생각을 위한 토대가 된다는 걸 알게 되었어요."

현우는 말합니다.

"이제는 학교 공부와 제 호기심 사이에서 균형을 찾아가고 있어요."

창조사고형 학생의 호기심과 창의성을 인정하고 격려해 주세요.

동시에 기본 교과 내용의 중요성을 이해시키고, 그것이 창의적 사고의 기반임을 알려주세요.

정규 교육과정 내에서 창의성을 발휘할 수 있는 기회를 제공하세요.

아이디어를 체계화하고 실행에 옮기는 기술을 가르쳐 주세요.

6) 현실주의형 (Realist Type) – 실용적인 문제 해결사 지현이의 이야기

지현이는 초등학교 5학년 학생으로, 항상 실용적이고 현실적인 접근 방식을 선호합니다.

학급 프로젝트에서 다른 친구들이 화려하고 복잡한 아이디어를 제안할 때, 지현이는 "우리가 가진 시간과 재료로 실제로 할 수 있는 일이 뭘까요?"라고 질문하며 모두를 현실로 돌아오게 합니다.

"환경 보호 프로젝트를 위해 학교 옆 공원을 청소하는 것부터 시작하면 어떨까요? 거창한 계획보다 실제로 우리가 할 수 있는 일을 하는 게 더 효과적일 것 같아요."

지현이가 학급 회의에서 제안했습니다. 지현이의 현실적인 제안 덕분에 프로젝트는 성공적으로 진행될 수 있었습니다.

현실주의형인 지현이는 항상 사실과 증거에 기반한 판단을 내립니다.

지현이는 공상이나 추상적인 이론보다 구체적인 현실과 실용적인 해결책을 중요시합니다. 지현이에게는 실제 결과와 효율성이 가장 중요한 가치입니다.

현실주의형 학생들은 매우 실용적이고 효율적입니다.

그들은 현재 상황을 명확하게 인식하고, 가용한 자원 내에서 최선의 결과를 도출하려고 노력합니다.

또한 그들은 안정성을 중요시하며, 구체적이고 체계적인 접근 방식을 선호합니다.

지현이의 가장 큰 강점은 지현이의 현실적인 문제 해결 능력입니다.

학급 소풍 계획 중 갑자기 비가 예보되었을 때, 지현이는 당황하지 않고 대체 활동 계획을 신속하게 제안했습니다. 지현이의 침착하고 현실적인 대응 덕분에 소풍은 실내에서도 즐거운 시간이 될 수 있었습니다.

"지현이는 우리 반의 현실 감각을 담당해요."

"그 아이는 항상 현실적인 목표를 세우고, 구체적인 단계를 계획하며, 예상되는 문제에 대한 해결책까지 준비합니다.

지현이의 실용적인 접근은 학급 활동이 성공적으로 진행되는 데 큰 역할을 합니다."

현실주의형의 장점은 다음과 같습니다.

현실적인 목표 설정과 실용적인 문제 해결 능력이 뛰어납니다.

구체적이고 체계적인 계획을 세워 효율적으로 과제를 수행합니다.

위기 상황에서도 침착하게 대응하고 실행 가능한 대안을 제시합니다.

자원과 시간을 효율적으로 관리하여 생산성을 높입니다.

현실적인 제약 내에서 최적의 결과를 도출하는 능력이 있습니다.

그러나 지현이의 이런 현실적인 성향은 때로는 상상력이나 창의적인 가능성을 제한할 수 있습니다.

지현이는 때로 친구들의 대담한 아이디어나 혁신적인 접근법을 너무 빨리 현실적이지 않다고 판단하기도 합니다.

"지현이는 항상 믿을 수 있고 현실적이지만, 가끔은 상상의 나래를 펼치는 시간도 필요해요."

"모든 위대한 성취는 처음에는 불가능해 보이는 꿈에서 시작되니까요."

현실주의형의 약점은 다음과 같습니다.

때로는 지나친 현실주의로 창의적이거나 혁신적인 아이디어를 너무 빨리 기각할 수 있습니다.

이미 검증된 방식을 고수하여 새로운 시도를 꺼릴 수 있습니다.

장기적인 가능성보다 당장의 현실적 결과에 초점을 맞출 수 있습니다.

때로는 친구들의 이상적인 열정에 냉담해 보일 수 있습니다.

비현실적으로 보이는 꿈이나 목표를 가진 친구들을 이해하기 어려울 수 있습니다.

지현이는 미술 시간과 창의적 글쓰기 수업을 통해 상상력을 기르고 가능성의 세계를 탐색하는 연습을 하고 있습니다.

지현이는 현실적인 접근법을 유지하면서도 새로운 아이디어에 좀 더 열린 자세를 갖게 되었습니다.

"실현 가능한 계획도 중요하지만, 때로는 큰 꿈을 꾸는 것도 필요하다는 걸 배웠어요."

지현이는 말합니다.

"현실적인 계획을 세우기 전에 다양한 가능성을 상상해보면, 더 좋은 해결책을 찾을 수 있다는 것을 알게 되었어요."

7) 지도자형 (Leader Type) – 자연스러운 리더십의 소유자 태준이의 이야기

태준이는 중학교 3학년 학생으로, 특별한 자리에 있지 않아도 자연스럽게 친구들을 이끄는 능력을 가지고 있습니다. 그는 학급 회장은 아니지만, 중요한 결정이나 어려운 상황에서 친구들은 항상 태준이의 의견을 구합니다.

"우리 반 축제 부스 준비가 늦어지고 있는데, 각자 잘하는 것을 맡아서 함께 해봐요. 시간이 부족하지만 모두가 힘을 합치면 멋진 결과를 만들 수 있을 거예요."

태준이가 체육대회 준비 과정에서 말했습니다.

그의 자신감 있는 목소리와 명확한 방향 제시는 불안해하던 친구들에게 용기를 주었습니다. 지도자형인 태준이는 목표를 정하면 끝까지 추진하는 강한 의지를 가지고 있습니다. 태준이는 자신의 생각을 명확하게 표현하고, 친구들이 그 비전을 함께 이루어가도록 동기를 부여하는 능력이 있습니다.

태준이는 도전 앞에서 물러서지 않으며, 오히려 어려움을 극복하는 과정에서 더 큰 열정을 느낍니다.

지도자형 학생들은 결단력이 강하고 책임감이 큽니다. 그들은 어려운 결정을 내리는 것을 두려워하지 않으며, 그 결정의 결과에 대해 책임을 집니다.

또한 그들은 목표 지향적이고 성취욕이 강하여, 지속적인 성장과 발전을 추구합니다. 태준이의 가장 큰 강점은 그의 비전 제시 능력과 친구들을 동기부여하는 힘입니다. 전교생 자선 바자회를 준비할 때, 태준이는 명확한 목표와 계획을 세워 학급을 이끌었고, 그 결과 학교에서 가장 성공적인 모금액을 달성했습니다.

"태준이는 타고난 리더예요."

"그 아이는 친구들이 각자의 강점을 발휘하도록 격려하고, 모두가 하나의 팀으로 함께 목표를 향해 나아가게 만듭니다. 무엇보다 태준이가 먼저 모범을 보이며 행동하는 모습이 다른 학생들에게 큰 영향을 줍니다."

지도자형의 장점은 다음과 같습니다.

명확한 목표와 비전을 제시하여 친구들에게 방향성을 제공합니다.

결단력 있게 의사결정을 하고 그 결과에 책임을 집니다.

친구들에게 영감을 주고 각자의 잠재력을 발휘하도록 동기를 부여합니다.

도전적인 상황에서도 침착함을 유지하고 해결책을 찾습니다.

주도적으로 행동하며 필요한 변화를 이끌어냅니다.

그러나 태준이의 이런 강한 리더십 성향은 때로는 지나치게 주도적이고 독단적으로 보일 수 있습니다.

태준이는 가끔 다른 친구들의 의견보다 자신의 비전을 우선시하는 경향이 있어, 소극적인 친구들은 자신의 생각을 표현하기 어려워하기도 합니다.

"태준이는 훌륭한 리더 기질이 있지만, 때로는 다른 친구들의 의견을 충분히 듣지 않고 진행하려고 해요."

학급의 한 친구가 말했습니다.

"모두의 생각을 들어보는 시간을 더 가졌으면 좋겠어요."

지도자형의 약점은 다음과 같습니다.

때로는 지나치게 주도적이거나 고집스럽게 보일 수 있습니다.

다른 친구들의 의견이나 감정을 충분히 고려하지 않을 수 있습니다.

성과와 목표 달성에 너무 집중하여 과정이나 관계를 소홀히 할 수 있습니다.

자신감이 지나쳐 오만하게 보일 수 있습니다.

항상 강한 모습을 보이려다 취약함을 인정하거나 도움을 요청하기 어려울 수 있습니다. 태준이는 학급 토론 활동을 통해 다른 사람의 의견을 경청하고 다양한 관점을 수용하는 법을 배우고 있습니다.

또한 멘토링 프로그램에 참여하면서 진정한 리더십이 무엇인지에 대해 더 깊이 이해하게 되었습니다.

"리더가 된다는 것은 항상 앞에서 이끄는 것만이 아니라, 때로는 뒤에서 지원하고 다른 사람들이 성장할 수 있도록 돕는 것이라는 걸 배웠어요."

태준이는 말합니다.

"이제는 다른 친구들의 의견을 더 많이 듣고, 함께 결정을 내리려고 노력하고 있어요."

8) 완벽주의형 (Perfectionist Type) – 세심한 디테일의 달인 서연이의 이야기

서연이는 초등학교 6학년 학생으로, 공책은 항상 깔끔하게 정돈되어 있고 글씨는 마치 인쇄된 것처럼 반듯합니다.

미술 시간에 서연이가 만드는 작품은 세부 사항까지 꼼꼼하게 완성되어 있어 선생님들도 감탄합니다.

"포스터에 이 부분이 조금 어긋나 있어요. 더 정확하게 맞추면 전체적인 균형이 좋아질 것 같아요."

서연이가 학급 환경미화 작업 중에 말했습니다. 서연이의 세심한 관찰력과 높은 기준은 결과물의 품질을 한 단계 끌어올렸습니다. 완벽주의형인 서연이는 모든 일에 높은 기준을 적용합니다.

서연이는 세부사항에 대한 뛰어난 관찰력을 가지고 있으며, 조금이라도 부족한 부분이 있으면 끊임없이 개선하려고 노력합니다. 서연이에게는 '그냥 괜찮아'라는 개념이 없습니다. 오직 '최고'만이 있을 뿐입니다.

완벽주의형 학생들은 체계적이고 조직적인 사고방식을 가지고 있습니다. 그들은 모든 과제와 활동에서 뛰어난 품질을 추구하며, 자신과 타인에게 높은 기준을 적용합니다. 또한 그들은 매우 책임감이 강하고 맡은 일을 끝까지 완수하려는 의지가 있습니다.

서연이의 가장 큰 강점은 그녀의 뛰어난 완성도와 품질 관리 능력입니다. 학교 축제 팸플릿을 제작할 때, 서연이는 오탈자부터 디자인 레이아웃까지 꼼꼼하게 검토했고, 그 결과 완벽한 퀄리티의 홍보물이 만들어졌습니다.

"서연이의 과제는 항상 믿고 볼 수 있어요."

"그 아이는 조금이라도 부족함이 있으면 스스로 만족하지 않고 끊임없이 개선합니다. 서연이의 꼼꼼함과 높은 기준은 다른 학생들에게도 좋은 본보기가 됩니다."

완벽주의형의 장점은 다음과 같습니다.

높은 품질과 정확성을 추구하여 뛰어난 결과물을 만들어냅니다.

세부사항에 대한 뛰어난 관찰력으로 문제를 조기에 발견하고 해결합니다.

체계적이고 조직적인 접근으로 학습과 과제를 효율적으로 관리합니다.

강한 책임감으로 맡은 일을 완수하며 신뢰를 구축합니다.

지속적인 개선과 발전을 추구하는 자세로 성장합니다.

그러나 서연이의 이런 완벽주의적 성향은 때로는 그녀에게 과도한 스트레스와 부담이 됩니다. 서연이는 작은 실수에도 지나치게 자책하며, 때로는 과제를 제출하는 것을 미루기도 합니다.

"서연이는 뛰어난 학생이지만, 때로는 자신에게 너무 가혹해요."

"완벽하지 않으면 아예 시도하지 않으려 하거나, 마감일까지 계속 수정하다가 제출이 늦어지기도 해요. 서연이가 실수도 성장 과정의 일부라는 것을 받아들였으면 좋겠어요.”

완벽주의형의 약점은 다음과 같습니다.

완벽을 추구하다 과도한 스트레스와 불안을 경험할 수 있습니다.

작은 실수나 실패에 지나치게 민감하게 반응할 수 있습니다.

높은 기준 때문에 과제 시작이나 완료를 지연시킬 수 있습니다.

자신과 친구들에게 너무 엄격한 기준을 적용해 관계에 긴장을 초래할 수 있습니다.

‘완벽하게 할 수 없다면 아예 하지 않는다’는 사고방식에 빠질 수 있습니다.

서연이는 상담 선생님과의 정기적인 대화를 통해 자신의 완벽주의적 성향을 이해하고 관리하는 법을 배우고 있습니다.

서연이는 ‘잘 했어, 이제 됐어’라고 스스로에게 말하는 연습을 하고, 실수를 배움의 기회로 받아들이려고 노력합니다.

“완벽하지 않아도 괜찮다는 것을 조금씩 받아들이고 있어요.”

서연이는 말합니다.

“모든 것을 100% 완벽하게 하려고 하면 즐거움도 없고 항상 불안해요. 이제는 최선을 다하되, 때로는 ‘충분히 좋다’는 것도 인정하려고 노력하고 있어요.”

완벽주의형 학생의 높은 기준과 꼼꼼함을 인정하되, 과도한 자기 비판에 대해 주의를 기울이세요.

‘실패’와 ‘실수’를 배움의 기회로 재해석할 수 있도록 도와주세요.

‘충분히 좋음’의 개념을 가르치고, 모든 것이 완벽할 필요는 없다는 것을 이해시키세요.

과정을 중시하고, 결과물만이 아닌 노력과 발전에도 가치를 두는 태도를 길러주세요.

9) 헌신박애형 (Dedicated Altruist Type) – 따뜻한 마음의 도우미 지수의 이야기

지수는 초등학교 4학년 학생으로, 항상 도움이 필요한 친구들을 먼저 살피는 따뜻한 마음을 가지고 있습니다.

새로운 전학생이 오면 가장 먼저 다가가 학교를 안내해주고, 점심시간에 혼자 있는 친구가 있으면 자연스럽게 곁에 앉아 이야기를 나눕니다.

"민호가 다리를 다쳐서 계단을 오르내리기 힘들어해요. 제가 민호의 가방을 들어주고 함께 천천히 이동하는 것을 도와줄게요."

지수의 작은 관심과 배려는 학급 분위기를 따뜻하게 만들었습니다.

헌신박애형인 지수는 타인의 필요와 감정에 매우 민감하게 반응합니다.

지수는 깊은 공감 능력을 가지고 있어, 친구들의 감정 상태와 필요를 직관적으로 이해합니다. 지수에게는 자신보다 친구들과 공동체의 웰빙이 더 중요합니다.

헌신박애형 학생들은 매우 이타적이고 베푸는 성격을 가지고 있습니다.

그들은 깊은 인간관계를 형성하고 유지하는 데 능숙하며, 친구들의 성장과 행복을 돕는 데서 큰 기쁨을 얻습니다. 또한 그들은 강한 도덕적 나침반을 가지고 있어, 항상 옳은 일을 하려고 노력합니다.

지수의 가장 큰 강점은 그녀의 깊은 공감 능력과 헌신적인 봉사 정신입니다. 학급에서 따돌림을 당하던 한 친구가 있었을 때, 지수는 그 친구의 장점을 다른 아이들에게 알려주고 함께 놀 수 있는 기회를 만들어 그 친구가 학급에 잘 적응할 수 있도록 도왔습니다.

"지수는 우리 반의 작은 천사 같은 아이예요. 지수는 자신보다 다른 친구들을 먼저 생각하고, 늘 도움이 필요한 곳에 먼저 달려갑니다. 지수가 있어 우리 학급은 더 따뜻하고 포용적인 공간이 되었어요."

헌신박애형의 장점은 다음과 같습니다.

깊은 공감 능력으로 친구들의 감정과 필요를 잘 이해합니다.

따뜻하고 포용적인 태도로 학급의 긍정적인 분위기를 조성합니다.

헌신적인 봉사 정신으로 공동체에 기여합니다.

신뢰할 수 있고 책임감 있는 태도로 깊은 우정을 형성합니다.

갈등 상황에서도 화합을 추구하며 평화를 만들어냅니다.

그러나 지수의 이런 헌신적인 성향은 때로는 자신의 필요와 한계를 무시하게 만들기도 합니다. 지수는 종종 친구들의 문제 해결을 돕느라 자신의 숙제나 휴식 시간을 희생하기도 합니다.

"지수는 너무 착한 마음씨를 가져서 가끔 걱정돼요."

"다른 아이들을 돕느라 자기 일은 뒤로 미루고, 때로는 너무 많은 책임을 떠안아 지치는 것 같아요. 자기 자신도 돌볼 줄 알았으면 좋겠어요."

헌신박애형의 약점은 다음과 같습니다.

타인을 지나치게 우선시하다 자신의 필요와 웰빙을 소홀히 할 수 있습니다.

건강한 경계 설정에 어려움을 겪어 소진될 위험이 있습니다.

갈등이나 거절을 피하기 위해 자신의 진정한 감정을 억누를 수 있습니다.

과도한 책임감으로 친구들의 문제를 자기 문제인 것처럼 느낄 수 있습니다.

다른 사람들의 기대에 너무 맞추려다 자신의 욕구를 무시할 수 있습니다.

지수는 상담 선생님과의 대화를 통해 자신을 돌보는 것의 중요성을 배우고 있습니다.

지수는 매일 저녁 자신을 위한 소중한 시간을 갖고, 때로는 "미안하지만 지금은 도와줄 수 없어"라고 말하는 연습을 하고 있습니다.

"다른 친구들을 돕는 건 정말 좋은 일이지만, 제가 지치면 아무도 도울 수 없다는 걸 알게 되었어요."

지수는 말합니다.

"이제는 저 자신도 소중하게 생각하려고 노력하고 있어요. 그래야 오래오래 다른 사람들도 도울 수 있을 것 같아요."

10) 예술이상형 (Artistic Idealist Type) – 꿈과 아름다움을 추구하는 창작자 현지의 이야기

현지는 중학교 1학년 학생으로, 항상 스케치북을 들고 다니며 자신만의 세계를 그림으로 표현합니다.

현지의 책상 서랍에는 시와 짧은 이야기가 가득하고, 벽에는 그녀가 그린 그림들이 빼곡히 붙어 있습니다.

"이 그림은 우리가 어떻게 서로 연결되어 있는지를 표현했어요. 색깔이 모두 다르지만, 같은 줄기에서 뻗어나온 것처럼요."

현지가 미술 시간에 자신의 작품을 설명했습니다. 현지의 표현은 단순한 과제 이상의 깊은 의미와 아름다움을 담고 있었습니다.

　　예술이상형인 현지는 깊은 감수성과 풍부한 상상력을 가지고 있습니다. 현지는 세상의 아름다움, 의미, 가능성에 민감하게 반응하며, 이를 창의적인 방식으로 표현하려고 합니다. 현지에게는 자신의 작품을 통해 더 나은 세상에 대한 꿈과 비전을 공유하는 것이 중요합니다.

　　예술이상형 학생들은 강한 직관력과 풍부한 내면 세계를 가지고 있습니다. 그들은 표면적인 현실 너머의 더 깊은 의미와 패턴을 찾아내며, 인간 경험의 보편적 측면에 깊이 공감합니다. 또한 미적 감각이 뛰어나 아름다움과 조화를 중요시합니다.

　　현지의 가장 큰 강점은 현지의 창의적 표현력과 깊은 통찰력입니다. 문학 시간에 자신이 쓴 시를 발표했을 때, 현지의 감성적이고 깊이 있는 표현은 학급 친구들과 선생님에게 깊은 인상을 남겼습니다.

　　현지의 작품은 사람들이 평소에 느끼지만 표현하지 못했던 감정을 아름답게 담아냈습니다.

　　"현지의 작품은 단순히 아름다운 것을 넘어, 우리에게 새로운 관점을 제시해요."

　　문학 선생님이 말했습니다.

　　"그녀는 일상적인 것들에서도 깊은 의미와 아름다움을 발견하고, 그것을 통해 우리 모두가 세상을 다르게 볼 수 있게 합니다."

　　예술이상형의 장점은 다음과 같습니다.

　　풍부한 창의성과 독창적인 표현 능력으로 새로운 관점을 제시합니다.

　　감정적, 미적 감수성으로 사람들의 마음을 울리는 작품을 만듭니다.

　　깊은 통찰력으로 표면 아래의 의미와 연결고리를 발견합니다.

　　이상적인 비전을 통해 더 나은 세상의 가능성을 보여줍니다.

　　진정성 있는 표현으로 타인과 깊은 공감대를 형성합니다.

그러나 현지의 이런 이상주의적이고 예술적인 성향은 때로는 현실적인 학교생활과 충돌하기도 합니다.

현지는 가끔 수업 시간에 자신의 상상 속 세계에 빠져 선생님의 설명을 놓치기도 하고, 현실적인 마감일이나 일정을 지키는 데 어려움을 겪기도 합니다.

"현지는 놀라운 재능을 가졌지만, 때로는 너무 자신의 세계에 빠져 있어요."

"수학이나 과학 같은 구조화된 과목에서는 집중력이 떨어지고, 시험 준비나 과제 마감을 지키는 것에 어려움을 겪을 때가 있어요."

예술이상형의 약점은 다음과 같습니다.

현실적인 세부사항이나 일상적인 과제에 소홀할 수 있습니다.

때로는 자신의 내면세계에 너무 몰입하여 현실과의 연결이 약해질 수 있습니다.

구조화되고 체계적인 학습 환경에 적응하기 어려울 수 있습니다.

완벽주의적 경향으로 자신의 작품에 과도하게 비판적일 수 있습니다.

이상과 현실 사이의 간극에서 좌절감을 느낄 수 있습니다.

현지는 학교 예술 동아리 활동을 통해 자신의 창의성을 표현하면서도 현실적인 기술을 배우고 있습니다.

현지는 작품 계획을 세우고 일정을 관리하는 법을 익히며, 자신의 예술적 비전을 실현하는 실용적인 단계들을 배우고 있습니다.

"저는 여전히 제 작품을 통해 아름다움과 의미를 표현하고 싶지만, 이제는 계획을 세우고 현실적인 단계를 밟는 것의 중요성도 이해해요."

현지는 말합니다.

"꿈을 현실로 만들기 위해서는 상상력뿐만 아니라 실행력도 필요하다는 것을 배웠어요."

11) 독창이상형 (Creative Idealist Type) –
세상을 바꾸고 싶은 청소년 혁신가 민호의 이야기

민호는 고등학교 1학년 학생으로, 항상 "왜?"와 "만약에?"라는 질문을 끊임없이 던집니다. 민호의 노트에는 미래 사회에 대한 아이디어와 혁신적인 발명품 스케치가 가득합니다. 학교 과학 경진대회에서도 항상 가장 독특한 프로젝트를 제출합니다.

"우리가 학교에서 버리는 음식물 쓰레기를 활용해 에너지를 만들면 어떨까요? 저는 작은 발전기를 만들어 보았어요."

민호가 과학 경진대회에서 발표했습니다. 민호의 대담한 아이디어와 열정적인 발표는 많은 학생들과 선생님들에게 영감을 주었습니다.

독창이상형인 민호는 기존의 틀을 벗어나 새로운 가능성을 상상하고 추구하는 능력이 뛰어납니다.

민호는 현재의 문제를 독창적인 관점으로 바라보며, 다른 사람들이 생각하지 못한 해결책을 찾아냅니다. 민호에게는 세상을 더 나은 곳으로 만들기 위한 혁신적인 아이디어를 실현하는 것이 큰 의미를 가집니다.

독창이상형 학생들은 미래 지향적이고 변화를 추구합니다. 그들은 현상

유지보다는 혁신과 발전을 위해 끊임없이 노력합니다. 또한 깊은 통찰력과 직관을 바탕으로 복잡한 문제의 본질을 파악하고, 대담한 해결책을 제시하는 능력이 있습니다.

민호의 가장 큰 강점은 혁신적인 사고와 변화를 만들고자 하는 열정입니다.

"민호는 우리 학교의 미래를 만들어가는 학생이에요."

"그의 아이디어는 때로는 비현실적으로 보이지만, 그 안에는 항상 중요한 통찰력이 담겨 있습니다. 그가 현실의 제약에 좌절하지 않고 계속 도전한다면, 언젠가는 정말 세상을 바꿀 수 있을 거예요."

독창이상형의 장점은 다음과 같습니다.

혁신적인 아이디어와 대담한 비전으로 새로운 가능성을 제시합니다.

기존의 틀을 벗어나 문제를 독창적인 방식으로 해결합니다.

미래 트렌드를 예측하고 변화를 주도하는 능력이 있습니다.

복잡한 사회 문제에 대해 깊이 고민하고 해결책을 모색합니다.

열정적이고 영감을 주는 방식으로 다른 친구들에게 동기를 부여합니다.

그러나 민호의 이런 이상주의적이고 혁신적인 성향은 때로는 학교생활의 현실적인 측면과 충돌하기도 합니다.

민호는 가끔 자신의 아이디어에 너무 몰두한 나머지 기본적인 과제나 시험 준비를 소홀히 할 때가 있습니다.

"민호의 생각은 항상 흥미롭지만, 때로는 현실적인 제약을 고려하지 않아요."

"그의 프로젝트는 항상 창의적이지만, 가끔은 실현 가능성이나 주어진 시간과 자원 내에서 완성할 수 있는지를 생각하지 않고 너무 큰 계획을 세우기도 해요."

독창이상형의 약점은 다음과 같습니다.

현실적인 제약이나 세부 사항을 간과하고 이상적인 비전에 너무 집착할 수 있습니다.

일상적인 학교 과제나 시험 준비에 집중하기 어려울 수 있습니다.

너무 많은 아이디어 사이에서 우선순위를 정하기 어려울 수 있습니다.

자신의 비전을 현실화하는 과정에서 인내심이 부족할 수 있습니다.

현실과의 괴리로 인해 좌절감이나 무력감을 느낄 수 있습니다.

민호는 과학 선생님의 멘토링을 통해 자신의 아이디어를 더 현실적으로 발전시키는 방법을 배우고 있습니다.

민호는 큰 비전을 여러 작은 단계로 나누고, 각 단계를 체계적으로 실행하는 연습을 하고 있습니다.

"저는 여전히 세상을 바꾸는 큰 아이디어를 꿈꾸지만, 이제는 그것을 실현하기 위한 구체적인 단계들도 중요하다는 것을 알게 되었어요."

민호는 말합니다.

"혁신은 큰 도약뿐만 아니라 꾸준한 작은 걸음들로도 이루어진다는 것을 배웠습니다."

독창이상형 학생의 혁신적인 사고와 이상을 존중하고 격려해 주세요.

큰 아이디어를 실현 가능한 작은 단계로 나누는 방법을 가르쳐 주세요.

기본적인 학업 요구사항과 창의적 프로젝트 사이의 균형을 찾도록 도와주세요.

혁신적인 아이디어를 실제로 구현하는 데 필요한 실용적인 기술을 개발할 기회를 제공하세요.

실패를 배움의 과정으로 받아들이고 끈기를 기르도록 격려해 주세요.

중요한 것은, 이러한 패턴을 '좋음'과 '나쁨'으로 판단하지 않는 것입니다. 각 패턴은 서로 다른 감정 처리 방식을 나타내며, 각각의 방식은 다양한 상황에서 강점이 될 수 있습니다.

부모로서 우리의 역할은 아이의 타고난 감정 성향을 이해하고, 그들이 자신의 감정을 건강하게 인식하고 표현할 수 있도록 지원하는 것입니다.

2. 친구를 사귀는 방식에서 드러나는 지문 패턴의 영향

아이들이 친구를 사귀고 관계를 형성하는 방식은 그들의 지문 패턴과 흥미로운 연관성을 보입니다. 이러한 관계 형성 패턴은 유치원, 학교, 놀이터 등 다양한 사회적 환경에서 관찰할 수 있습니다.

1) 다양한 친구들과의 어울림 성향별 소통 이야기

우리는 모두 다양한 성향을 가지고 있습니다. 친구와 잘 지내려면 서로를 이해하는 것이 정말 중요합니다. 여러 성향의 친구들이 어떻게 소통하면 좋을지 마치 다양한 색깔의 크레파스가 모여 아름다운 그림을 그리는 것처럼, 서로의 다른 점을 이해하고 존중하면 더 멋진 우정을 만들어 갈 수 있습니다.

대인관계에서 진정한 소통은, 나와 상대의 주성향중 내면 성향을 기준으로 접근해야 합니다. 이것이 단순한 대화를 넘어 마음과 마음이 통하는 소통으로 나아가는 첫걸음이기 때문입니다.

① 감성형 친구들의 소통 이야기

감성형 서연이가 감성형 친구 민지 대하기

서연이와 민지는 둘 다 감정이 풍부한 '감성형' 친구들입니다.

"오늘 아침에 길고양이 가족을 봤어. 너무 귀여웠는데, 배고파 보여서 마음이 아팠어…"

서연이는 아침에 본 길고양이 가족에 대해서 이야기 합니다.

민지는 눈을 반짝이며

"나도 알아, 그 느낌! 나도 지난주에 비 맞는 강아지 봤을 때 너무 슬펐어."라고 대답했습니다.

두 친구는 서로의 감정을 깊이 이해하고, 함께 웃고 울면서 하루의 모든 감정을 나누게 되었습니다.

감성형 친구들끼리는 서로의 감정을 존중하고 공감해줘서 마음이 따뜻해지는 우정을 만들 수 있답니다.

감성형 친구가 감성형 친구 대할 때 팁

서로의 감정을 존중하고 공감해주세요.
함께 감동적인 영화나 책을 즐겨보세요.
솔직하게 감정을 표현하는 시간을 가지세요.
비판보다는 격려의 말을 나누세요.

감성형 서연이가 독창형 친구 도윤이 대하기

서연이는 따뜻하고 공감 능력이 뛰어난 '감성형' 친구입니다. 새로 전학 온 도윤이는 늘 새롭고 독특한 생각을 하는 '독창형' 친구였습니다.

미술 시간에 도윤이는 아무도 생각하지 못한 방식으로 그림을 그렸고, 다른 친구들이 도윤이의 그림이 이상하다고 수군거리기 시작했습니다. 하지만 서연이는 도윤이에게 다가가 도윤이의 그림을 보고 이렇게 말했습니다.

"와, 정말 독특한 생각을 했네! 어떻게 이런 아이디어가 떠올랐어?"

서연이가 진심으로 궁금하다는 얼굴로 물어보았습니다.

도윤이는 서연이의 관심에 기뻐하며 자신의 생각을 열정적으로 설명했습니다. 서연이는 비록 완전히 이해하지 못해도 도윤이의 창의성을 존중했고, 도윤이는 서연이의 따뜻한 마음을 고마워했습니다.

감성형 친구가 독창형 친구 대할 때 팁

그들의 독특한 아이디어에 진심으로 관심을 보여주세요.

비판보다는 호기심을 가지고 물어보세요.

그들이 자신의 생각을 자유롭게 표현할 수 있게 격려해 주세요.

때로는 그들이 혼자 생각할 시간이 필요하다는 것을 이해해 주세요.

감성형 서연이의 조정협조형 친구 준호 대하기

서연이는 감정 표현이 풍부한 '감성형' 친구였고, 준호는 항상 친구들 사이에서 분위기를 맞추는 '조정협조형' 친구였습니다.

서연이가 슬픈 일이 있어 눈물을 보일 때, 준호는 조용히 옆에 있어주며 "괜찮아, 모두 다 잘 될 거야."라고 말해주었습니다.

하지만 때로는 서연이의 감정에 어떻게 반응해야 할지 몰라 당황하기도 했습니다.

서연이는 준호가 자신의 감정에 항상 맞춰주려고 노력한다는 것을 알게 되었습니다.

그래서 "준호야, 너도 가끔은 네 진짜 생각을 말해도 괜찮아. 난 네 생각도 듣고 싶어"라고 말해주었습니다.

준호는 서연이의 말에 안심하고 조금씩 자신의 의견도 말하게 되었고, 서연이는 준호의 배려심을 더 깊이 이해할 수 있게 되었습니다.

감성형 친구가 조정협조형 친구 대할 때 팁

그들이 모두를 배려하려는 마음을 존중해주세요.
너무 강한 감정 표현은 그들에게 부담이 될 수 있어요.
그들에게도 자신의 진짜 생각을 말할 기회를 주세요.
갈등 상황에서 그들의 중재 역할을 고마워해 주세요.

감성형 서연이가 규율원칙형 친구 재현이 대하기

서연이는 감정이 풍부한 '감성형' 친구였고, 재현이는 규칙과 원칙을 중요시하는 '규율원칙형' 친구였습니다.

팀 프로젝트를 할 때, 재현이는 "계획대로 차근차근 해야 해. 규칙을 지켜야 좋은 결과가 나와"라고 말하곤 했습니다.

서연이는 처음에 재현이가 너무 딱딱하다고 느꼈지만, 곧 재현이의 성향을 이해하게 되었고,

"네 말이 맞아, 재현아. 나도 규칙을 지키려고 노력할게. 근데 가끔은 우리가 즐기면서 할 수 있는 방법도 있을 것 같아."라고 민서가 편안한 얼굴로 미소 지으며 이야기 했습니다.

재현이는 잠시 생각하더니 "그럴 수도 있겠네. 네 아이디어가 궁금해"라고 대답했습니다.

서연이의 감성과 재현이의 체계적인 접근이 만나 더 좋은 결과를 만들어 낼 수 있었습니다.

감성형 서연이가 지도자형(자기주도형)친구 태윤이 대하기

서연이는 감성이 풍부한 '감성형' 친구였고, 태윤이는 목표 의식이 강한 '자기주도형(지도자형)' 친구였습니다.

학급 프로젝트에서 "우리는 이렇게 할 거야. 이게 가장 효율적이야"라고 말하는 태윤이에게 서연이는 처음에 태윤이의 강한 리더십에 주눅들었지만, 용기를 내어 말했보기로 했습니다.

"태윤아, 네 계획은 정말 좋아. 근데 모두의 의견도 들어보면 어떨까? 그러면 더 많은 친구들이 적극적으로 참여할 것 같아."

태윤이는 잠시 생각하더니 "네 말이 맞아. 나도 모두의 의견을 들어볼게."라고 말했을 때. 서연이의 따뜻한 접근 덕분에 태윤이는 더 배려하는 리더가 되었고, 프로젝트도 성공적으로 마칠 수 있게 되었습니다.

② 조정협조형 친구들의 소통 이야기

조정협조형 준호가 감성형 친구 민지 대하기

준호는 평화를 추구하는 '조정협조형' 친구였고, 민지는 감정 표현이 풍부한 '감성형' 친구입니다.

어느 날, 민지가 수업 시간에 갑자기 눈물을 흘리기 시작했는데 이유는 시험 결과가 기대보다 안 좋았기 때문이었습니다. 준호는 처음에 어떻게 반응해야 할지 몰라 당황했지만 준호는 민지에게 조용히 다가가 "많이 속상하구나. 네가 얼마나 열심히 준비했는지 알아"라고 단순히 "괜찮아"라고 말하기보다 민지의 감정을 인정해주며 말해주었습니다.

민지는 준호의 진심 어린 공감에 위로를 받았고, 둘은 더 가까운 친구가 될 수 있었습니다.

조정협조형 친구가 감성형 친구 대할 때 팁

그들의 감정을 인정하고 공감해주세요.

"괜찮아"라는 말보다 "네 기분이 어떤지 이해해"라고 말해주세요.

그들의 감정 변화에 당황하지 말고 지지해 주세요.

진심으로 들어주는 것이 가장 좋은 위로가 될 수 있어요.

조정협조형 준호가 독창형 친구 도윤이 대하기

준호는 조화를 중요시하는 '조정협조형' 친구였고, 도윤이는 독특한 생각을 가진 '독창형' 친구입니다. 준호는 항상 남들과 다른 생각을 했고, 때로는 그 생각을 강하게 주장했습니다. 다른 친구들은 도윤이의 특이한 아이디어에 답답함을 느꼈지만, 준호는 조금 달랐습니다.

"도윤이의 생각도 들어볼까? 새로운 시각이 있을 수 있어"라고 말하는 준호는 도윤이의 독특한 아이디어와 다른 친구들의 생각 사이에서 다리 역할을 했습니다.

준호는 도윤이가 자신의 생각을 존중해준다고 느꼈고, 준호 덕분에 다른 친구들과도 더 잘 소통할 수 있게 되었습니다.

조정협조형 친구가 독창형 친구 대할 때 팁

그들의 독특한 아이디어에 열린 마음을 가지세요.

그들과 다른 친구들 사이의 다리 역할을 해보세요.

비판보다는 이해하려고 노력하세요.

그들의 창의성을 팀에 기여할 수 있는 강점으로 보세요.

조정협조형 준호가 조정협조형 친구 수빈이 대하기

준호와 수빈이는 둘 다 '조정협조형' 친구들이었습니다. 두 사람은 항상 다른 친구들의 의견을 먼저 들어주고, 갈등이 생기면 중재하는 역할을 했습니다.

팀 프로젝트를 할 때, 의견이 갈리자 둘 다 "너희 생각은 어때?"라고 물으며 뒤로 물러서고. 결국 아무도 결정을 내리지 못하는 상황이 되었을 때 준호가 "우리 둘 다 다른 사람들 의견만 물어보고 있네. 수빈아, 우리도 각자 의견을 말해볼까?"라고 말했습니다.

두 사람은 서로를 격려하며 자신의 생각도 말하기 시작했고, 균형 잡힌 의사결정을 할 수 있게 되었습니다.

조정협조형 친구가 조정협조형 친구 대할 때 팁

서로를 격려해 자신의 의견도 말해보세요.

함께 결정을 내리는 용기를 가져보세요.

항상 양보하기보다 때로는 주도적인 역할도 맡아보세요.

서로의 중재 능력을 인정하고 배우세요.

조정협조형 준호가 규율원칙형 친구 재현이 대하기

준호는 평화를 추구하는 '조정협조형' 친구였고, 재현이는 규칙을 중요시하는 '규율원칙형' 친구였습니다.

학급 행사를 준비할 때, 재현이는 "규칙대로 해야 해. 지난번에 정한 계획을 따라야지!"라고 단호하게 말했고. 준호는 다른 의견도 있었지만, 갈등을 피하고 싶어 처음에는 그냥 재현의 의견을 따르기로 했습니다.

하지만 준호는 용기를 내어 "재현야, 네 말도 맞아. 하지만 상황이 조금 바뀌었으니 계획도 조금 조정하면 어떨까? 우리 모두가 만족할 수 있는 방법을 찾아보자"라고 재현이에게 의견을 이야기해 보았습니다.

재현이는 처음에는 망설였지만, 준호의 부드러운 접근 방식에 마음을 열고 함께 새로운 방법을 찾아보기로 했습니다.

조정협조형 친구가 규율원칙형 친구 대할 때 팁

그들의 규칙과 원칙을 존중하되, 부드럽게 유연성도 제안해 보세요.

갈등을 피하기보다 건설적인 대화를 시도해 보세요.

변화의 필요성을 논리적으로 설명해 보세요.

그들의 체계적인 접근 방식의 가치를 인정해 주세요.

조정협조형 준호가 지도자형(자기주도형)친구 태윤이 대하기

준호는 조화를 추구하는 '조정협조형' 친구였고, 태윤이는 목표 지향적인 '자기주도형(지도자형)' 친구였습니다. 태윤이는 항상 "이렇게 하자! 내 방법이 최고야!"라고 강하게 의견을 말했고, 준호는 주로 그냥 따르는 친구였습니다. 하지만 준호는 태윤이의 계획이 모두에게 공정하지 않다고 느꼈을 때가 있었습니다.

어느 날, 준호는 조용히 태윤이에게 다가가서 말했습니다.

"태윤아, 네 계획은 정말 좋아. 하지만 몇몇 친구들이 어려움을 겪을 수 있을 것 같아. 우리 모두를 배려한 방법을 함께 생각해볼래?"

태윤이는 준호의 부드러운 제안을 받아들였고, 둘이 함께 더 좋은 계획을 세울 수 있었습니다.

준호의 조정 능력과 태윤이의 리더십이 만나 멋진 결과를 만들어 낼 수 있었습니다.

조정협조형 친구가 자기주도형 친구 대할 때 팁
(자기주도형은 모든 이성성향의 통칭입니다.)

그들의 리더십을 인정하면서도 모두의 의견을 고려하도록 부드럽게 제안하세요.
직접적인 대립보다는 "~하면 어떨까?"라는 식으로 제안해 보세요.
그들의 강한 주장에 주눅들지 말고, 차분히 대화하세요.
모두가 참여할 수 있는 방법을 함께 찾아보세요.

③ 규율원칙형 친구들의 소통 이야기

규율원칙형 재현이가 감성형 친구 민지 대하기

재현이는 규칙과 원칙을 중요시하는 '규율원칙형' 친구였고, 민지는 감정이 풍부한 '감성형' 친구입니다.

민지가 약속 시간에 늦었을 때, 재현이는 "우리 5시에 만나기로 했잖아. 시간 약속은 지켜야지!"라고 직설적으로 말하자 민지는 눈물을 글썽이며 "미안해, 길에서 다친 강아지를 도와주느라…"라고 설명하곤 했습니다.

재현이는 민지의 반응에 당황했지만, 자신의 말이 너무 강했다는 것을 깨닫게 되었습니다.

"음, 강아지가 걱정되었구나. 다음에는 연락만 해줘. 강아지는 괜찮아?"라고 부드럽게 물었고 민지는 재현이가 자신의 마음을 이해하려 노력하는 모습에 감동했고, 재현이도 규칙만큼 감정도 중요할 수 있다는 것을 배울 수 있었습니다.

규율원칙형 친구가 감성형 친구 대할 때 팁

규칙을 말할 때 너무 강하게 표현하지 않도록 주의하세요.
그들의 감정을 무시하지 말고 이해하려고 노력하세요.
원칙을 설명할 때 그 이유도 함께 설명해 주세요.
때로는 융통성을 발휘하는 것도 필요하다는 것을 기억하세요.

규율원칙형 재현이가 독창형 친구 도윤이 대하기

재현이는 체계적인 '규율원칙형' 친구였고, 도윤이는 늘 새로운 아이디어가 넘치는 '독창형' 친구였습니다.

과학 프로젝트를 할 때, 도윤이는 "우리 로봇을 만들되, 음악도 나오고 춤도 추게 하자!"라고 제안했는데 재현이는 "그건 너무 비현실적이야. 교과서에 나온 대로 기본적인 로봇만 만들자."라고 말했습니다.

도윤이의 표정이 어두워지는 것을 본 재현이는 "도윤아. 기본 구조는 교과서대로 하되, 네 아이디어 중 실현 가능한 부분을 추가해보는 건 어때?"라고 말하고 재현이와 도윤이는 서로의 장점을 살려 기본에 충실하면서도 창의적인 프로젝트를 완성할 수 있었습니다.

규율원칙형 친구가 독창형 친구 대할 때 팁

그들의 창의적인 아이디어를 완전히 거부하지 마세요.

기본 규칙 안에서 창의성을 발휘할 수 있는 공간을 만들어주세요.

"안 돼"보다는 "이렇게 하면 어떨까?"라고 제안해 보세요.

그들의 독특한 시각이 가치 있다는 것을 인정해 주세요.

규율원칙형 재현이가 조정협조형 친구 수빈이 대하기

재현이는 원칙을 중시하는 '규율원칙형' 친구였고, 수빈이는 평화를 추구하는 '조정협조형' 친구입니다.

친구들 사이에 갈등이 생겼을 때, 재현이는 "규칙대로 해결해야 해!"라고 주장했습니다.

반면 수빈이는 "모두가 만족할 수 있는 방법을 찾아보자."라며 타협점을 찾으려 했습니다.

처음에 재현이는 수빈이가 원칙을 무시한다고 생각했지만 수빈이의 중재 덕분에 모두가 만족하는 결과를 보고, 재현이는 "네 방식도 효과가 있네.

규칙도 중요하지만 상황에 따라 유연하게 적용할 필요도 있구나."라고 깨닫게 되었습니다.

재현이는 원칙과 유연성의 균형을 배웠고, 수빈이는 재현이의 체계적인 접근 방식의 가치를 이해하게 되었습니다.

규율원칙형 친구가 조정협조형 친구 대할 때 팁

그들의 중재 능력과 조화를 추구하는 마음을 존중해주세요.
모든 상황에 엄격한 규칙을 적용하기보다 때로는 유연함도 필요하다는 것을 기억하세요.
서로의 접근 방식에서 배울 점을 찾아보세요.
함께 규칙과 조화의 균형을 찾아보세요.

규율원칙형 재현이가 규율원칙형 친구 윤서 대하기

재현이와 윤서는 둘 다 규칙과 체계를 중요시하는 '규율원칙형' 친구들입니다.

학급 프로젝트를 준비할 때, 두 사람은 각자 다른 규칙과 방법을 고집했습니다.

"내 방법이 더 효율적이야!"라고 재현이가 말하면, 윤서는 "아니야, 교과서에 나온 방법을 따라야 해!"라고 대답했습니다.

두 사람 모두 물러서지 않아 진전이 없었고, 그때 재현이가

"우리 각자의 방법의 장단점을 객관적으로 분석해 보자. 그리고 데이터를 바탕으로 결정하는 건 어때?"

윤서도 이 논리적인 접근에 동의했고, 두 사람은 함께 최선의 방법을 찾아냈습니다. 서로의 체계적인 사고방식을 존중하며 협력할 수 있게 되었습니다.

규율원칙형 친구가 규율원칙형 친구 대할 때 팁

서로 다른 규칙이나 방법에 대해 논리적으로 토론해 보세요.

객관적인 기준을 세워 함께 결정하세요.

자신의 방식만 고집하지 말고 다른 체계적인 접근도 존중해보세요.

함께 더 좋은 시스템을 만들어보세요.

규율원칙형 재현이가 지도자형(자기주도형) 친구 태윤이 대하기

재현이는 체계적인 '규율원칙형' 친구였고, 태윤이는 목표 지향적인 '자기주도형(지도자형)' 친구입니다.

학교 축제를 준비할 때, 태윤이는 "내가 생각한 계획대로 빨리 진행하자!"라고 했지만, 재현이는 "잠깐, 우리 규칙에 따라 단계별로 체계적으로 해야 해."라고 말했습니다.

둘 사이에 긴장이 생겼을 때, 재현이가 "현지야, 네 리더십과 내 체계적인 접근을 합치면 더 좋은 결과가 나올 것 같아. 네가 큰 방향을 제시하고, 내가 세부 계획을 세우는 건 어때?"

태윤이는 이 제안에 동의했고, 두 사람은 서로의 강점을 살려 축제를 성공적으로, 그리고 체계적으로 준비할 수 있었습니다.

규율원칙형 친구가 자기주도형 친구 대할 때 팁
(자기주도형은 모든 이성성향의 통칭입니다.)

그들의 리더십과 목표 지향적인 성향을 존중해주세요.

체계와 규칙의 중요성을 설명할 때 그 이유를 함께 설명해 주세요.

서로의 강점을 결합할 방법을 찾아보세요.

목표 달성과 체계적인 접근의 균형을 함께 찾아보세요.

④ 자기주도형 친구들의 소통 이야기

자기주도형은 지도자형, 현실주의형, 완벽주의형, 헌신박애형, 예술이상형, 독창이상형의 통칭입니다.

자기주도형 태윤이가 감성형 친구 민지 대하기

태윤이는 자신감 넘치는 '자기주도형(지도자형)' 친구였고, 민지는 감성이 풍부한 '감성형' 친구였습니다.

태윤이는 항상 팀의 리더 역할을 했고, 효율성을 중요시하며 "빨리 결정하고 진행하자!"라고 자주 말했지만 민지는 모두의 감정을 고려하고 싶어 했습니다.

민지가 팀 활동 중에 슬픈 표정을 지었을 때 태윤이는 처음에 "왜 그렇게 감정적이야? 우리 일에 집중해야지!"라고 말했습니다.

민지의 마음을 알아차린 태윤이의 선생님이 "감성형 친구들은 감정과 관계를 중요하게 생각해. 조금 시간을 내서 그들의 감정을 들어주면, 오히려 더 좋은 결과를 얻을 수 있어."라고 태윤이에게 조언해 주셨습니다.

그 후 태윤이는 민지에게 "네 생각이 궁금해. 기분이 안 좋아 보이는데, 무슨 일이야?"라고 물어보았고 민지는 태윤이의 관심에 감동하여 마음을 열고 대화를 하니 팀의 분위기도 훨씬 좋아지게 되었습니다.

자기주도형 친구가 감성형 친구 대할 때 팁

결과만큼 과정과 감정도 중요하다는 것을 기억하세요.
직설적인 표현이 그들의 감정을 상하게 할 수 있음을 인식하세요.
시간을 내어 그들의 감정과 생각을 들어주세요.
그들의 공감 능력과 창의성을 팀의 강점으로 활용해 보세요.

자기주도형 태윤이가 독창형 친구 도윤이 대하기

태윤이는 목표 지향적인 '자기주도형(현실주의형)' 친구였고, 도윤이는 독특한 생각이 많은 '독창형' 친구였습니다.

프로젝트를 할 때, 도윤이는 "우리 로봇에 무지개 날개를 달아서 하늘을 날게 하면 어때?"라는 독특한 아이디어를 냈습니다. 태윤이는 처음에 "그건 현실적이지 않아. 우리는 기본적인 로봇만 만들자"라고 도윤이에게 딱 잘라 말했습니다. 하지만 도윤이의 실망한 표정을 보고, 태윤이는 다시 생각해보게 되었습니다.

"음, 도윤아. 네 아이디어가 창의적이네. 완전히 날게 할 순 없지만, 로봇에 작은 날개 장식을 달아서 네 아이디어를 반영해볼까?"

도윤이는 기뻐했고, 태윤이는 현실적인 목표를 유지하면서도 창의성을 존중하는 법을 배웠고. 결국 그들의 로봇은 기능적이면서도 독특한 디자인으로 주목을 받았습니다.

자기주도형 친구가 독창형 친구 대할 때 팁

그들의 창의적인 아이디어를 완전히 무시하지 마세요.
현실적인 제약을 설명하되, 창의성을 발휘할 수 있는 부분을 찾아주세요.
"안 돼"보다는 "이 부분은 어떻게 적용할 수 있을까?"라고 접근해 보세요.
그들의 독특한 시각이 프로젝트에 새로운 가치를 더할 수 있다는 것을 인정하세요.

자기주도형 태윤이가 조정협조형 친구 수빈이 대하기

태윤이는 추진력 있는 '자기주도형(지도자형)' 친구였고 수빈이는 평화를 추구하는 '조정협조형' 친구입니다.

반 프로젝트에서 태윤이는 "우리는 이 방법으로 할 거야. 이게 최선이야!"라고 강하게 주장했고. 수빈이는 다른 의견이 있었지만, 갈등을 피하기 위해 그냥 태윤이의 의견에 박수쳐 주었습니다.

하지만 프로젝트가 진행되면서 문제가 생기자, 태윤이는 답답함을 느끼고 어떻게 해야 할지 몰라 수빈이에게 "왜 안되는 거지? 좋은 의견 있으면 말해볼래?"라고 물어보았습니다.

수빈이는 조심스럽게 "사실… 다른 방법도 있었는데, 네가 너무 강하게 말해서 말하기 어려웠어."

이 말을 듣고 태윤이는 깨달음을 얻게 되었습니다.

"정말? 미안해. 앞으로는 너의 의견을 들을게. 수빈아, 앞으로는 네 생각을 솔직하게 말해줘."

태윤이의 리더십과 수빈이의 조정 능력이 결합되어 더 나은 결과를 만들어낼 수 있었습니다.

자기주도형 친구가 조정협조형 친구 대할 때 팁

너무 강하게 의견을 주장하면 그들이 말하기 어려울 수 있다는 것을 기억하세요.
그들에게 의견을 말할 기회와 시간을 충분히 주세요.
그들의 중재 능력과 모두를 배려하는 마음을 존중해주세요.
모두가 참여할 수 있는 환경을 만들어주세요.

자기주도형 태윤이가 규율원칙형 친구 윤서 대하기

태윤이는 목표 지향적인 '자기주도형(완벽주의형)' 친구였고, 윤서는 체계적인 '규율원칙형' 친구입니다.

학교 과학경진대회를 준비할 때, 태윤이는 "시간이 없어! 빨리 진행하자!"
라고 재촉했지만 윤서는 "잠깐, 우리는 순서대로 체계적으로 해야 해. 규칙
을 따라야지"라고 말했습니다.

처음에 태윤이는 윤서의 접근이 느리다고 생각하지만 급하게 진행하다
가 실수가 생기자, 태윤이는 윤서의 체계적인 접근 방식의 가치를 깨닫게
되었습니다.

"윤서야, 네 말이 맞았어. 체계적으로 하니까 실수가 적네. 우리 네 방식
대로 계획을 세우고, 내가 진행 속도를 관리할게."

두 사람은 체계와 효율성의 균형을 찾아 프로젝트를 성공적으로 마무리
할 수 있었습니다.

자기주도형 친구가 규율원칙형 친구 대할 때 팁

그들의 체계적인 접근 방식과 규칙을 존중해주세요.
효율성만큼 정확성도 중요하다는 것을 기억하세요.
서로의 강점을 결합할 방법을 찾아보세요.
너무 서두르지 말고, 때로는 단계별 접근이 필요하다는 것을 인정하세요.

⑤ 독창형 친구들의 소통 이야기

독창형 도윤이가 다양한 성향의 친구들 대하기

도윤이는 항상 새롭고 독특한 생각을 하는 '독창형' 친구로 학교에서 도윤
이는 다양한 성향의 친구들과 어울려야 했습니다.

감성형 친구 서연이와는 함께 상상력이 풍부한 이야기를 만들며 즐거운
시간을 보냈고, 조정협조형 친구 준호는 도윤이의 독특한 아이디어를 다른

친구들에게 설명하는 다리 역할을 했습니다.

규율원칙형 친구 재현이는 처음에는 도윤이의 아이디어가 너무 비현실적이라고 생각했지만, 도윤이가 차근차근 설명하자 관심을 갖기 시작했고, 자기주도형 친구 태윤이는 도윤이의 아이디어를 실제로 구현하는 방법을 제안해주었습니다.

도윤이는 각 친구의 성향에 맞게 소통하는 법을 배웠습니다.

감성형 친구들에게는 감정을 담아 이야기하고, 조정협조형 친구들에게는 모두가 참여할 수 있는 아이디어를 제안했습니다.

규율원칙형 친구들에게는 논리적으로 설명하고, 자기주도형 친구들에게는 목표와 결과를 강조했습니다.

소율이의 독창성과 다른 친구들의 다양한 강점이 만나 학교 축제에서 가장 인상적인 행사를 만들었습니다.

독창형 친구가 다양한 성향의 친구들과 소통할 때 팁

자신의 독특한 아이디어를 상대방의 성향에 맞게 설명해 보세요.
감성형 친구에게는 감정을 담아, 규율원칙형 친구에게는 논리적으로 설명하세요.
모든 사람이 자신의 아이디어를 바로 이해하지 못할 수도 있다는 것을 인내하세요.
다양한 성향의 친구들이 함께할 때 더 멋진 결과가 나올 수 있다는 것을 기억하세요.

우리는 모두 다른 성향을 가지고 있습니다. 어떤 친구는 감성이 풍부하고, 어떤 친구는 평화를 추구하며, 어떤 친구는 규칙을 중요시하고, 또 어떤 친구는 리더십이 강하고 어떤 친구는 독창적인 아이디어가 많은 친구도 있습니다. 이런 다양한 성향은 우리 세상을 더 풍요롭고 재미있게 만들어 주기도 합니다.

중요한 것은 친구의 성향을 이해하고 존중하면서 소통하는 배려입니다. 감성형 친구의 따뜻한 마음, 조정협조형 친구의 배려심, 규율원칙형 친구의 체계적인 사고, 자기주도형 친구의 추진력, 그리고 독창형 친구의 창의성은 모두 각 성향의 소중한 다름입니다.

내가 어떤 성향인지, 그리고 친구들은 어떤 성향인지 한번 생각해 보고, 서로를 더 잘 이해하고 배려하며 소통하는 것은 참 중요합니다.

다양한 색깔이 모여 아름다운 무지개를 만들듯, 다양한 성향이 모여 더 멋진 우정을 만들 수 있습니다.

아이들은 친구 관계 형성 방식을 이해함으로써, 부모는 그들의 사회적 발달을 더 효과적으로 지원할 수 있습니다. 중요한 것은 한 가지 방식이 다른 방식보다 "더 좋다"라고 판단하지 않고, 각 아이의 고유한 사회화 선호도를 인정하고 존중하는 것입니다. 이를 통해 우리는 아이들이 자신의 자연스러운 성향을 바탕으로 건강하고 의미 있는 관계를 형성할 수 있도록 도울 수 있습니다.

3. 감정 코칭의 퍼즐을 푸는 열쇠

아이들의 감정 발달을 지원하는 것은 부모에게 가장 중요한 과제 중 하나입니다. 지문 패턴에 대한 이해는 각 아이의 고유한 감정 처리 방식에 맞는 맞춤형 감정 코칭 접근법을 개발하는 데 귀중한 통찰력을 제공할 수 있습니다.

1) 두형문(Whorl-지도자형, 현실주의형) 패턴 아이를 위한 감정 코칭

두형문 패턴 아이들은 종종 감정을 내면화하고 논리적으로 처리하려는 경향이 있습니다.

이들을 위한 효과적인 감정 코칭 전략은 다음과 같습니다.

두형문 감정 코칭 전략

분석적 접근법 활용하기	"네가 화가 난 이유를 함께 살펴볼까? 어떤 일이 일어났고, 그것이 왜 너를 화나게 했을까?"
감정과 사고 연결하기	"그 상황에서 네가 어떤 생각을 했는지, 그리고 그 생각이 어떤 감정을 불러일으켰는지 이야기해 볼까?"
문제 해결 중심 대화하기	"이 감정을 느낄 때, 어떻게 대처하는 것이 가장 도움이 될까? 몇 가지 방법을 함께 생각해보자."
개인적 공간과 시간 존중하기	"네가 감정을 정리할 시간이 필요하다면, 그건 완전히 괜찮아. 준비되면 이야기하자."

태윤이는 친구가 그의 장난감을 허락 없이 가져갔을 때, 즉각적으로 반응하지 않고 조용히 화가 나 있었습니다.

태윤이의 부모는 태윤이에게 "네가 지금 어떤 기분인지, 그리고 왜 그런 기분이 들었는지 생각해볼 수 있을까?"라고 물었습니다.

그들은 태윤이가 자신의 감정과 그 원인을 분석할 수 있도록 도왔고, 함께 문제 해결 방법을 탐색했습니다.

이 접근법은 태윤이의 자연스러운 분석적 성향을 활용하면서도 감정적 자각을 발전시키는 데 효과적이었습니다.

2) 기형문(Loop-감성형, 독창형) 패턴 아이를 위한 감정 코칭

기형문 패턴이 우세한 아이들은 일반적으로 감정을 외부로 표현하고 사회적 맥락에서 처리하는 경향이 있습니다. 이들을 위한 효과적인 감정 코칭 전략은 다음과 같습니다.

기형문 감정 코칭 전략	
감정 표현 격려하기	"지금 어떤 기분이니? 네가 느끼는 모든 것을 이야기해도 괜찮아."
공감적 경청하기	"그런 일이 있었구나. 정말 속상했겠다. 더 이야기해 줄래?"
사회적 맥락 제공하기	"친구들도 때로는 비슷한 감정을 느껴. 너의 친구 민지가 지난번에 어떻게 비슷한 상황을 해결했는지 기억나?"
감정 조절 전략 가르치기	"화가 날 때, 깊게 숨을 들이마시고 천천히 내쉬는 방법을 함께 연습해 볼까?"

서연이는 발표회에서 실수했을 때, 즉시 눈물을 보였습니다. 서연이의 부모는 서연이의 감정을 인정하고 "많이 실망했구나. 그런 기분이 드는 건 완전히 자연스러운 거야."라고 말했습니다.

그들은 서연이가 자신의 감정을 충분히 표현할 수 있도록 공간을 제공한 후, 다른 아이들도 비슷한 경험을 했을 것이라고 이야기하며 사회적 맥락을 제공했습니다.

이 접근법은 서연이가 자신의 감정을 인식하고 처리하는 데 효과적이었습니다.

3) 호형문(Arch-규율원칙형, 창조사고형) 패턴 아이를 위한 감정 코칭

호형문 패턴이 우세한 아이들은 종종 실용적이고 직설적인 방식으로 감정을 처리합니다. 이들을 위한 효과적인 감정 코칭 전략은 다음과 같습니다.

호형문 감정 코칭 전략

구체적이고 실용적인 접근법 사용하기	"지금 속상하구나. 무엇이 이 감정을 더 좋게 만들 수 있을까?"
신체적 활동과 연결하기	"화가 날 때는 잠시 밖에 나가서 달리기를 하거나 공을 차는 것이 도움이 될 수 있어."
직접적인 소통 격려하기	"네가 원하는 것을 명확하게 말하는 연습을 해보자. '나는 ___할 때 ___한 기분이 들어' 라고 말하는 거야."
예술적 표현 활용하기	"네 기분을 그림이나 만들기로 표현해 볼래? 때로는 말보다 그런 방법이 더 쉬울 수 있어."

재현이는 학교에서 괴롭힘을 당한 후, 자신의 감정을 말로 표현하는 데 어려움을 겪었습니다.

재현이의 부모는 재현이에게 그림을 그려볼 것을 제안했고, 이를 통해 그는 자신의 감정을 표현할 수 있었습니다.

그들은 또한 재현이가 화가 날 때 안전하게 에너지를 발산할 수 있는 신체 활동을 함께 찾았습니다.

이 실용적인 접근법은 재현이가 자신의 감정을 인식하고 처리하는 데 효과적이었습니다.

4) 혼합 패턴 아이를 위한 감정 코칭

혼합 패턴을 가진 아이들은 상황에 따라 다양한 감정 처리 스타일을 보일 수 있습니다. 이들을 위한 효과적인 감정 코칭 전략은 다음과 같습니다.

혼합문 감정 코칭 전략	
다양한 전략 제공하기	"여러 가지 방법을 시도해 보고, 지금 상황에서 가장 도움이 되는 것을 찾아보자."
상황 맥락 고려하기	"학교와 집에서 기분이 다를 수 있어. 각 상황에서 어떻게 대처하는 것이 좋을지 생각해 보자."
유연한 접근법 모델링하기	"때로는 이야기하는 것이 도움이 되고, 때로는 혼자 생각하는 시간이 필요해. 둘 다 괜찮은 방법이야."
자기 인식 발달시키기	"지금 어떤 방식으로 감정을 처리하는 것이 가장 편안하니? 네 몸과 마음이 무엇을 원하는지 들어보자."

수빈이는 스트레스 상황에서 때로는 즉각적으로 감정을 표현하고, 때로는 혼자만의 시간을 가지며 생각을 정리하는 모습을 보였습니다.

수빈이의 부모는 수빈이의 이러한 다양한 반응 패턴을 관찰하고, 상황에 따라 다른 접근법을 제공했습니다.

친구와의 갈등 후에는 "지금 이야기하고 싶니, 아니면 먼저 혼자 생각할 시간이 필요하니?"라고 물으며 수빈이가 자신에게 가장 편안한 방식을 선택할 수 있도록 했습니다.

이러한 유연한 접근법은 수빈이가 다양한 상황에서 자신의 감정을 효과적으로 처리하는 능력을 발전시키는 데 도움이 되었습니다.

5) 모든 아이를 위한 핵심 감정 코칭 원칙

지문 패턴에 상관없이, 모든 아이의 건강한 감정 발달을 지원하는 몇 가지 보편적인 원칙이 있습니다.

감정 인정하기	모든 감정은 유효하며 경험할 가치가 있다는 것을 아이에게 보여주세요. "그런 기분이 드는 건 완전히 자연스러운 거야."라고 확인해주는 것이 중요합니다.
감정 어휘 발달시키기	아이가 다양한 감정을 인식하고 이름 붙일 수 있도록 풍부한 감정 어휘를 가르쳐 주세요. "지금 실망한 거니, 아니면 좌절감을 느끼는 거니?"와 같은 질문은 아이의 감정 이해를 깊게 합니다.
비판 없는 환경 조성하기	아이가 두려움 없이 감정을 표현할 수 있는 안전한 환경을 만드세요. "네 감정을 표현해도 안전해. 우리는 항상 너를 사랑해."라는 메시지를 일관되게 전달하는 것이 중요합니다.
감정 조절 전략 가르치기	아이에게 다양한 감정 조절 도구를 제공하세요. 깊은 호흡, 명상, 일기 쓰기, 신체 활동 등 다양한 방법을 소개하고, 아이가 자신에게 맞는 방법을 찾도록 도와주세요.
공감 능력 발달시키기	아이가 자신과 타인의 감정을 이해하고 존중하는 능력을 기르도록 도와주세요. "네 친구는 어떤 기분이었을까? 네가 그 상황에 있었다면 어떤 기분이었을까?"와 같은 질문은 공감 능력을 발달시킵니다.
부모의 감정 모델링하기	건강한 감정 표현과 처리의 모델이 되어주세요. "엄마/아빠도 지금 실망했어. 이렇게 대처하려고 해."와 같은 방식으로 자신의 감정 처리 과정을 공유하는 것이 효과적입니다.

지문 패턴은 아이의 타고난 감정 처리 경향을 이해하는 데 중요한 단서를 제공하지만, 궁극적으로 모든 아이는 안전하고 지지적인 환경에서 자신의 감정을 인식하고, 표현하고, 조절하는 법을 배울 수 있습니다. 부모로서 우리의 역할은 아이의 고유한 감정 패턴을 존중하면서, 그들이 정서적으로 회복력 있고 균형 잡힌 개인으로 성장할 수 있도록 지원하는 것입니다.

감정적 지능의 발달은 평생 지속되는 여정이며, 지문의 패턴과 같이 각 아이마다 이 여정은 독특합니다. 중요한 것은 우리가 아이의 타고난 성향을 인정하고, 그들의 감정적 성장을 위한 맞춤형 지원을 제공함으로써, 아이들이 자신과 타인의 감정 세계를 탐색하고 이해하는 데 필요한 도구를 갖출 수 있도록 돕는 것입니다.

우리의 여정을 마무리하며, 지문 너머의 가능성에 대해 이야기해 봅니다. 지문 패턴이 단순한 피부의 융선이 아니라 우리 아이의 독특한 잠재력, 성향, 그리고 감정 세계를 들여다볼 수 있는 창임을 다시 한번 강조하고 싶습니다. 이 책을 통해 우리는 11가지 주요 지문 패턴과 그것이 아이의 성격, 인지적 강점, 그리고 감정 처리 방식과 어떻게 연관되는지 살펴보았습니다.

지문 패턴에 대한 이해는 아이를 더 깊이 이해하고, 그들의 고유한 강점을 발견하고, 그들의 자연스러운 성향에 맞는 양육 접근법을 개발하는 데 도움이 될 수 있습니다. 그러나 이 여정에서 가장 중요한 교훈은 아마도 다양성의 가치일 것입니다.

각 지문 패턴은 그 자체로 독특하고 특별하며, 마찬가지로 각 아이도 그렇습니다.

'천재의 지문'이나 '평범함의 지문'은 존재하지 않습니다. 단지 다양한 패턴이 있을 뿐이며, 각각은 서로 다른 강점과 도전, 그리고 가능성을 나타냅니다.

부모로서 우리의 역할은 아이의 타고난 성향을 인식하고 존중하면서, 그들이 자신의 잠재력을 최대한 발휘할 수 있도록 지원하는 것입니다.

지문 패턴은 운명이 아니라 가능성의 지도입니다.

그것은 아이의 미래를 결정짓는 것이 아니라, 그들의 여정을 이해하고 지원하는 데 도움이 되는 통찰력을 제공합니다.

환경, 교육, 그리고 무엇보다 사랑과 지지는 아이의 발달에 강력한 영향을 미치며, 이러한 요소들은 아이가 타고난 성향을 넘어 성장하고 발전할 수 있도록 도울 수 있습니다.

아이의 지문을 검사하는 것은 단순한 호기심을 넘어, 아이를 더 깊이 이해하고 연결하는 여정이 되기를 바랍니다. 아이의 손을 잡을 때마다, 그 작은 지문 패턴들이 당신에게 속삭이는 이야기에 귀 기울여 보세요. 그것은 당신의 아이가 누구인지, 어떤 잠재력을 가지고 있는지, 그리고 어떻게 그들만의 특별한 방식으로 세상에 기여할 수 있는지에 대한 소중한 단서를 제공할 것입니다.

우리 모두는 지문처럼 독특합니다. 그리고 그 독특함 속에 우리의 진정한 아름다움과 잠재력이 있습니다.

아이의 고유한 패턴을 발견하고 존중함으로써, 우리는 그들이 자신만의 특별한 삶의 지문을 자신있게 그려나갈 수 있도록 도울 수 있습니다.

지문이 열어주는 양육의 새로운 지평

제8장

내 아이만을 위한 학습 혁명

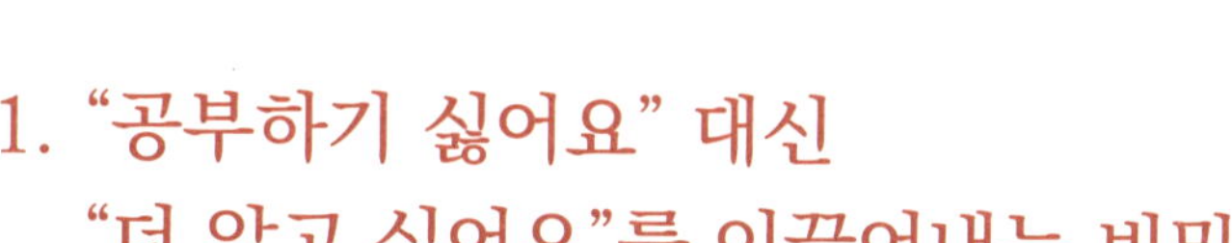

1. "공부하기 싫어요" 대신 "더 알고 싶어요"를 이끌어내는 비밀

모든 부모와 교사가 듣기 가장 힘든 말 중 하나는 아이의 입에서 나오는 "공부하기 싫어요"라는 말입니다. 이 문장에는 무관심, 좌절, 지루함, 그리고 때로는 두려움까지 담겨 있습니다. 하지만 우리가 아이의 지문 유형을 이해하고 그에 맞는 학습 환경을 제공한다면, 이 말은 놀랍게도 "더 알고 싶어요"로 변할 수 있습니다.

아이의 지문은 단순한 손가락 무늬가 아니라 그들의 선천적 학습 스타일과 정보 처리 방식을 보여주는 생체 청사진입니다. 이를 이해하면 아이가 왜 특정 과목에 흥미를 잃는지, 왜 특정 학습법에 저항하는지 그 이유를 명확히 알 수 있습니다.

어떤 아이들은 체계적이고 실용적인 접근법을 선호합니다. 이런 아이에게 추상적인 개념만 가르치다 보면 "공부하기 싫어요"라는 반응이 나올 수

밖에 없습니다. 대신 실생활과 연결된 예시를 통해 가르치면 그 개념이 왜 중요한지 이해하게 되고, 학습에 대한 저항감이 줄어듭니다.

또 어떤 아이는 깊이 있는 분석과 복잡한 문제 해결을 즐깁니다. 이런 아이에게 반복적이고 단순한 학습법만 제시하면 금방 지루해하고 "공부하기 싫어요"라고 말하게 됩니다. 하지만 같은 주제라도 다양한 관점에서 탐구하고 더 깊은 질문을 던지게 하면, 학습에 대한 열정이 되살아납니다.

중요한 것은 아이의 "공부하기 싫어요"가 게으름이나 의지 부족이 아니라, 그들의 타고난 학습 성향과 현재 학습 방식 사이의 불일치를 나타내는 신호라는 점입니다.

이 신호를 무시하거나 일방적인 훈육으로 대응하기보다, 아이의 지문 패턴이 알려주는 학습 성향에 맞게 접근법을 조정하는 것이 중요합니다.

2. 지문 타입별 맞춤형 학습 습관의 놀라운 효과

1) 지문 속에 담긴 우리 아이의 학습 비밀

"선생님, 우리 지민이는 왜 항상 숙제를 시작하기는 하는데 끝을 못 맺는 걸까요? 친구 서연이는 스스로 계획도 짜고 공부도 잘 하는데…."

저는 이런 질문을 참 많이 받았습니다. 10년 경력의 GFAT 상담사로서, 저는 모든 아이가 다르다는 사실을 누구보다 잘 알고 있습니다.

"어머니, 지민이와 서연이는 타고난 학습 성향이 달라요. GFAT 검사를 해보니 지민이와 서연이는 학습 습관이 다름을 알 수 있어요. 성향이 다르면 학습 방법도 다르거든요."

저의 설명에 어머니는 고개를 갸우뚱했습니다.

"지문을 통해 아이의 타고난 특성과 학습 스타일을 파악하는 검사로 인간의 성격과 재능의 약 70%는 유전적 요인에 의해 결정된다는 연구 결과가 있거든요."

저는 책상 위에 놓인 자료를 꺼내며 설명을 이어갔습니다.

"지문은 엄마 뱃속에서 13~19주 사이에 완성되는데, 평생 변하지 않아요. 일란성 쌍둥이도 서로 다른 지문을 가진다는 사실, 알고 계셨나요? 지문은 단순한 신원확인 수단이 아니라 개인의 타고난 성향, 학습 스타일, 적성을 담고 있는 '보이는 유전자'라고 할 수 있습니다."

어머니의 눈이 호기심으로 반짝였습니다.

"그럼 지문 유형에 따라 아이들의 학습 방법도 달라진다는 건가요?"

"맞습니다. 지문은 크게 11가지 기본 패턴으로 분류되거든요. 11가지 지문유형의 각 패턴마다 독특한 학습 스타일을 보여줍니다."

"지민이는 11가지 성향 중 감성형에 해당해요. 감성형은 기분에 따라 결정하는 '물 같은 사람'이라 순발력과 즉흥력은 뛰어나지만, 시작할 때 주저하고 혼자서는 끝까지 하기 어려워하죠."

어머니는 깜짝 놀랐습니다.

"그거 정확히 지민이 모습인데요!"

"감성형 아이들은 '모방형' 학습 습관을 가지고 있어요. 보고 배우는 것이 빠르기 때문에 혼자 공부하는 것보다 강의나 수업을 듣는 게 더 효과적이고, 그룹 스터디를 통해 계획적으로 공부하면 꾸준히 할 수 있어요. 그리고 무엇보다 칭찬에 민감하게 반응하죠."

어머니는 고개를 끄덕이며 메모를 했습니다.

"반면에 서연이는 지문은 지도자형이랍니다.

주관이 강하고 매사에 주도적으로 행동하며, 자기주도학습에 능해요. 선생님과 수업을 했어도 스스로 요약하며 끝까지 자기 관리가 잘 되죠. 잔소리 듣는 것을 싫어하고, 공부를 해야 하는 이유를 알면 더 집중합니다."

"그럼 제가 지민이를 서연이처럼 키우려고 했던 게 잘못된 방법이었네요?"

"맞아요. 각자의 특성에 맞는 방법을 찾는 게 중요합니다. 지민이에게는 칭찬과 관심으로 동기부여하고, 그룹 스터디나 독서실 활용을 권장하는 게 좋아요. 매일 계획 및 점검을 도와주고, 철저한 메모 습관을 길러줘야 합니다."

저는 다른 지문 패턴들에 대해서도 짧게 설명했습니다.

"규율원칙형은 주입식 학습 습관을, 창조사고형은 창의형 학습 습관을 선호해요. 조정협조형, 예술이상형 등 다양한 성향은 각각 조절형, 다중형 등의 학습 습관이 효과적이죠."

"와, 정말 복잡하네요. 우리 아이의 지문 패턴으로 이렇게 알 수 있다니요."

"GFAT 검사로 아이의 타고난 특성을 파악하고 그에 맞는 학습 환경을 제공하면, 학습 효율성이 2, 3배에서 최대 70배까지 향상될 수 있다고 합니다."

어머니의 눈이 다시 한번 반짝였습니다.

"70배라니, 정말 대단하네요! 감사합니다."

"아, 그리고 재미있는 사실이 하나 더 있어요. 전체 인구의 약 54%가 내면의 성향과 표면에 드러나는 성향이 다른 '겉과 속이 다른 사람'이라고 해요. 겉과 속이 다르다는 것은 내면 성향과 표면 성향이 다르다는 것을 말하는데 아이들의 학습 습관은 내면 성향과 관계가 있답니다. 보여지는 표면 성향과는 다르죠. 그래서 때로는 자신의 행동이 본래의 의도와 다르게 나타나기도 하죠."

"많은 아이들이 자신의 타고난 특성과 맞지 않는 방식으로 공부하다 좌절하는 모습을 봐왔어요. 2018년 통계청 조사에 따르면, 많은 학생들이

'나의 진로에 도움이 되지 않아서', '내가 원하는 체험이 아니어서' 등의 이유로 진로체험에 불만을 표했다고 합니다. 이는 획일화된 교육의 한계를 보여주는 것 같아요."

어머니는 깊이 공감하며 고개를 끄덕였습니다.

"맞아요. 저도 지민이와 언니를 같은 방식으로 키우려고 했는데, 결과는 너무 달랐어요. 이제 이유를 알 것 같네요."

"맞습니다. 4차 산업혁명 시대에는 개인의 타고난 특성을 존중하고 맞춤형 교육을 제공하는 것이 더욱 중요해졌어요. '지문은 눈에 보이는 뇌'라는 말이 있듯이, 지문 분석을 통해 아이들의 내면을 더 깊이 이해할 수 있습니다."

"상담사님, 정말 감사합니다. 오늘 많은 걸 배웠어요. 앞으로는 지민이의 특성에 맞게 도와줄 수 있을 것 같아요."

"천만에요. 모든 아이는 저마다의 빛깔을 가지고 있어요. 우리의 역할은 그 빛깔을 알아보고, 더 밝게 빛날 수 있도록 돕는 거죠. 지민이가 자신의 방식으로 성장해 나가는 모습을 기대하겠습니다."

어머니는 희망찬 마음으로 상담실을 나섰습니다. 집으로 돌아가는 길, 어머니는 지민이의 작은 손을 꼭 잡았습니다. 그 손에 새겨진 지문에는 아이의 무한한 가능성이 담겨 있었습니다.

3. 지금 바로 알아보는 IFAS 맞춤 성향 학습 습관

1) 물 같은 아이, 불 같은 아이: 우리 아이의 성격 유형별 맞춤 교육법

지역아동센터의 센터장님은 아이들에게 어떻게 도움을 주어야 할지 매일 방법을 찾고 싶어했습니다.

"민준이는 발표할 때마다 번뜩이는 아이디어로 모두를 놀라게 하지만 숙제는 항상 미루고, 수빈이는 꼼꼼하게 모든 것을 기록하지만 생각을 말로 표현하는 걸 무서워해요. 그리고, 지훈이는…."

저는 센터장님에게

"아이들이 왜 그렇게 행동하는지 이해하면 어떨까요? 모든 아이는 자신만의 지문을 가지고 있어요. 겉보기엔 비슷해 보여도, 모두 다른 성격 유형과 학습 방식을 가지고 있거든요."라고 이야기해 드렸습니다.

센터장님께 "아이들의 지문을 검사해 보는 것이 어떨까요?"라고 제안을 드렸고, 저는 가지고 간 다른 아이의 GFAT 검사 보고서를 보여주며 센터장님이 이해하기 어려운 아이들의 이야기를 전했습니다.

"GFAT 검사는 아이들을 이해하는 데 큰 도움이 된답니다. 이 보고서에 아이들을 이해할 수 있는 지문 검사자료가 들어 있어요. 성향과 학습 습관 등 많은 내용이 아이들을 이해하는데 도움이 됩니다. 그래서 부모님들에게도 GFAT 검사를 추천하고 있죠."

센터장님은 GFAT 검사 보고서를 열어 보았습니다.

① 물처럼 흐르는 감성형 아이 학습 습관 '모방형'

"분위기 따라 흐르는 물 같은 아이"
토요일 아침, 10살 민지의 엄마는 머리를 감싸 쥐었습니다. 어제만 해도 피아노 교실에 가겠다고 신나게 말하던 민지가 갑자기 "가기 싫어요."라며 이불 속에 파묻혀 있었기 때문입니다.

"어제는 좋아한다더니, 도대체 왜 그러는 거니?"

사실 이런 일은 어제오늘 일이 아니었습니다. 민지는 한순간 무엇인가에 열정적으로 빠져들다가도 금세 흥미를 잃곤 했습니다. 숙제도 시작할 때는 의욕적이지만, 금세 다른 것에 관심이 옮겨가 중간에 그만두는 일이 잦았습니다.

민지의 엄마는 민지의 GFAT 검사를 하고 분석결과로 상담할 때, 상담사는 미소를 지으며 말했습니다.

"민지는 전형적인 '감성형' 아이군요. 비율로 따지면 약 39%의 아이들이 이런 성향을 보여요."

감성형 아이들은 물과 같습니다. 주변 환경과 분위기에 쉽게 영향을 받고, 감정의 흐름에 따라 결정을 내립니다. 이들의 생각은 쉽게 바뀌고, 감수성이 뛰어나며 감정 변화가 많은 특징이 있습니다.

순발력과 즉흥력이 뛰어나고, 한 가지 일에 순간적으로 집중할 수 있습니다. 자유롭고 낭만적이며 인간미가 넘칩니다. 모방력이 좋고 낙천적이며 다재다능합니다. 분위기에 따라 생각이 자주 바뀌고, 일을 시작할 때 주저하는 경향이 있습니다. 시기, 질투, 소유욕이 강할 수 있으며 감정 기복이 심합니다. 책임감이 부족할 수 있고, 상황이 복잡해지면 피하려 합니다.

"그럼 민지에게는 어떤 교육 방법이 좋을까요?" 민지 엄마가 물었습니다.

저는 차분히 설명을 이어갔습니다.

"감성형 아이들은 '모방형' 학습 습관을 가지고 있어요. 보고 배우는 것이 가장 빠르죠. 그래서 혼자 공부하게 하기보다는 강의나 수업을 듣게 하는 것이 효과적입니다. 또한 집중할 때 방해요소를 제거해주는 것이 중요해요. 혼자 공부하게 하지 말고, 강의나 수업을 통해 배울 수 있게 해주세요. 집중에 방해되는 요소들을 미리 제거해 주세요. 혼자 하면 진도가 안 나가고 작심삼일하기 쉬우니, 그룹으로 공부할 기회를 마련해 주세요. 다른 사람들과 함께 있는 공간에서 공부하는 것이 더 효과적입니다. 무엇보다 칭찬과 관심을 통해 자기 능력을 발휘할 수 있도록 해주세요.”

민지 엄마는 이 조언을 따라 민지에게 접근하기 시작했습니다.

피아노 교실에 같이 가서 다른 친구들과 함께 배우는 환경을 만들어주고, 집에서는 공부할 때 TV나 스마트폰 같은 방해 요소를 치우고 집중할 수 있는 환경을 조성해 주었습니다. 무엇보다 민지가 조금이라도 노력하는 모습을 보이면 아낌없이 칭찬해 주었습니다.

“오늘 10분 동안 집중해서 피아노 연습한 거 정말 대단해!”라는 작은 칭찬에도 민지의 눈이 반짝였습니다.

어느 정도 시일이 지난 후 민지는 피아노 수업에 빠지지 않고 다니게 되었고, 심지어 작은 발표회에도 참가하게 되었습니다.

② 중간에서 균형 잡는 조정협조형 아이의 학습 습관 ‘조절형’

“생각주머니가 두 개인 아이”

12살 준호는 반에서 ‘평화주의자’로 불렸습니다. 친구들 사이에 싸움이 일어나면 항상 중재자 역할을 자처했고, 모두의 의견을 듣고 절충안을 찾아내는 능력이 뛰어났습니다. 하지만 정작 자신의 결정을 내릴 때는 몹시 주저했습니다.

“엄마, 축구부에 들어갈까요? 아니면 과학 동아리가 좋을까요? 둘 다 하고 싶은데…”

준호의 엄마는 아들이 결정을 못 내리고 고민하는 모습을 자주 봤습니다. 준호는 관심사가 너무 다양해서 하나를 선택하는 것이 어려웠습니다. 게다가 친구들의 의견에 민감하게 반응하는 편이었습니다.

조정협조형 아이들은 전체 인구의 약 30%를 차지합니다. 이들은 마치 두 개의 '생각주머니'를 가진 것처럼 사고의 폭이 넓고, 관심사가 다양하며, 중간 조정자 역할을 잘합니다. 폭넓은 관심사와 뛰어난 비교 분석력을 가지고 있습니다. 여러 관점에서 문제를 바라볼 수 있습니다. 결정이 느리고 주저하는 경향이 있습니다. 주위 사람들의 의견과 눈치에 신경을 많이 씁니다.

조정협조형 아이는 '선택과 자신감'을 훈련해야 합니다. 준호 엄마는 준호의 이런 특성을 이해하고 나서 교육 방식을 바꿨습니다. 저의 조언에 따라 '조절형' 학습 접근법을 시도했습니다. 준호가 좋아하는 방식대로 다양한 참고자료를 활용해 정보를 스스로 정리할 수 있게 했습니다.

준호의 비교분석 능력을 살려 관심 있는 주제에 대해 자료를 수집하고 분석하게 했습니다. 호기심을 충족시키고 스스로 찾고 깨닫는 인지학습을 권장했습니다.

계획표를 통해 주도면밀하게 끝까지 체크하는 습관을 들이게 했습니다. 가장 중요한 것은 스스로 선택하게 하고, 그 선택에 자신감을 갖게 하는 것이었습니다.

준호엄마는 준호에게 매일 작은 선택의 기회를 주기 시작했습니다.

"오늘 저녁은 파스타와 비빔밥 중 어떤 것이 좋을까?"와 같은 간단한 선택부터 시작해서, 점차 더 중요한 결정으로 범위를 넓혀갔습니다.

또한 할 일 목록을 작성하게 한 후, 할 수 없는 일을 지우게 하는 '가지치기' 방법도 알려주었습니다. 이를 통해 준호는 점차 우선순위를 정하고 결정하는 능력을 키워갔습니다.

나중에 준호는 과학 동아리를 선택했고, 주말에는 친구들과 축구를 하기로 균형을 맞추었습니다. 더 놀라운 것은 그 결정에 만족하며 흔들리지 않게 된 것이었습니다.

③ 상황에 따라 변하는 현실주의형 아이의 학습 습관 '주도형'

"한 발은 지도자, 한 발은 조정자"

15세 현우는 한 가지 생각으로 행동하다가도 주변 상황에 따라 기준이 바뀌는 독특한 면을 보였습니다. 농구부 주장으로서 강한 리더십을 발휘하기도 하지만, 필요에 따라 유연하게 타협점을 찾는 모습도 보였습니다. 현우의 아버지는 아들의 이런 양면성이 혼란스러울 때가 많았습니다.

"왜 네 생각이 자꾸 바뀌는 거니? 처음 생각대로 밀고 나가야지."

그러나 사실 현우는 상황을 정확히 파악하고 최선의 결정을 내리는 현실감각이 뛰어난 아이였습니다.

현실주의형 아이들은 전체의 약 9%를 차지하는 유형입니다. 이들은 지도자와 조정협조자의 중간 성향을 보이며, 주관이 두 개인 특징이 있습니다.

폭넓은 관심사와 뛰어난 비교 분석력을 가지고 있습니다. 현실감각이 뛰어나고 상황에 따라 유연하게 대처할 수 있습니다. 분위기 파악을 잘합니다. 상황에 따라 변하여 내면을 이해하기 어려울 수 있습니다. 성급하게 포기하는 경향이 있습니다.

현실주의형 아이 교육의 열쇠는 '첫 생각 밀어붙이기'입니다. 현우의 아버지는 현우의 특성을 이해하기 위해 GFAT 상담사인 저를 찾았고, '주도형' 학습 습관을 가진 현실주의형에 대한 조언을 들었습니다.

현우는 주도형 학습자이므로, 스스로 학습할 수 있는 환경을 조성해 주는 것이 중요했습니다. 현우의 가장 큰 노력 포인트는 처음 생각대로 밀어붙이는 것이었습니다. 정기적인 피드백과 성취에 대한 인정을 통해 동기를 부여했습니다. 현우의 뛰어난 현실감각과 상황판단력을 인정하고 격려했습니다.

결정을 내린 후 그 결정에 책임지는 연습을 하게 했습니다. 현우의 아버지는 현우에게 "처음에 네가 생각한 방향이 맞다면, 끝까지 밀고 나가보는 것도 좋을 것 같아."라고 조언해주었습니다. 또한 현우가 내린 결정에 대해 지지해주며, 그 결정에 따른 결과를 함께 분석했습니다.

시간이 지나면서 현우는 자신의 첫 번째 직관과 판단을 더 신뢰하게 되었고, 상황에 휘둘리기보다는 자신의 원칙을 지키면서도 유연하게 대처하는 법을 배웠습니다.

④ 목표를 향해 달려가는 지도자형 아이의 학습 습관 '주도형'

"자기 길을 뚜벅뚜벅 걷는 아이"

16세 지수는 어릴 때부터 뚜렷한 주관과 목표의식이 있었습니다. 중학교 때 '외교관'이 되겠다고 선언한 후, 고등학생이 된 지금까지 그 꿈을 향해 쉼 없이 달려왔습니다.

"지수야, 너무 무리하는 거 아니니? 가끔은 쉬어가도 돼."

지수의 엄마가 걱정스레 말할 때마다, 지수는 단호하게 대답했습니다.

"괜찮아요. 제가 정한 목표니까 책임지고 해낼 거예요."

지수는 자기 주장이 강하고 목표 지향적이었으며, 매사에 주도적으로 행동했습니다. 하지만 가끔은 지나치게 냉정하고 다른 사람의 감정을 고려하지 않는 모습도 보였습니다.

지도자형 아이들은 전체의 약 14%를 차지합니다. 이들은 확고한 주관(생각의 고정된 틀)을 가지고 있으며, 목표 지향적이고 주도적으로 행동합니다.

통찰력이 있으며, 다른 사람에게 쉽게 속지 않습니다. 책임감이 있고 끈기와 근성을 발휘하여 최선을 다합니다. 의심이 많아 깊은 관계를 맺기 어려우며, 자기 감정을 잘 표현하지 못합니다. 비교적 냉정하고 속마음을 보여주기 싫어하는 편입니다.

지도자형 아이 교육의 핵심은 '독립성과 인간성의 균형'입니다. 지수의 엄마는 지수의 강한 독립성과 주도성을 존중하면서도, 균형 잡힌 인격 발달을 돕고 싶었습니다.

'주도형' 학습자를 위한 교육법은 독립적 학습 환경을 만드는 것입니다. 지수는 독방처럼 집중에 방해되지 않는 공간에서 공부할 때 가장 효과적이었습니다. 지수가 도움을 요청할 때만 개입하고, 평소에는 스스로 해결하게 했습니다. 지수의 강한 자존감과 목표의식을 인정하고 지지했습니다. 지수가 가장 노력해야 할 부분은 다른 사람의 말을 경청하는 것이었습니다. 타인에 대한 공감 능력과 감정 표현을 발달시키는 데 초점을 맞추었습니다.

지수 엄마는 지수에게 독립성을 유지하면서도 다른 사람의 관점을 이해하는 연습을 할 수 있는 기회를 마련해 주었습니다. 가족 토론 시간을 만들어 서로 다른 의견을 나누고, 봉사활동에 참여하게 함으로써 다양한 삶의 모습을 경험하게 했습니다. 시간이 지나면서 지수는 여전히 강한 리더십을 유지하면서도, 다른 사람의 의견을 더 열린 마음으로 듣고 공감하는 능력을 키울 수 있었습니다.

⑤ 완벽을 추구하는 완벽주의형 아이의 학습 습관 '주도형'

"모든 것이 100점이어야 하는 아이"

14세 은지는 학교에서 '완벽주의자'로 불렸습니다. 수업 시간에 발표를 할 때도 미리 스크립트를 작성하고 여러 번 연습한 후에야 손을 들었습니다. 시험에서 만점을 받아도 "더 완벽하게 할 수 있었는데"라며 아쉬워했습니다.

"은지야, 괜찮아. 넌 이미 충분히 잘하고 있어."

은지의 아버지가 위로해도, 은지는 자신에 대한 높은 기준을 낮추지 않았습니다. 친구들은 은지의 깔끔하고 체계적인 노트정리를 부러워했지만,

은지는 항상 자신이 부족하다고 느꼈습니다.

완벽주의형 아이들은 전체의 약 3.1%를 차지하는 유형입니다. 이들은 완벽하고 깨끗한 스타일을 추구하며, 자신의 감정이나 생각을 잘 표현하지 않습니다. 책임감이 있고 끈기와 근성을 발휘하여 최선을 다합니다. 원리원칙을 중요시하며 근검절약, 청결, 도덕성, 부지런함의 미덕을 갖추고 있습니다. 비판적이고 깐깐하며 독단적인 성향이 있습니다. 고집이 세고 잦은 분노나 질투를 보일 수 있으며, 성격이 급하고 극단적인 면이 있습니다.

완벽주의형 아이 교육의 열쇠는 '인간관계와 균형'입니다.

은지의 아버지는 은지의 완벽주의적 성향을 이해하면서도, 그것이 지나치게 스트레스가 되지 않도록 돕고 싶었습니다. '주도형' 학습 성향을 가진 완벽주의형 아이들을 위한 교육법으로 적용하였습니다.

은지가 자신만의 방식으로 공부할 수 있도록 지원했습니다. 은지가 가장 노력해야 할 부분은 타인의 말을 듣고 관계를 개선하는 것이었습니다. 정기적인 봉사활동을 통해 인간성과 공감 능력을 키우도록 했습니다. 모든 것이 100점이 아니어도 괜찮다는 것을 깨닫게 도왔습니다. 분노나 좌절감을 건강하게 표현하는 방법을 가르쳤습니다. 은지의 아버지는 은지에게 "실수도 성장의 일부"라는 것을 자주 상기시켜 주었습니다. 또한 가족이 함께하는 봉사활동에 참여하게 하여 다양한 환경과 사람들을 만나게 했습니다. 가장 중요한 것은 은지 자신이 세운 높은 기준을 조금씩 완화할 수 있도록 돕는 것이었습니다.

"오늘은 어떤 실수를 했니?"라고 물으며 실수를 정상적인 것으로 받아들이게 했고, 점차 은지는 자신과 타인에게 더 너그러워지기 시작했습니다.

⑥ 변화를 싫어하는 규율원칙형 아이의 학습 습관 '주입식'

"안정을 추구하는 스펀지 같은 아이"

9세 민석이는 매일 같은 시간에 일어나서 같은 순서로 아침 준비를 했습니다. 등굣길도 항상 같은 경로로 가길 원했고, 급식 메뉴가 바뀌거나 담임 선생님이 바뀌면 큰 스트레스를 받았습니다.

"민석아, 오늘은 새로운 길로 가볼까?"

엄마가 제안하면, 민석이는 불안한 표정으로 고개를 저었습니다.

"싫어요. 원래 가던 길로 가요."

민석이 엄마는 민석이의 이런 성향 때문에 걱정이 많았습니다.

'세상은 계속 변하는데, 민석이가 잘 적응할 수 있을까?'

규율원칙형 아이들은 전체의 약 2.3%를 차지합니다. 이들은 "세 살 버릇 여든 간다"는 말처럼 조기 교육의 영향을 많이 받으며, 정해진 틀을 벗어나기 싫어하는 안정추구형입니다.

꾸준하고 한번 배운 것은 그대로 실천합니다. 변화를 싫어하고 편식하는 경향이 있습니다. 틀에 박혀 있어 융통성이 부족할 수 있습니다.

규율원칙형 아이 교육의 핵심은 '적기교육과 그룹활동'입니다. 민석이 엄마는 민석이의 성향에 맞는 '주입식' 학습 습관으로 적용해 보았습니다. 민석이와 같은 규율원칙형 아이들은 어릴 때 배운 것을 그대로 실천하는 경향이 있어 조기교육이 매우 중요했습니다.

주어진 환경에서 가르치는 모든 것을 학습하는 능력이 뛰어났습니다. 급격한 변화보다는 점진적인 변화를 통해 적응할 수 있게 했습니다. 단체활동을 통해 조금씩 적극성을 키우게 했습니다. 변화가 있을 때는 미리 알려주어 준비할 시간을 주었습니다.

민석이 엄마는 처음에는 민석이의 거부가 걱정됐지만, 그것이 그의 타고난 성향임을 이해하게 되었습니다. 민석이 엄마는 변화가 있을 때마다 미리 민석에게 알려주는 습관을 들였습니다.

"민석아, 다음 주에 새로운 선생님이 오실 거야. 김지영 선생님이고, 민석이가 좋아하는 과학을 잘 가르쳐주신대."

이렇게 변화에 대한 정보를 미리 제공하고 긍정적인 측면을 강조함으로써, 민석이가 새로운 상황에 조금씩 적응할 수 있게 도와주었습니다.

또한 그룹 스터디나 단체 활동에 참여하게 함으로써 조금씩 사회성과 적극성을 키워나갈 수 있도록 해주었습니다. 시간이 지나면서 민석이는 여전히 안정을 추구했지만, 작은 변화에 대해서는 덜 불안해하게 되었고, 자신의 꾸준함을 장점으로 활용할 수 있게 되었습니다.

⑦ 새로운 것을 추구하는 창조사고형 아이의 학습 습관 '창의형'

"호기심 많은 발명가"

11세 지민이는 항상 "왜?"라는 질문을 달고 살았습니다. 하나를 배우면 연관된 질문을 수십 개 쏟아내고, 학교 과학 시간에는 선생님이 가르쳐주지 않은 응용 실험을 해보곤 했습니다.

"지민아, 이건 교과서에 없는 내용인데?"

과학 선생님이 놀라며 물었을 때, 지민이는 자신만만하게 대답했습니다.

"제가 책에서 읽은 내용이랑 연결해서 생각해 봤어요. 이렇게 하면 더 좋은 결과가 나올 것 같았거든요!"

지민이의 부모님은 아이의 창의성이 자랑스러웠지만, 한편으로는 한 가지에 오래 집중하지 못하고 새로운 것만 찾아다니는 모습이 걱정되기도 했습니다.

창조사고형 아이들은 전체의 약 0.9%를 차지하는 유형입니다. 이들은 한번 배운 것을 토대로 움직이되 항상 새로운 시도를 하며, 호기심이 많아 새로운 일에 적극 참여합니다. 상상력이 뛰어나고 낙천적입니다. 유머 감각이 있고 호기심이 많으며 적응력과 창의력이 높습니다. 안정성이 떨어지고 현실을 도피하는 경향이 있습니다. 감정이 급변하는 '욱하는' 성격일 수 있으며, 반복적인 일을 싫어합니다.

창조사고형 아이 교육의 비밀은 '관찰력과 창의적 환경'입니다. 지민이처럼 '창의형' 학습 성향을 가진 아이들을 위한 교육법은 지민이가 배운 것을 토대로 창의적 사고를 발전시키도록 격려하는 것입니다. 다양한 주제에 대한 호기심과 아이디어를 존중하고 발전시켰습니다. 새로운 방법을 추구하는 지민이의 의견을 최대한 존중해주었습니다. 과학과 미술 등 창의적인 성향을 펼칠 수 있는 기회를 제공했습니다. 관찰력을 키우기 위해 다양한 체험 활동에 참여하게 했습니다. 지민이의 부모님은 아이의 끊임없는 질문과 실험을 귀찮게 여기지 않고 적극적으로 지원했습니다. 과학관, 미술관 등 다양한 곳을 방문하며 지민이의 호기심을 자극했고, 집에서는 안전한 실험을 할 수 있는 공간을 마련해 주었습니다.

또한 한 가지에 집중할 수 있는 시간을 점차 늘려가며 지구력을 키워갔고, 자신의 아이디어를 기록하는 '발명 노트'를 만들게 하여 생각을 체계화할 수 있게 도와주었습니다. 시간이 지나면서 지민이는 여전히 호기심 많고 창의적인 아이였지만, 한 가지 주제에 더 깊이 파고들 수 있는 집중력과 인내심도 함께 발달시킬 수 있었습니다.

⑧ 대중의 시선을 즐기는 예술이상형 아이의 학습 습관 '다중형'

"무대 위의 빛나는 별"

13세 성우는 학교 연극부의 스타였습니다. 무대에 오르면 평소와는 달리 자신감 넘치는 모습으로 변신했고, 관객들의 박수 소리에 더욱 빛났습니다.

성우는 항상 긍정적이고 품위와 유머 감각을 잃지 않았으며, 주변 사람들에게 호감을 얻는 아이였습니다.

"성우는 정말 타고난 연기자예요. 그런데 가끔은 너무 인정받고 싶어하는 모습이 보여요."

연극부 지도 교사의 말처럼, 성우는 다른 사람들의 인정과 칭찬에 크게 의존했습니다. 관심을 받지 못하면 의욕이 확 떨어지고, 때로는 지나치게 열정적으로 일에 몰두하다가 금세 지치는 모습도 보였습니다.

예술이상형 아이들은 전체의 약 0.8%를 차지하는 유형입니다. 이들은 예술적인 감성이 풍부하며 다른 사람의 시선을 끄는 것을 좋아하는 무대체질입니다. 예술적 감각과 성취욕이 뛰어납니다. 무대체질이며 융통성과 임기응변 능력이 좋고, 목표가 분명합니다. 경쟁적이고 자아도취적인 면이 있으며, 기회주의적 성향을 보일 수 있습니다. 보상심리가 강하고, 열정적이지만 쉽게 지치는 경향이 있습니다.

예술이상형 아이 교육의 핵심은 '적절한 관심과 조절력'입니다. 성우처럼 예술이상형의 학습 습관은 '다중형'입니다. 성우가 모든 것에 흥미를 가지고 새로운 것을 배우는 것을 격려했습니다. 스스로 찾고 깨닫는 인지학습 방식을 도입했습니다. 활동의 가치와 의미를 설명해주고 스스로 학습하도록 했습니다. 자존심이 강한 성우가 끌려간다는 느낌이 들지 않도록 조절했습니다. 다른 사람의 시선을 의식하고 즐거워하는 특성을 인정하면서도, 지나치지 않도록 균형을 맞추었습니다. 성우의 부모님은 그의 무대 욕구를 존중하면서도, 지나친 인정 욕구가 건강한 자존감 발달에 방해가 되지 않도록 주의했습니다.

"네가 무대에서 빛나는 모습도 좋지만, 무대 아래에서의 너도 소중해"라는 메시지를 일관되게 전달했습니다.

또한 성우가 목표를 세우고 조절하는 법을 배울 수 있도록 도움을 주고, 과도한 스케줄로 지치지 않게 적절한 휴식을 취하는 방법, 모든 일에 100% 에너지를 쏟지 않고 우선순위를 정하는 법 등을 알려주었습니다. 시간이 지나면서 성우는 여전히 무대를 사랑했지만, 다른 사람의 인정에 덜 의존하게 되었고, 자신의 열정을 더 건강하게 관리할 수 있게 되었습니다.

⑨ 틀을 깨는 독창형 아이의 학습 습관 '독창사고형'

"반대로 생각하는 청개구리"

12세 혜원이는 독특한 아이였습니다. 선생님이 "여름은 덥다"라고 하면, 혜원이는 "하지만 빙하 속의 여름은 추워요."라고 말하는 식이었습니다.

혜원이의 행동과 외모도 또래와는 달랐습니다. 머리카락은 항상 독특한 스타일로 하고 싶어했고, 교복도 남들과 다르게 입으려 했습니다.

"혜원아, 왜 항상 다르게 생각하니?"

엄마가 물으면 혜원이는 당연하다는 듯이 대답했습니다.

"같은 생각만 하면 재미없잖아요. 다르게 보면 새로운 게 보여요."

혜원이는 간섭받는 것을 극도로 싫어했고, 순간적인 반응과 즉흥적인 아이디어가 뛰어났습니다. 하지만 학교에서는 종종 '튀는 행동'으로 주목받기도 했습니다.

독창형 아이들은 전체의 약 0.4%를 차지하는 유형입니다. 이들은 기본적으로 감성형이지만, 반대로 생각하고 튀는 행동과 외모를 추구하며 간섭을 싫어합니다. 순발력과 즉흥력이 뛰어납니다. 독특하게 생각하고 엉뚱한 아이디어를 내는 능력이 있습니다. '청개구리'처럼 반대로만 생각하는 경향이 있습니다. 튀는 행동으로 주변과 마찰을 일으킬 수 있습니다.

독창형 아이 교육의 열쇠는 '개성 인정과 설명력'입니다. 혜원이의 부모님은 '독창사고형' 학습 성향을 가진 혜원이를 위한 학습 습관을 적용하기 시작했습니다. 혜원이의 독특한 사고방식을 부정하지 않고 인정했습니다. 남들과 다른 혜원이의 독특한 시선과 자기주장을 존중했습니다. 독특한 사고와 행동을 이해하고 의견을 존중해주었습니다. 구속, 억압, 벌은 창의력과 상상력을 위축시킬 수 있어 피했습니다. 자신의 생각을 글이나 그림으로 정리하여 남들에게 설명할 수 있는 능력을 키웠습니다.

혜원이의 부모님은 그녀의 독특한 관점이 창의력의 원천임을 이해했습니다. 대신 그 생각을 조리 있게 표현하고 다른 사람들과 소통할 수 있는 방법을 가르쳤습니다.

"혜원아, 네 생각은 정말 독특하고 재미있어. 그런데 다른 사람들이 이해할 수 있게 설명하는 것도 중요해."

또한 그룹 스터디에 참여하게 함으로써 다른 사람들과 협력하는 법을 배우게 했고, 자신의 생각을 기록하고 정리하는 습관을 들이게 했습니다. 시간이 지나면서 혜원이는 여전히 독특했지만, 자신의 생각을 더 효과적으로 표현할 수 있게 되었고, 상황에 따라 유연하게 대처하는 능력도 키워갔습니다.

⑩ 예술적 표현을 추구하는 독창이상형 아이의 학습 습관 '독창사고형'

"자기만의 세계를 가진 예술가"

15세 준영이는 학교에서 '천재 화가'로 불렸습니다. 그림을 그릴 때 준영이의 몰입도는 놀라웠고, 그의 작품은 항상 남다른 시선과 깊이를 담고 있었습니다. 하지만 준영이는 자기중심적인 면도 있어서, 자신의 작품에 대한 비판을 받아들이기 어려워했고, 협업 프로젝트에서는 자신의 의견만 강하게 주장하는 경향이 있었습니다.

“준영아, 다른 친구들의 의견도 들어봐야지.”

미술 선생님의 조언에도 준영이는 “제 작품은 제가 가장 잘 알아요.”라며 완고한 태도를 보였고 심지어 때로는 갑자기 화를 내거나 돌발행동을 하기도 했습니다.

독창이상형 아이들은 전체의 약 0.5%를 차지하는 유형입니다. 이들은 예술적인 감성이 풍부하며 독특한 방식으로 표현하고, 자기중심적이며 독립생활을 추구합니다. 독립심과 성취욕이 강하고, 성과와 효율성을 중시합니다. 무대체질로 자신을 표현하는 데 뛰어납니다. 돌발행동을 하거나 자아도취적인 면이 있으며, 적응력이 부족할 수 있습니다. 현실적이지 못한 경향이 있습니다.

독창이상형 아이 교육의 핵심은 ‘감정 조절과 목표 관리’입니다. 준영이의 부모님은 ‘독창사고형’ 학습 성향을 가진 독창이상형 아이들을 위한 교육법을 적용해 보았습니다. 준영이의 비판적이고 독특한 시각을 이해하고 인정했습니다. 준영이의 독창성과 자기주장을 존중했습니다. 준영이가 현실적인 목표를 세우고 달성할 수 있도록 도왔습니다. ‘마인드 컨트롤’을 통해 감정을 조절하는 방법을 가르쳤습니다. 생각과 아이디어를 기록하는 습관을 들이게 했습니다. 준영이의 부모님은 그의 예술적 재능을 존중하면서도, 다른 사람과 소통하고 협력하는 법을 배울 수 있도록 도왔습니다.

특히 감정 조절에 초점을 맞추어, 화가 날 때 심호흡하기, 감정을 단어로 표현하기 등의 방법을 알려주었습니다. 또한 현실적인 목표 설정과 시간 관리를 통해 준영이가 자신의 재능을 더 효과적으로 발전시킬 수 있도록 도와주었으며, “뛰어난 작품을 만들기 위해서는 계획과 인내도 필요해”라는 메시지를 계속해서 전달했습니다.

시간이 지나면서 준영이는 여전히 강한 개성과 예술적 감각을 유지했지만, 감정을 더 건강하게 표현하고 타인과 소통하는 능력도 키워갈 수 있게 되었습니다.

당신의 아이는 어떤 유형으로 어떤 학습 습관을 가지고 있을까요? 모든 아이는 고유한 성격과 학습 습관을 가지고 있습니다. 당신의 아이가 어떤 유형인지 알아보는 것은 아이의 성장을 더 효과적으로 돕는 첫걸음입니다. 아이를 성향과 습관을 알아보세요. 그리고 그에 맞는 학습 습관으로 아이의 고유한 빛깔이 더욱 밝게 빛날 수 있도록 도와주세요. 모든 아이는 각자의 방식으로 빛나는 별입니다. 그 빛을 발견하고 키워주는 것이 바로 부모와 교사의 가장 아름다운 사명입니다.

2) 아이의 지문 성향에 따른 최적의 학습 공간

아이의 지문 성향에 따라 최적의 학습 공간은 다를 수 있습니다.

① 호형문(Arch) 지문 아이

호형문 지문은 규율원칙형과 창조사고형입니다.
깔끔하고 정돈된 공간, 필요한 도구가 체계적으로 정리된 환경이 집중력을 높입니다. 책상 위에 일일 체크리스트나 계획표를 두어 단계적 진행을 도울 수 있습니다.

규율원칙형 아이를 위한 학습 공간

정돈된 환경	모든 물건이 제자리에 있는 깔끔한 공간이 집중력을 높여줍니다. 체계적인 정리 시스템: 책, 필기구, 학습 자료가 분류별로 정리된 수납함을 마련해 주세요.
일일 계획표	책상 위나 벽면에 오늘의 할 일과 목표를 체크할 수 있는 계획표를 부착하면 단계적 학습에 도움이 됩니다.
방해 요소 최소화	불필요한 장식이나 소음이 적은 환경에서 더 효율적으로 학습할 수 있습니다.
타임테이블	시간 관리를 돕는 타이머나 시계를 눈에 잘 보이는 곳에 두어 규칙적인 학습 습관을 형성하세요.

창고사고형 아이를 위한 학습 공간

프로젝트 공간	규칙적인 틀 안에서도 창의적 활동이 가능한 프로젝트 테이블을 마련해 주세요.
아이디어 보드	생각을 체계적으로 정리할 수 있는 화이트보드나 코르크보드를 설치하세요.
체계적인 창의 도구	다양한 창의적 도구(그림 도구, 블록 등)를 카테고리별로 정리해 쉽게 접근할 수 있게 합니다.
질서 있는 영감 공간	영감을 주는 이미지나 문구를 질서 있게 배치해 창의성을 자극하면서도 정돈된 느낌을 유지하세요..
단계적 실험 영역	순차적으로 진행할 수 있는 실험이나 창작 활동을 위한 공간을 마련해 주세요.

② 기형문(Loop) 지문 아이

기형문 지문은 감성형과 독창형 성향입니다.

따뜻하고 편안한 분위기에서 더 잘 배웁니다. 원형 테이블처럼 대화를 촉진할 수 있는 가구 배치, 함께 공부할 수 있는 공간, 또는 학습 내용에 대해 이야기할 수 있는 편안한 코너를 만들어주세요.

감성형 아이를 위한 학습 공간

따뜻한 분위기	부드러운 조명과 편안한 색상으로 안정감 있는 환경을 조성하세요.
대화 촉진 가구	원형 테이블이나 마주 보고 앉을 수 있는 좌석 배치로 대화와 소통을 장려합니다.
편안한 학습 코너	푹신한 쿠션이나 빈백 의자가 있는 편안한 독서 코너를 마련해 주세요.
감성적 자극	긍정적인 메시지나 따뜻한 색감의 예술 작품으로 공간을 꾸며 정서적 안정을 도모하세요.
공유 학습 공간	부모나 형제자매와 함께 학습할 수 있는 공간을 마련하여 관계 속에서 배움이 일어나도록 합니다.

독창형 아이를 위한 학습 공간

개방적 탐구 공간	다양한 자료와 도구에 쉽게 접근할 수 있는 열린 책장과 수납장을 배치하세요.
창의적 표현 영역	자유롭게 아이디어를 표현할 수 있는 그림판이나 마인드맵 보드를 제공하세요.
유연한 작업 구역	필요에 따라 재배치할 수 있는 이동식 가구로 상황에 맞게 공간을 변형할 수 있게 합니다.
다양한 학습 도구	여러 감각을 활용할 수 있는 다양한 학습 도구(촉각 자료, 오디오 장비 등)를 구비하세요.
아이디어 메모 시스템	갑자기 떠오르는 아이디어를 즉시 기록할 수 있는 메모지나 디지털 기기를 항상 가까이 두세요.

③ 두형문(Whorl) 지문 아이

두형문 지문은 지도자형과 완벽주의형 성향입니다.

탐구와 상상을 자극하는 환경이 효과적입니다. 참고 자료와 창의적 도구에 쉽게 접근할 수 있게 하고, 때로는 혼자 깊이 생각할 수 있는 조용한 공간도 필요합니다.

지도자형 아이를 위한 학습 공간

넓은 시야의 공간	전체를 조망할 수 있는 위치에 책상을 배치하여 통제감을 제공하세요.
목표 시각화 도구	장기 목표와 성취 과정을 시각적으로 표현할 수 있는 차트나 보드를 활용하세요.
프레젠테이션 공간	자신의 생각을 발표하고 설명할 수 있는 작은 화이트보드나 발표 공간을 마련해주세요.
자료 접근성	다양한 참고 자료와 정보에 쉽게 접근할 수 있는 체계적인 도서 및 디지털 자료 시스템을 만들어 주세요.
그룹 활동 영역	다른 아이들과 함께 프로젝트를 진행하거나 리더십을 발휘할 수 있는 그룹 활동 공간을 포함하세요.

완벽주의형 아이를 위한 학습 공간

세밀한 정리 시스템	모든 물건이 정확한 위치에 있는 완벽한 정리 시스템을 구축하세요.
품질 중심 도구	고품질의 학습 도구와 자료를 제공하여 최상의 결과물을 만들 수 있게 지원하세요.
오류 검증 공간	자신의 학습 결과를 검토하고 수정할 수 있는 별도의 검증 구역을 마련하세요.
집중 환경	외부 방해 요소가 최소화된 조용하고 집중력을 높이는 환경을 조성하세요.
상세 계획 보드	프로젝트나 학습을 세부 단계까지 계획하고 체크할 수 있는 상세 계획 보드를 활용하세요.

④ 혼합문(Composite) 지문 아이

혼합문 지문은 조정협조형, 현실주의형, 헌신박애형, 독창이상형, 예술이상형 등 다양한 성향이 복합적으로 나타납니다.

다양한 학습 스타일을 수용할 수 있는 유연한 공간이 좋습니다. 때로는 조용히 혼자 공부할 수 있고, 때로는 다른 사람과 상호작용할 수 있도록 다목적 공간을 구성해보세요.

다양한 성향의 혼합문 아이를 위한 학습 공간

다목적 공간	다양한 학습 스타일을 수용할 수 있는 유연하고 변형 가능한 공간을 구성하세요.
영역별 구분	조용한 개인 학습 공간, 그룹 활동 공간, 창의적 작업 공간 등 목적에 따라 영역을 구분하세요.
적응형 가구	상황과 필요에 따라 재배치하고 용도를 변경할 수 있는 모듈식 가구를 활용하세요.
다감각 자극	시각, 청각, 촉각 등 다양한 감각을 활용할 수 있는 학습 도구와 환경을 제공하세요.
개인화 옵션	아이가 자신의 기분과 학습 스타일에 따라 공간을 커스터마이즈할 수 있는 요소들을 포함하세요.
균형 잡힌 자극	질서와 자유, 집중과 창의성, 개인 활동과 협업 사이의 균형을 맞출 수 있는 공간을 디자인하세요.

⑤ 학습 공간 조성 시 일반적인 팁

아이의 의견 반영	학습 공간을 꾸밀 때 아이의 의견을 물어보고 함께 계획하세요.
정기적 업데이트	아이의 성장과 변화하는 학습 요구에 맞춰 공간을 주기적으로 업데이트하세요.
자연광과 조명	가능한 한 자연광이 풍부한 공간을 선택하고, 다양한 밝기 조절이 가능한 조명을 설치하세요.
시각적 혼란 줄이기	필요한 것만 눈에 보이게 하고 나머지는 정리하여 시각적 혼란을 최소화하세요.
개인 공간 존중	학습 공간은 아이의 영역임을 인정하고 존중하는 태도를 보여주세요.

아이의 지문 유형을 이해하고 그에 맞는 학습 환경을 조성하면, 아이의 자연스러운 성향과 강점을 살려 더 효과적인 학습을 지원할 수 있습니다.

3) 일상 속 맞춤형 학습 활동 통합하기

① 아이의 지문 성향에 따른 일상 속 맞춤형 학습 활동

일상생활 속에서 아이의 지문 유형과 성향에 맞는 학습 활동을 통합하면, 자연스럽게 아이의 강점을 살리고 학습 효과를 높일 수 있습니다. 각 지문 유형별로 효과적인 일상 학습 활동을 살펴보겠습니다.

• 호형문(Arch) 지문 아이

호형문 지문은 규율원칙형과 창조사고형 성향입니다.

요리, 가구 조립, 정원 가꾸기 같은 실용적인 활동에 참여시키세요. 이론보다 직접 해보는 경험이 더 효과적입니다. 장보기를 할 때 예산 계산하기, 요리할 때 레시피 비율 조정하기 등의 활동은 수학 개념을 자연스럽게 적용할 기회를 제공합니다.

규율원칙형 아이를 위한 강점 부각 일상 학습 활동

실용적인 수학 활동

장보기 할 때 예산 계산하기	"이 과일이 킬로당 얼마니까, 우리가 필요한 양은 얼마일까?"
요리할 때 계량과 비율 조정하기	"이 레시피를 두 배로 만들려면 재료를 어떻게 조절해야 할까?"
시간 관리 게임	아침 준비나 숙제 완료까지 시간을 측정하고 기록 개선하기
체계적인 DIY 프로젝트	간단한 가구 조립이나 모델 키트 만들기
	단계별 지침이 있는 공예 활동 함께하기
	정원 가꾸기와 식물 성장 기록하기
	매일 같은 시간에 식물을 관찰하고 성장 일지 작성하기

일상 속 규칙 찾기 게임

주변 환경에서 패턴 찾기	"이 벽지의 무늬는 어떤 순서로 반복되니?"

생활 속 분류 활동	장난감이나 책을 특성별로 정리하기
일상 속 체크리스트 만들기	아이가 직접 자신의 일과를 계획하고 체크하도록 하기

창조사고형 아이를 위한 강점 부각 일상 학습 활동

구조화된 창의 활동

제한된 재료로 특정 문제 해결하기	"이 다섯 가지 재료로 계란을 안전하게 떨어뜨릴 수 있는 장치를 만들어보자."
단계별 과학 실험	예측 → 실험 → 관찰 → 결론 과정 경험하기
체계적인 발명 활동	일상 물건을 개선할 방법 구상하고 스케치하기

실용적인 창의성 발휘

공간 재배치 계획 세우기	자신의 방이나 학습 공간을 효율적으로 재구성하는 계획 세우기
문제 해결 일지 작성	일상에서 마주치는 작은 문제들과 해결책 기록하기
실생활 개선 아이디어 시도하기	"우리 집 재활용 시스템을 더 효율적으로 만들어보자."

체계적인 탐구 활동

도구 사용법 배우기	간단한 공구 사용법 익히고 실제 수리해보기
단계별 요리 도전	레시피를 정확히 따라하며 요리 과학 배우기
일상 속 과학 원리 찾기	"자전거가 어떻게 균형을 유지할까?" 같은 질문에 대한 답 찾기

• 기형문(Loop) 지문 아이

기형문 지문은 감성형과 독창형입니다.

가족 토론, 독서 모임, 협력 프로젝트에 참여시키세요. 저녁 식사 시간에 그날 배운 내용에 대해 이야기하거나, 주말에 가족 과학 실험을 함께 하는 것도 좋은 방법입니다.

감성형 아이를 위한 강점 부각 일상 학습 활동

대화 중심 학습	가족 식사 시간에 '오늘의 배움' 나누기: 각자 그날 배운 흥미로운 사실 한 가지씩 공유하기
감정 일기 쓰기	하루의 감정과 생각을 기록하는 습관 기르기
책 읽고 느낌 나누기	"이 이야기의 주인공이 되었다면 어떤 기분이었을까?"

관계 중심 활동

가족 역사 탐구	조부모님과 인터뷰하거나 가족 이야기 듣고 정리하기
지역사회 봉사활동 함께하기	이웃 돕기, 환경 정화 활동 등 참여하기
협력 요리	가족 구성원마다 한 가지 음식 준비를 담당하고 함께 식사 만들기

예술과 표현 활동

음악 감상과 느낌 표현하기	다양한 장르의 음악을 듣고 어떤 감정이 드는지 이야기하기
그림책 함께 만들기	가족 경험이나 상상 이야기를 글과 그림으로 표현하기
역할극 놀이	역사적 사건이나 문학 작품의 장면을 연기하며 이해하기

독창형 아이를 위한 강점 부각 일상 학습 활동

창의적 표현 기회

'만약에' 게임	"만약에 하루 동안 보이지 않게 된다면 무엇을 할까?"
일상 물건의 새로운 용도 찾기	클립, 종이컵 등으로 할 수 있는 새로운 것 만들기
스토리텔링 릴레이	한 사람이 이야기를 시작하면 다음 사람이 이어가는 창작 활동

탐구 중심 활동

가족 과학의 날	주말마다 간단한 과학 실험을 함께하는 시간 갖기
'궁금한 질문' 노트	일상에서 생기는 궁금증을 기록하고 함께 답 찾아보기
다양한 재료로 자유 창작	폐품, 자연물 등 다양한 재료로 자유롭게 만들기

자기주도적 프로젝트

관심 주제 심층 탐구	아이가 관심 있는 주제에 대해 소규모 프로젝트 진행하기

문제 해결 챌린지	집안의 작은 문제(정리 문제, 에너지 절약 등)를 창의적으로 해결하는 방법 찾기
발명 아이디어 스케치북	일상생활을 개선할 수 있는 아이디어 스케치하고 설명하기

• 두형문(Whorl) 지문 아이

두형문은 지도자형과 완벽주의형입니다.

호기심을 자극하는 질문을 던지고, 다양한 관점에서 생각해 볼 수 있는 기회를 주세요. "만약 중력이 없다면 어떻게 될까?", "역사 속 인물의 선택이 달랐다면 어떻게 되었을까?" 같은 질문은 깊은 사고를 촉진합니다.

지도자형 아이를 위한 강점 부각 일상 학습 활동

비판적 사고 촉진

시사 토론	나이에 맞는 뉴스를 함께 보고 의견 나누기
대안적 역사 상상하기	"만약 세종대왕이 한글을 창제하지 않았다면 우리 역사는 어떻게 달라졌을까?"
윤리적 딜레마 토론	일상 속 윤리적 선택에 대해 이야기하기

리더십 경험

가족 활동 계획 담당	주말 나들이나 가족 행사를 아이가 주도적으로 계획하게 하기
동생 가르치기	자신이 잘 아는 기술이나 지식을 동생에게 가르치는 경험하기
작은 프로젝트 책임자 역할	집안 정리나 작은 이벤트의 책임자 되어보기

전략적 사고 게임

전략 보드게임	체스, 바둑, 카탄의 개척자 등 장기적 전략을 세워야 하는 게임하기
자원 관리 시뮬레이션	한정된 자원(용돈, 시간 등)으로 최대 효과를 내는 계획 세우기
미래 시나리오 구상	"10년 후 우리 동네는 어떻게 변해 있을까?" 예측하고 그려보기

완벽주의형 아이를 위한 강점 부각 일상 학습 활동

분석적 사고 활동

비교 분석	두 가지 제품이나 선택지의 장단점을 철저히 분석해 보기
품질 평가 프로젝트	같은 종류의 여러 제품을 다양한 기준으로 평가하기
세부사항 관찰 게임	"이 그림에서 달라진 5가지 찾기"와 같은 관찰력 게임

정밀함을 요구하는 활동

정교한 공예 활동	종이접기, 미니어처 제작 등 세밀한 작업해보기
정확한 측정이 필요한 요리	제과 제빵처럼 정확한 계량이 중요한 요리 경험해보기
모델 조립	설명서를 정확히 따라 복잡한 모델 완성하기

자기 개선 활동

개인 발전 차트	특정 기술이나 지식의 향상을 측정하고 기록하기
자기 평가 일지	자신의 활동이나 작품을 객관적으로 평가하는 습관 기르기
목표 달성 계획	단계별로 세분화된 목표와 달성 방법 계획하기

• 혼합문(Composite) 지문 아이

혼합문 지문 아이들은 다양한 성향이 복합적으로 나타납니다.
다양한 학습 경험을 제공하고, 자신의 학습 방식을 스스로 선택할 기회를
주세요. 박물관 방문, 자연 탐험, 예술 활동, 과학 실험 등 다양한 경험을
통해 자신에게 맞는 학습 방식을 발견하도록 도울 수 있습니다.

다양한 성향의 혼합문 아이를 위한 강점 부각 일상 학습 활동

다양한 학습 스타일 경험

학습 스타일 탐색	다양한 방식(읽기, 듣기, 만들기, 토론 등)으로 같은 주제 배우기
선택권 제공	"보고서, 발표, 작품제작" 중 자신에게 맞는 결과물 형태 선택하기
멀티미디어 프로젝트	글, 그림, 음악, 동영상 등 다양한 형태를 결합한 프로젝트

융합적 활동	
STEAM 활동	과학, 기술, 공학, 예술, 수학이 통합된 프로젝트
문화 간 비교 탐구	다양한 문화의 음식, 예술, 관습 등을 비교하고 체험하기
학제 간 주제 탐구	'물'이라는 주제를 과학, 문학, 역사, 예술 등 다양한 관점에서 탐구하기

적응력을 기르는 활동	
즉흥 대응 게임	예상치 못한 상황이나 제약에 대응하는 방법 찾기
다양한 환경 체험	도시, 시골, 산, 바다 등 다양한 환경에서의 체험 학습
역할 교체 활동	다양한 역할을 번갈아 맡으며 팀 프로젝트 진행하기

• 모든 지문 유형 아이를 위한 공통 팁

아이의 관심사 존중	아이가 자연스럽게 관심을 보이는 주제나 활동을 깊이 탐구할 수 있도록 지원하세요.
	"네가 좋아하는 공룡에 대해 더 알아보고 싶니? 도서관에 가서 책을 빌려볼까?"
실생활 연결 강조	학교에서 배우는 개념이 실제 생활과 어떻게 연결되는지 보여주세요.
	"오늘 분수 배웠다고? 피자를 8조각으로 나눠보자. 3명이 똑같이 나눠 먹으려면 어떻게 해야할까?"
질문 중심 대화	단순한 사실보다 사고를 자극하는 열린 질문을 던지세요.
	"이 책의 주인공이 다른 선택을 했다면 이야기가 어떻게 달라졌을까?"
실패를 통한 학습 격려	실패를 두려워하지 않는 태도를 키우고, 실패에서 배우는 경험을 제공하세요.
	"잘 안 됐네. 어떤 부분이 문제였을까? 다음엔 어떻게 다르게 해볼 수 있을까?"
자기주도적 선택 기회	아이가 스스로 결정하고 책임지는 경험을 통해 주인의식을 기르세요.
	"주말에 할 가족 활동 세 가지 중에서 네가 하나를 선택해보렴."

지문 유형을 참고하되, 무엇보다 아이 개인의 흥미와 성격을 존중하며 다양

한 경험을 제공하는 것이 중요합니다.

일상 속 자연스러운 학습 기회를 통해 아이는 학습의 즐거움을 발견하고 평생 학습자로 성장할 수 있을 것입니다.

공식적인 학습 시간 외에도, 일상생활 속에서 아이의 지문 타입에 맞는 학습 기회를 만들 수 있습니다.

② 학교-가정 연계를 통한 일관된 접근법

아이의 지문 타입에 맞는 학습 환경을 만들기 위해서는 가정과 학교의 협력이 중요합니다.

교사와의 소통	자녀의 지문 타입과 그에 따른 학습 성향을 교사와 공유하세요. 지문 분석이라는 용어를 사용하지 않더라도, 아이의 강점과 선호하는 학습 방식에 대해 구체적으로 이야기하면 교사가 수업 중 아이를 더 잘 지원할 수 있습니다.
가정학습 연계	학교에서 배우는 내용을 아이의 지문 타입에 맞게 가정에서 보강해주세요. 예를 들어, 두형문(Whorl) 지문 아이가 역사를 배우고 있다면, 학교에서 기본 사실을 배운 후 가정에서는 "왜" 그런 일이 일어났는지에 대한 깊은 토론을 통해 이해를 확장할 수 있습니다.
일관성 유지	가정과 학교에서 일관된 접근법을 사용하면 아이의 혼란을 줄이고 학습 효과를 높일 수 있습니다. 정기적으로 교사와 소통하며 아이의 발전 상황과 필요한 조정사항에 대해 논의하세요.

맞춤형 학습 환경을 만드는 데 있어 가장 중요한 것은 완벽함이 아니라 일관성과 유연성입니다.

아이의 지문 타입에 기반한 학습 성향을 이해하고, 그에 맞게 환경을 조정해 나가는 과정 자체가 아이에게 큰 메시지를 전달합니다.

"당신의 타고난 방식은 가치 있고, 존중받아 마땅합니다." 이것이 바로

③ 디지털 도구와 자원 활용하기

지문 유형별 맞춤형 디지털 도구와 자원 활용하기

아이들의 지문 유형에 따라 가장 효과적인 디지털 도구와 활용법을 일상생활에서 흔히 접할 수 있는 도구들을 중심으로 알려드립니다.

• 호형문(Arch) - 규율원칙형과 창조사고형 아이를 위한 디지털 도구

체계적인 단계별 학습을 제공하는 앱이나 프로그램을 활용하세요. 명확한 목표와 즉각적인 피드백을 제공하는 교육용 게임도 효과적입니다.

이 아이들은 차례대로 단계를 밟아가는 것을 좋아하고, 규칙이 있는 환경에서 안정감을 느끼면서도 창의적인 생각을 발휘하는 특성이 있습니다.

추천 디지털 도구로는 학습 내용이 1단계, 2단계처럼 명확하게 나누어져 있어 차근차근 배울 수 있는 앱들이 좋습니다. 예를 들면, 영어 단어를 순서대로 배우는 앱이나 수학 문제를 난이도별로 푸는 앱이 적합합니다.

교육용 게임은 규칙이 있으면서도 창의력을 발휘할 수 있는 게임들이 좋습니다. 블록을 쌓아 자신만의 세계를 만드는 게임이나 퍼즐을 풀면서 논리력을 키우는 게임들이 효과적입니다.

코딩 기초 앱으로는 간단한 블록을 끌어다 놓으면서 프로그래밍의 기초를 배울 수 있는 앱들이 이 아이들에게 적합합니다.

시각적으로 명령어를 조합해 원하는 결과를 만들어내는 과정이 이 아이들의 성향과 잘 맞습니다.

Duolingo (듀오링고) - 외국어 학습 앱	언어를 초급부터 고급까지 단계별로 배울 수 있음
	목표 설정과 즉각적 피드백 제공
	규칙성과 반복에 강한 아이에게 적합
Khan Academy Kids	읽기, 수학, 과학 등 다양한 과목의 기본기를 다질 수 있음
	단순하고 시각적인 구성으로 아이의 집중 유지에 효과적
Todo Math	수학 기초 개념을 하루 10분씩, 난이도별로 구성
	성취 배지 제공 → 규칙을 지키며 동기를 얻는 성향에 잘 맞음

교육용 게임 & 창의적 사고 도구

Lightbot	코딩의 원리를 게임으로 배울 수 있음
	명령을 순서대로 배열해 로봇을 움직이는 논리적 사고 기반 게임
	규칙이 명확하면서도 도전적인 요소 있음
Toca Builders / Toca Life 시리즈	블록을 쌓고 자신만의 공간을 구성하는 창의 활동 제공
	시나리오별로 역할극 가능 → 창조사고형 아이에게도 자극이 됨
Osmo-Coding Awbie (iPad 전용 하드웨어 연동 앱)	실물 블록을 조합해 코딩 명령을 만드는 시각적 코딩 도구
	규칙 기반 + 창의적 문제 해결 → 두 성향 모두 충족

코딩 기초 학습 앱

ScratchJr	만 5~7세용 시각적 코딩 툴
	캐릭터를 움직이며 논리와 창의력을 함께 키움
	스토리텔링 요소도 포함되어 창조사고형에게도 유익
CodeSpark Academy	텍스트 없는 코딩 게임 (비언어적 학습 가능)
	단계별 미션 완수 → 규칙과 질서를 좋아하는 아이에게 적합
Habitica	게임처럼 미션을 설정하고 완료하면 포인트 획득하는 시간관리 & 습관 형성가능
Forest	일정 시간 집중하면 나무가 자라는 시각적 보상이 가능한 집중력 향상 앱
Bloxels	창의적 표현을 하며 아이가 직접 게임을 설계하고 캐릭터를 만들 수 있음

• 기형문(Loop) - 감성형과 독창형 아이를 위한 디지털 도구

협력적 프로젝트를 가능하게 하는 디지털 플랫폼, 온라인 토론 포럼, 또는 화상 통화를 통한 학습 모임을 활용하세요.

이 아이들은 감정 표현이 풍부하고 다른 사람과의 관계를 중요시하며, 남들과는 다른 독특한 방식으로 생각하고 표현하는 것을 좋아합니다.

추천 디지털 도구는 친구들이나 선생님과 생각을 나누고 소통할 수 있는 앱들이 좋습니다. 온라인 학급 커뮤니티나 안전한 메시지 앱을 통해 의견을 나누고 공감하는 활동이 효과적입니다.

자신의 이야기를 글, 그림, 음성으로 만들 수 있는 앱들이 이 아이들의 감성과 창의성을 키워줍니다.

디지털 그림책을 만들거나 짧은 영상을 제작할 수 있는 앱들이 적합합니다.

창작 도구로 그림 그리기, 음악 만들기, 영상 편집 등 다양한 방식으로 자신을 표현할 수 있는 앱들이 효과적입니다.

복잡한 기능보다는 직관적으로 사용할 수 있는 간단한 창작 앱이 좋습니다.

협력과 공감을 위한 소통 도구

Flip (구: Flipgrid. 스마트폰 사용 가능 앱 있음)	교사나 친구가 제시한 주제에 대해 짧은 영상으로 의견을 나누는 소셜 학습 플랫폼
	자기 감정, 생각, 이야기를 말로 표현할 수 있어 감성형 아이에게 탁월
	얼굴을 보며 소통하므로 공감 능력과 소속감도 향상
Padlet (웹 기반 / 스마트폰 앱 가능)	온라인에서 친구들과 생각을 게시판에 붙이듯 나눌 수 있는 협업 도구
	텍스트, 그림, 사진, 링크, 음성까지 다양한 방식으로 표현 가능
	감정도 공유하고, 남의 생각에 댓글을 달며 교감하는 경험 가능
ClassDojo (클래스도조. 스마트폰 사용 가능 앱 있음)	선생님, 친구, 부모와 연결되는 학급 커뮤니티 도구
	감정 이모티콘, 칭찬 배지 등으로 정서적 피드백을 주고받을 수 있어 감성형 아이에게 특히 좋음

감성적·창의적 자기표현 도구

Book Creator (태블릿 중심 / 스마트폰 사용 일부 가능)	자신만의 전자책을 만들 수 있음: 글, 그림, 음성, 사진, 동영상 삽입 가능
	자신의 이야기나 감정을 스토리로 표현할 수 있어 감성 + 창의 욕구 모두 충족
Toontastic 3D (스마트폰 사용 가능 Android/iOS)	아이가 캐릭터를 만들고 애니메이션을 직접 제작하는 스토리텔링 앱
	스토리 구성, 감정 표현, 창의력 발현이 동시에 가능
	특히 독창형 아이들이 "나만의 이야기"를 구성하는 데 매우 효과적
Stop Motion Studio (스마트폰 사용 가능)	사진을 연속으로 찍어 스톱모션 영상을 만드는 앱
	간단하지만 창의성과 집중력을 요구하고, 결과물이 눈에 보이므로 성취감도 큼

예술적 감성을 표현하는 창작 도구

PicsArt for Kids (스마트폰 사용 가능)	아이들을 위한 간단한 그림 그리기 앱
	낙서, 색칠, 캐릭터 그리기 등 시각적 감정 표현이 쉬움
GarageBand (iOS 전용. iPhone, iPad 가능)	다양한 악기를 디지털로 연주하고 녹음할 수 있는 음악 창작 앱
	멜로디나 감정을 음악으로 표현하는 데 적합. 특히 독창형 아이들에게 강력 추천
nShot (스마트폰 사용 가능)	영상 편집 앱으로 사진, 동영상, 음악, 자막 등을 넣어 나만의 영상을 만들 수 있음
	감정을 시각적으로 구성하고 표현하는 데 적합

보완 팁

아이의 성향에 따라 처음에는 사진 몇 장 붙여보기, 목소리 녹음하기, 짧은 영상 만들기 등 작은 표현부터 시작하세요.

"이건 너의 마음을 영상으로 말하는 거야."라고 설명하면 감성형 아이는 자신의 감정을 표현할 수 있다는 데 감동을 느낍니다.

독창형 아이에게는 "남들과 다르게 네 스타일로 해볼까?"라고 유도하면 자기 표현욕이 살아납니다.

• 두형문(Whorl) - 지도자형과 완벽주의형 아이를 위한 디지털 도구

심층 연구를 위한 다양한 자료와 도전적인 문제를 제공하는 고급 학습 플랫폼이 유용합니다. 프로그래밍, 디자인, 작곡 등 창의적 표현을 위한 도구도 좋은 선택입니다.

이 아이들은 깊이 있게 탐구하는 것을 좋아하고, 높은 목표를 세우며, 세부 사항까지 완벽하게 해내고자 하는 성향이 있습니다. 리더십을 발휘하는 경향도 있습니다.

추천 디지털 도구는 심화 학습 자료로 일반적인 교과서보다 더 깊이 있는 내용을 다루는 온라인 강의나 백과사전 앱이 좋습니다. 관심 있는 주제에 대해 전문적인 내용을 배울 수 있는 자료를 제공해주세요.

목표를 세우고 할 일을 체계적으로 관리할 수 있는 디지털 플래너나 일정 관리 앱이 효과적입니다.

과제와 활동을 체크리스트로 만들어 관리하는 앱이 적합합니다.

더 정교한 결과물을 만들 수 있는 고급 창작 디지털 도구들이 이 아이들의 성향과 맞습니다.

디자인, 영상 편집, 음악 작곡 등 전문적인 창작을 할 수 있는 앱을 단계적으로 배우게 해주세요.

심화 학습 & 고급 지식 탐구 도구

Khan Academy (스마트폰 사용 가능 앱 있음)	수학, 과학, 역사 등 고급 개념을 깊이 있게 설명해 주는 무료 강의 플랫폼
	수준 높은 문제와 퀴즈가 함께 제공되어 완벽주의 성향 아이에게 적합

Brilliant (스마트폰 사용 가능)	수학, 컴퓨터 과학, 물리 등 논리적 사고 훈련용 인터랙티브 강의 앱
	단계별 문제 해결을 통해 사고력을 훈련하며, 깊이 있는 이해를 추구하는 아이에게 적합
TED-Ed (스마트폰 사용 가능)	세계의 전문가들이 다양한 주제(리더십, 뇌 과학, 예술 등)를 짧고 강렬한 영상으로 소개
	지도자형 아이가 세상을 이해하고 사고 확장에 도움을 줌

계획 및 목표 관리 도구

Notion (스마트폰 사용 가능 웹/ 앱 모두 지원)	학습 계획, 프로젝트 관리, 메모, 자료 수집을 한 곳에서 통합 관리
	완벽주의형 아이들이 정리정돈된 구조 속에서 자료를 축적하고 체계화하기에 이상적
TickTick (스마트폰 사용 가능)	할 일 목록, 달력, 시간 타이머, 체크리스트 제공
	하루의 목표를 시각적으로 계획하고, 성취 여부를 체계적으로 관리 가능
Forest (스마트폰 사용 가능)	집중 시간 동안 '나무'가 자라며, 방해를 줄이는 디지털 집중력 도우미 앱
	완벽주의적 몰입 상태를 만들어주는 데 유익

전문 창작 활동 도구

Canva (캔바. 스마트폰 사용 가능)	프레젠테이션, 포스터, 카드 등을 전문 디자이너처럼 제작할 수 있는 그래픽 디자인 앱
	높은 완성도를 추구하는 아이들이 창의성을 세련되게 발휘할 수 있음
CapCut / KineMaster (스마트폰 사용 가능)	정교한 영상 편집을 스마트폰에서 가능하게 하는 앱
	자막, 효과, 배경음악, 레이어 등을 조절해 완성도 높은 결과물을 만들 수 있음
BandLab / Soundtrap (스마트폰 사용 가능)	작곡, 편곡, 녹음 등 디지털 음악 제작 도구
	멜로디, 리듬, 하모니를 직접 만들고 편집할 수 있어 음악적 창의성 발현에 탁월

지도자형 아이에게는 리서치 과제, 발표 프로젝트 등 자신의 전문성을 드러낼 수 있는 활동을 연계하세요.

예: "Canva로 만든 자료로 친구들한테 발표해볼까?"

완벽주의형 아이는 계획표와 체크리스트 앱을 함께 사용하면 성취욕구와 자기 통제가 잘 조화됩니다.

예: "오늘 목표를 Notion에 적고, 다 끝났을 때 TickTick에서 체크해볼래?"

창작 도구는 처음부터 고급 기능까지 다 보여주기보다는 기초 → 중급 → 고급 기능 순서로 단계적으로 접근하세요. 성취감을 조금씩 느끼게 하며 자존감을 높이는 것이 핵심입니다.

• 복합(Composite) - 다양한 성향이 혼합된 아이를 위한 디지털 도구

다양한 학습 방식(텍스트, 오디오, 비디오, 인터랙티브 활동)을 제공하는 멀티미디어 학습 리소스가 효과적입니다.

이 아이들은 여러 지문 유형의 특성이 섞여 있어 다양한 학습 방식에 적응할 수 있습니다. 상황에 따라 다른 접근 방식을 활용하는 유연성이 있습니다.

추천 디지털 도구는 다양한 형태의 학습 자료가 좋습니다. 글, 소리, 영상, 게임 등 여러 방식으로 같은 내용을 배울 수 있는 멀티미디어 학습 앱이 효과적입니다. 다양한 감각을 활용해 학습할 수 있는 콘텐츠가 좋습니다. 아이의 수준과 관심사에 따라 학습 내용이 조절되는 맞춤형 학습 앱들이 적합합니다. 아이가 어려워하는 부분은 더 반복하고, 잘하는 부분은 빠르게 진행할 수 있는 적응형 학습 앱이 효과적입니다.

여러 종류의 교육용 앱을 골고루 경험하게 해주세요. 수학 게임, 언어 학습, 과학 실험, 예술 활동 등 다양한 앱을 상황과 기분에 따라 선택할 수 있게 해주는 것이 좋습니다.

멀티모달 학습 콘텐츠 앱

텍스트, 영상, 음성, 게임 등 다양한 방식으로 하나의 주제를 배울 수 있는 앱

Khan Academy Kids / Khan Academy (스마트폰 사용 가능 앱 있음)	동화 읽기, 노래 듣기, 퀴즈 풀기, 영상 시청 등 다양한 형태의 학습 제공
	유아~청소년까지 맞춤 콘텐츠 제공 → 성향·연령별 조절 가능
	다양한 감각과 사고방식을 활용하는 데 적합
BrainPOP (스마트폰 사용 가능 앱 있음)	수학, 과학, 사회 등 여러 과목을 애니메이션, 게임, 퀴즈로 통합 제공
	같은 개념을 여러 감각으로 반복하므로 복합 지문 아이에게 특히 유익
	학습 후 활동으로 에세이, 발표 등 확장도 가능
Epic! (스마트폰 사용 가능 앱 있음)	4만 권 이상의 전자책, 오디오북, 비디오 제공
	영어권 콘텐츠지만, 영상·소리 기반 흡수력 높은 복합형 아이에게 추천
	흥미 주제에 따라 자유롭게 선택 가능 → 자기주도 학습 유도

적응형 맞춤형 학습 앱

아이의 수준에 따라 콘텐츠 난이도와 속도가 자동 조절되는 학습 앱

IXL (스마트폰 사용 가능 앱 있음)	수학, 영어, 과학 등 다양한 과목의 진단 기반 맞춤형 학습
	틀린 문제는 반복하고, 잘하는 문제는 더 어려운 단계로 이동
	다양한 문제 유형을 통해 지루함 없이 심화 가능
Duolingo (스마트폰 사용 가능)	언어 학습 앱이지만, 음성 듣기, 말하기, 읽기, 선택형 퀴즈 등 다양한 학습 방식 통합
	진도 조절 기능과 보상 시스템이 복합형 아이의 몰입을 유지시켜 줌

창의 표현 & 상호작용형 활동 앱

직접 만들고 참여하는 인터랙티브 학습 또는 창작형 앱

Book Creator (스마트폰 일부 기능 지원, 태블릿 권장)	글쓰기, 녹음, 그림, 비디오 삽입 등 다양한 방식으로 나만의 전자책 만들기
	글만 쓰는 게 아니라 감각을 다양하게 동원할 수 있어 복합형 아이에게 적합
Tynker / ScratchJr / Scratch (스마트폰 및 태블릿 가능 ScratchJr, Tynker 앱 있음)	코딩을 배우면서 애니메이션, 스토리, 게임 만들기 가능
	창의력 + 논리력 + 시각적 표현을 동시에 자극

다양한 분야 탐색용 앱 (기분·상황별 선택 가능)

복합형 아이에게는 한 가지 앱만 고집하지 않고, 다양한 종류의 앱을 상황, 흥미, 감정 상태에 따라 선택할 수 있도록 열어주는 것이 중요합니다.

활용 팁

복합 지문 아이는 학습 스타일이 유동적이기 때문에, 매일 앱을 바꾸기보다 한 가지 주제를 다양한 방식으로 접근하게 해주세요.

예: '수학'을 텍스트 → 영상 → 게임 → 음성 설명 순으로 배워보기
앱을 고를 자유를 주되, 사용 전 간단한 질문을 해보세요.
"오늘은 말로 듣는 게 좋을까? 그림으로 보는 게 좋을까?"

이렇게 자기 학습 스타일을 의식하게 하는 것이 복합형 아이에겐 큰 도움이 됩니다. 다양한 앱을 폴더에 모아놓고 "오늘 기분에 따라 하나 골라보자."라고 하면 아이가 스스로 선택하고 몰입하는 습관이 생깁니다.

스크린 시간 관리하기	디지털 기기 사용 시간을 정해두고, 사용 후에는 반드시 바깥 활동이나 신체 활동을 하도록 균형을 맞추세요.
함께 활용하기	처음에는 부모님이나 선생님이 함께 앱을 사용하며 올바른 사용법을 알려주세요. 시간이 지나면서 점차 독립적으로 사용하게 해주세요.
무료 앱 활용하기	고가의 앱이 아니더라도 교육적 가치가 높은 무료 앱이 많습니다. 학교나 도서관에서 추천하는 교육용 무료 앱 목록을 참고하세요.
디지털 안전 교육하기	개인정보 보호, 적절한 온라인 예절, 낯선 사람과의 소통 위험 등 디지털 세계에서의 안전 수칙을 반드시 가르쳐주세요.
변화 관찰하기	아이가 특정 앱이나 활동에 보이는 반응을 관찰하고, 긍정적인 변화가 있는 도구는 계속 활용하고 그렇지 않은 것은 대체해 보세요.

디지털 도구는 아이의 학습을 돕는 보조 수단일 뿐, 모든 학습이 디지털로 이루어질 필요는 없습니다.

아이의 지문 유형에 맞는 디지털 도구를 적절히 활용하면서도, 실제 체험과 사람 간의 소통이 주는 가치도 잊지 마세요.

아이의 반응과 성장을 지켜보며 유연하게 접근하는 것이 중요합니다.

현대 교육에서 디지털 도구는 맞춤형 학습을 실현하는 강력한 수단이 될 수 있습니다.

제9장

손끝에서 깨어나는 뇌의 10가지 재능

1. 하워드 가드너의 다중지능과 IFAS 10가지 다중 능력

우리 아이들은 저마다 다른 빛깔의 재능을 품고 태어납니다. 때로는 친구들과 어울리며 리더십을 발휘하는 아이가 있고, 손으로 무언가를 만들 때 행복해하는 아이도 있죠. 이런 다양한 능력은 우연히 생겨난 것이 아닙니다. 놀랍게도 우리 아이들의 손끝에서부터 뇌의 다양한 재능이 깨어나고 있었던 것입니다.

1) 하워드 가드너의 다중지능이론: 뇌 중추와의 연결성

① 다중지능이론의 시작

하워드 가드너 박사는 1983년 '마음의 틀(Frames of Mind)'이라는 책을 통해 혁신적인 다중지능이론을 제시했습니다. 전통적으로 지능은 IQ 테스트로 측정되는 단일한 능력으로 여겨졌으나, 가드너 박사는 이러한 관점에 도전했습니다. 그는 지능이 단 하나가 아닌 여러 종류의 독립적인 능력들

로 구성되어 있으며, 이들은 뇌의 서로 다른 중추와 연결되어 있다고 주장
했습니다.

② 뇌 중추 연구와 다중지능이론의 발전

가드너 박사는 뇌 손상 환자들을 연구하면서 특정 뇌 영역의 손상이 특정
능력에만 영향을 미치는 현상을 발견했습니다.

이는 각각의 지능이 뇌의 특정 중추와 관련되어 있다는 강력한 증거가
되었습니다. 예를 들어, 뇌의 좌측 특정 부위에 손상을 입어, 언어 능력은
상실했지만 음악적 능력은 보존된 환자들을 관찰했습니다.

반대로 우측 측두엽에 손상을 입은 환자들은 음악 인식 능력은 잃었으나
언어 능력은 정상적으로 유지되는 경우가 많았습니다.

가드너 박사는 이러한 신경학적 증거와 함께 발달심리학, 진화심리학,
문화인류학적 연구를 종합하여 다중지능이론을 정립했습니다.

2) 8가지 다중지능과 관련 뇌 중추

① 언어지능 뇌 중추 연결성

주로 좌뇌의 전두엽과 측두엽에 위치한 브로카 영역과 베르니케 영역이
언어지능과 밀접하게 관련되어 있습니다. 이 영역들은 언어의 이해와 생성
을 담당합니다. 특징은 단어와 언어에 대한 민감성, 효과적인 의사소통 능
력, 언어 구조와 규칙에 대한 이해력이 뛰어납니다.

② 논리-수학지능 뇌 중추 연결성

주로 좌뇌의 전두엽과 두정엽이 관여합니다. 이 영역들은 수리적 계산, 논리

적 추론, 추상적 사고를 담당합니다. 특징은 숫자, 논리적 패턴, 추상적 개념을 다루는 능력, 문제 해결을 위한 체계적 접근법이 발달되어 있습니다.

③ 공간지능 뇌 중추 연결성

주로 우뇌의 후두엽과 두정엽에 위치합니다. 이 영역들은 시각적 정보 처리와 공간 관계의 인식을 담당합니다. 특징은 형태, 모양, 공간 관계를 정확히 인식하고 변형하는 능력, 시각적 이미지를 생성하고 조작하는 능력이 발달되어 있습니다.

④ 신체-운동지능 뇌 중추 연결성

대뇌의 운동 피질, 소뇌, 기저핵이 이 지능과 밀접하게 관련되어 있습니다. 이 영역들은 신체 움직임의 조절과 협응을 담당합니다. 특징은 신체를 능숙하게 조절하고 다양한 움직임을 수행하는 능력, 정교한 소근육 및 대근육 조절 능력이 발달되어 있습니다.

⑤ 음악지능 뇌 중추 연결성

주로 우뇌의 측두엽이 관여합니다. 이 영역은 소리 패턴, 리듬, 음조의 인식과 처리를 담당합니다. 특징은 음의 높낮이, 리듬, 음색, 음악의 구조를 인식하고 표현하는 능력이 뛰어납니다.

⑥ 대인관계지능 뇌 중추 연결성

전두엽, 측두엽, 그리고 감정 처리를 담당하는 변연계가 관련되어 있습니다. 이 영역들은 사회적 신호 해석과 감정 인식을 담당합니다. 특징은 타인의 감정, 의도, 동기, 욕구를 이해하고 효과적으로 상호작용하는 능력이 발달되어 있습니다.

⑦ 자기성찰지능 뇌 중추 연결성

전두엽(특히 전전두엽)과 변연계의 연결이 중요합니다. 이 영역들은 자기 인식, 감정 조절, 의사 결정을 담당합니다. 특징은 자신에 대한 깊은 이해, 자기 감정과 사고 과정에 대한 인식, 자기 조절 능력이 뛰어납니다.

⑧ 자연탐구지능 뇌 중추 연결성

다양한 뇌 영역의 복합적인 협력이 필요합니다. 특히 패턴 인식, 분류 체계, 환경 변화 감지와 관련된 영역들이 관여합니다. 특징은 자연 환경의 패턴을 인식하고, 생물과 무생물을 분류하고 이해하는 능력이 뛰어납니다.

3) 뇌 중추와 다중지능의 과학적 기반

가드너 박사의 다중지능이론은 다음과 같은 신경과학적 연구에 기반하고 있습니다.

① 뇌 손상 연구

특정 뇌 영역 손상이 특정 능력에만 영향을 미치는 현상을 통해 지능의 독립성을 확인했습니다.

② PET 스캔과 fMRI 연구

서로 다른 인지 작업을 수행할 때 활성화되는 뇌 영역이 다르다는 것을 보여주는 뇌 영상 연구는 다중지능이론을 뒷받침합니다.

③ 발달 신경학 연구

서로 다른 능력이 발달하는 시기와 패턴이 다르다는 사실은 각 지능의 독립성을 시사합니다.

④ 진화 심리학적 증거

각 지능은 인류의 진화 과정에서 생존과 적응을 위해 발달한 서로 다른 능력을 반영합니다. 예를 들어, 공간지능은 사냥꾼들이 길을 찾고 돌아오는 데 필요했으며, 자연탐구지능은 식물과 동물을 구분하여 식량을 찾는 데 중요했습니다.

⑤ 다중지능이론의 교육적 의미

가드너 박사의 이론은 교육에 혁명적인 변화를 가져왔습니다. 이 이론에 따르면, 모든 아이는 서로 다른 지능 프로필을 가지고 있으며, 이는 뇌의 서로 다른 중추 발달과 관련이 있습니다. 따라서 효과적인 교육을 위해서는 다양한 방식의 학습 접근법이 필요합니다.

4) 다중지능에 기반한 교육적 접근

① 개인화된 학습

각 아이의 강점 지능을 파악하고 이를 활용한 맞춤형 교육을 제공합니다.

② 다양한 교수법

같은 주제를 여러 가지 방식으로 가르쳐 서로 다른 지능을 활용할 수 있게 합니다.

③ 강점 기반 접근

아이의 강점 지능을 통해 자신감을 키우고, 이를 활용해 약한 영역을 보완하도록 돕습니다.

④ 균형 있는 발달

모든 지능의 균형 있는 발달을 장려하여 다양한 상황에 적응할 수 있는 능력을 키웁니다.

5) 다중지능이론과 뇌 가소성

현대 신경과학은 뇌의 가소성(plasticity)에 대한 이해를 확장시켰습니다. 뇌는 평생 동안 변화하고 적응할 수 있는 능력이 있으며, 적절한 자극과 경험을 통해 서로 다른 뇌 중추와 관련된 지능을 발달시킬 수 있습니다.

이는 특정 지능이 선천적으로 고정된 것이 아니라, 적절한 환경과 교육을 통해 발달시킬 수 있다는 희망적인 메시지를 제공합니다. 예를 들어, 음악 교육은 음악지능뿐만 아니라 관련 뇌 영역의 발달도 촉진할 수 있으며, 이는 다른 인지 능력에도 긍정적인 영향을 미칠 수 있습니다.

6) 다중지능이론의 미래

하워드 가드너 박사의 다중지능이론은 1983년 처음 발표된 이후 지속적으로 발전해왔습니다.

최근의 신경과학 연구는 이 이론의 많은 측면을 뒷받침하고 있으며, 뇌의 여러 중추와 다양한 지능 사이의 복잡한 관계에 대한 우리의 이해를 더욱 깊게 해주고 있습니다.

다중지능이론은 우리에게 중요한 메시지를 전합니다. 지능은 단일한 개념이 아니라 다양한 능력의 집합이며, 각각은 뇌의 서로 다른 중추와 관련되어 있습니다. 이러한 이해를 바탕으로, 우리는 모든 아이가 가진 고유한 지능 프로필을 존중하고, 그들의 다양한 잠재력을 최대한 발휘할 수 있도록 도울 수 있습니다.

가드너 박사의 말처럼, "중요한 것은 얼마나 똑똑한가가 아니라, 어떻게 똑똑한가"입니다. 이는 뇌의 다양한 중추가 서로 다른 방식으로 발달하고 기능하듯, 우리 각자가 세상을 이해하고 상호작용하는 방식도 다양하다는 것을 상기시켜 줍니다.

7) 손과 뇌의 신비로운 연결

아이의 손은 단순한 신체 부위가 아닙니다. 손은 뇌와 직접 연결되어 있으며, 왼손은 우뇌와, 오른손은 좌뇌와 깊은 관계를 맺고 있습니다. 이러한 연결을 통해 아이들의 다양한 능력이 발현됩니다. 이러한 연결성을 이해함으로써 우리는 아이의 잠재적 강점과 약점을 더 깊이 이해하고 발전시킬 수 있습니다. 아이가 손을 움직이고, 만지고, 느끼는 과정에서 뇌는 끊임없이 자극받고 발달합니다. 특히 생후 3년은 여러 능력의 토대가 형성되는 결정적 시기로, 이 시기의 경험과 자극이 평생의 능력 발달에 지대한 영향을 미칩니다.

2. IFAS 10가지 다중 능력의 세계로 떠나는 여행

우리 아이 손가락에 숨겨진 비밀 다중 능력 이야기

아이의 손가락을 보면 미래가 보인다고 하면 믿으시겠어요? IFAS 한국지문적성원에서는 손가락과 뇌, 그리고 아이의 타고난 능력이 서로 깊은 관계가 있다고 말합니다.

어렵게 느껴질 수 있지만 손가락은 뇌와 어떻게 연결되어 있을까요? 우리 몸의 오른쪽은 왼쪽 뇌와, 왼쪽은 오른쪽 뇌와 연결되어 있습니다. 그래서 오른손 손가락은 왼쪽 뇌(좌뇌)를, 왼손 손가락은 오른쪽 뇌(우뇌)를 나타냅니다. 좌뇌(왼쪽 뇌)는 말하기, 계산하기, 논리적으로 생각하기 같은 일을 담당하고 우뇌(오른쪽 뇌)는 그림 그리기, 음악 듣기, 감정 표현하기 같은 일을 담당합니다. 각 손가락은 뇌의 특정 부분과 연결되어 있고, 그 부분이 담당하는 특별한 능력이 있답니다.

1) 오른손 손가락과 연결된 능력들 (좌뇌-분석적, 논리적, 언어적 영역)

① 오른손 엄지: 전전두엽 - 자신을 이해하는 재능 자기이해능력

"나는 누구지? 내 감정은 왜 이럴까?"라고 생각하는 능력입니다. 우리의 자아 인식, 자기 조절, 그리고 정서적 반응을 관장하는 뇌의 중요한 부분입니다. 이 영역이 발달한 아이들은 자신의 내면을 깊이 이해하는 능력이 뛰어납니다.

자기이해능력은 자신의 강점과 약점을 명확하게 인식할 수 있고, 감정을 잘 조절하고 표현할 수 있으며, 자기 동기부여가 강하고 목표 지향적입니다. 어려운 상황에서도 올바른 방향을 찾아갑니다.

자기이해능력의 계발 방법은 독립적인 공간에서 집중할 수 있는 환경을 제공하고, 아이의 의견과 감정을 존중하고 물어보며, 일기 쓰기나 자기 성찰 활동을 장려합니다. 자신만의 프로젝트를 계획하고 실행할 기회를 제공합니다.

준호는 또래보다 자신의 감정을 잘 표현합니다. 화가 날 때 "지금 내가 화가 났어요."라고 말하고, 자신의 장점과 부족한 점도 솔직하게 얘기하죠. 이는 준호의 자기이해능력이 발달했음을 보여줍니다.

자기이해능력은 자신을 들여다보고 자신이 누구인지, 장단점이 무엇인지, 어디로 가고 있는지 스스로 인지하는 능력입니다. 이 능력이 높은 아이들은 자기존중감이 강하고 문제해결능력도 뛰어납니다.

아이의 이런 능력을 키우려면 독립된 공간을 마련해주고 한 가지 일에 집중할 수 있도록 도와주세요. 부모가 일방적으로 결정하기보다는 아이의 의견을 물어보고 존중해주는 태도가 중요합니다. 사소한 일이라도 아이의 생각을 물어보고 정확히 표현하도록 격려해 주세요. 생후 3년 동안은 자아와 타인 간의 경계를 형성하는 중요한 시기이니 특별히 관심을 기울여야 합니다.

② 오른손 검지: 후전두엽 - 논리를 다루는 재능 - 논리사고능력

"왜 그럴까? 어떻게 풀지?"라고 체계적으로 생각하는 능력입니다. 후전두엽은 계획, 조직화, 문제 해결과 같은 고차원적 사고 기능을 담당합니다. 이 영역이 발달한 아이들은 체계적이고 논리적인 사고가 뛰어납니다.

논리사고능력은 복잡한 문제를 단계별로 해결하는 능력이 뛰어납니다. 그리고 패턴을 인식하고 추론하는 데 능숙해서 퍼즐과 게임을 좋아합니다. 무언가 작동하는 원리를 알고 싶어 하고 질문과 호기심이 넘치고 체계적이고 과학적인 방법으로 접근합니다. 수학적 개념과 원리를 잘 이해합니다.

논리사고능력의 계발 방법은 전략 게임(체스, 바둑, 퍼즐)을 통한 논리적 사고 훈련을 하고, 분류와 비교 개념을 활용한 일상 활동을 하며, 문제 해결 과정을 설명하도록 기회를 주고 격려합니다. 수학이나 과학 관련 실험적 활동 제공합니다.

민수는 체스를 두거나 수학 문제를 풀 때 특별히 집중력을 발휘합니다. 복잡한 문제도 차근차근 단계별로 접근하여 해결하죠. 이는 민수의 뛰어난 논리사고능력을 보여줍니다. 논리사고능력은 순차적으로 사고하여 문제를 체계적으로 해결하는 능력입니다. 이 능력은 체계적 사고, 수학적 원리 이해, 숫자 다루기 등 세 가지 영역으로 나눌 수 있습니다.

아이의 논리력을 키우려면 전략 게임(체스, 바둑, 퍼즐 등)을 함께 해보세요. 물건을 분류하고 순서를 만드는 놀이도 효과적입니다. 분류와 비교의 기본 개념을 일상에서 자연스럽게 가르치고, 사물이나 장소에서 숫자를 함께 세어보는 활동도 도움이 됩니다. 이 능력은 청소년기와 성인기 초기에 절정에 달하며, 40살 이후에는 더 깊은 수학적 통찰력으로 발전할 수 있습니다.

유아 Tip

체스, 바둑, 블록 게임을 함께 하세요. 요리할 때 계량컵으로 재거나, 쇼핑할 때 물건값을 계산하게 해보세요.

③ 오른손 중지: 두정엽 - 손끝으로 만드는 작은 세상 - 신체조작능력

두정엽은 감각 정보의 통합과 공간 지각, 그리고 정밀한 운동 기능을 조절합니다. 이 영역이 발달한 아이들은 손으로 무엇인가를 만들고 조작하는 정교한 작업에 뛰어납니다.

신체조작능력의 특징은 손재주가 뛰어나고 섬세한 작업에 능숙합니다. 도구나 기계를 다루는 데 타고난 재능이 있습니다. 만들기, 조립하기, 수리하기 등의 활동을 즐깁니다. 촉각을 통한 학습 효과가 높습니다.

신체조작능력의 계발 방법은 레고, 블록, 퍼즐 등 조립 활동 장려해 주고, 간단한 수공예 프로젝트부터 시작해 점점 난이도 높여보며, 실생활에서 도구를 자주 사용할 기회 제공합니다. 다양한 질감과 재료를 탐색할 수 있는 감각 활동을 제공합니다.

서연이는 조용히 앉아서 하는 활동을 특히 좋아합니다. 종이접기 시간에는 복잡한 학이나 장미꽃도 차근차근 접어서 완성하고, 레고로는 친구들이 상상하지 못한 멋진 성을 만들어냅니다. 엄마가 보기에도 신기할 정도로 작은 구슬들을 실에 꿰어 예쁜 목걸이를 만들기도 합니다.

미술 시간에 서연이의 그림은 항상 섬세합니다. 색연필로 꽃잎의 미세한 색깔 차이까지 표현하고, 가위로 종이를 자를 때도 곡선을 매끄럽게 오려냅니다. 최근에는 미니어처 인형의 옷까지 만들어 입히며 작은 세상을 꾸미는 데 푹 빠져있습니다. 이는 서연이의 신체조작능력이 뛰어나다는 증거입니다.

신체조작능력은 손이나 발 같은 특정 부위를 정교하게 사용하는 능력으로, 간단한 조립부터 시작해 점점 복잡한 것에 도전하게 하고, 모형 만들기나 공예활동을 장려해보세요. 부모가 함께 참여하는 것이 더욱 효과적입니다.

유아 Tip

종이접기, 찰흙 놀이, 간단한 요리, 레고 등 손을 사용하는 활동을 많이 해보게 하세요.

④ 오른손 약지: 측두엽 - 말과 글로 표현하는 재능 - 언어능력

측두엽은 청각 정보 처리, 언어 이해와 표현을 담당합니다. 이 영역이 발달한 아이들은 언어적 표현과 이해력이 뛰어납니다. 즉, 말과 글로 자신을 표현하는 능력이에요.

언어능력의 특징은 단어의 소리, 리듬, 의미에 대한 감수성이 뛰어나고, 효과적으로 의사소통하고 다양한 언어 표현을 사용합니다. 읽기, 쓰기, 말하기에 능숙하여 이야기 만들기와 언어 게임을 즐깁니다. 책 읽기를 좋아하고, 이야기 만들기도 잘합니다. 단어 게임이나 말장난을 즐겨합니다.

언어능력의 계발 방법은 풍부한 어휘와 다양한 표현으로 대화해 줍니다. 소리 내어 책 읽기와 독후 활동 장려하고, 시, 노래 가사, 수수께끼 등 언어 놀이 함께 합니다. 감정과 생각을 언어로 표현할 기회를 자주 제공해 줍니다.

지민이는 책 읽기를 좋아하고 자신의 생각을 또래보다 풍부하게 표현합니다. 이야기를 지어내는 것도 즐기죠. 이는 지민이의 뛰어난 언어능력을 보여줍니다. 언어능력은 단어의 소리, 리듬, 의미에 대한 감수성과 언어의 다양한 기능에 대한 이해력입니다. 이 능력이 높은 아이들은 토론에서 두각을 나타내며, 언어 게임을 즐깁니다.

이 능력을 키우려면 다양한 책을 소리 내어 읽어주고, 아이가 독후감을 쓰고 발표하게 해보세요. 아이의 질문이나 대답에 항상 적절히 반응해주는 것도 중요합니다. 의성어, 의태어를 많이 사용하고, 단어의 어원과 유래를 함께 알아보는 것도 효과적입니다. 언어능력은 초기 아동기에 폭발적으로 발달하고 노년기까지 유지되므로, 어린 시기의 풍부한 언어 자극이 무엇보다 중요합니다.

유아 Tip

매일 책을 읽어주고, 대화를 많이 나누세요. 아이가 하는 말에 항상 반응해 주고, 재미있는 단어나 표현을 알려주세요.

⑤ 오른손 소지: 후두엽 - 자연을 탐구하는 재능 - 관찰능력

후두엽은 시각 정보 처리와 시각적 인식을 담당합니다. 이 영역이 발달한 아이들은 세밀한 관찰과 분석 능력이 뛰어납니다. 자연의 곤충이나 식물 등 주변 세계를 관찰하고 분류하는 능력입니다. 관찰능력의 특징은 세부 사항에 주의를 기울이고 차이점을 잘 발견합니다. 자연 현상과 생물에 대한 호기심이 많아 자연에서 시간보내기 좋아하고 분류하고 체계화하는 능력이 뛰어납니다. 환경 변화에 민감하게 반응합니다.

관찰능력의 계발 방법은 자연 관찰 활동과 야외 탐험 장려해 줍니다. 식물 기르기, 곤충 관찰하기 등의 활동 제공하며 생태계와 자연에 관한 도서와 다큐멘터리 함께 보는 시간을 가집니다. 수집품을 분류하고 정리하는 습관 기르기를 해봅니다.

은지는 식물과 곤충에 관심이 많고, 작은 변화도 놓치지 않고 발견합니다. 자연 현상에 호기심이 많죠. 이는 은지의 관찰능력이 발달했음을 보여줍니다. 관찰능력은 자연세계를 규정하고 분별하며, 주변 환경을 면밀히 관찰하고 분석하는 능력입니다. 이 능력이 높은 아이들은 새로운 것을 발견하고 탐험하는 것을 좋아하며 차이점을 민감하게 알아냅니다.

이 능력을 키우려면 아이를 자연환경에 자주 노출시키고, 식물 채집이나 곤충 관찰 같은 활동을 장려해 보세요. 여행을 통한 다양한 자연 경험, 집에서 동식물을 직접 키우며 관찰하는 것도 효과적입니다. 6세 이후에 자연을 자주 체험하면 관찰능력이 더욱 발달한다고 합니다.

2) 왼손 손가락과 연결된 능력들 (우뇌-창의적, 직관적, 예술적 영역)

① 왼손 엄지: 전전두엽 - 사람의 마음을 읽는 재능 - 대인관계능력

우뇌의 전전두엽은 사회적 인식과 타인의 감정 이해를 담당합니다. 이 영역이 발달한 아이들은 타인과의 관계 형성에 뛰어납니다. 다른 사람과 잘 어울리고 소통하는 능력이에요. 대인관계능력의 특징은 타인의 감정과 의도를 잘 이해하며 친구 사귀기를 좋아합니다. 공감 능력이 뛰어나고 사회적 상황에 적응을 잘합니다. 갈등을 해결하고 중재하는 능력이 있습니다. 협력과 팀워크에 능숙합니다.

대인관계능력의 계발 방법은 다양한 친구들과 교류할 기회 제공해 주고, 협동 게임과 단체 활동을 할 수 있는 기회를 자주 제공해 주며, 다른 사람의 관점을 이해하는 역할 대화 해보기를 합니다. 봉사활동이나 돕기 활동에 참여시킵니다.

민지는 유치원에서 항상 친구들 사이에서 중재자 역할을 합니다. 친구가 울면 먼저 다가가 위로하고, 갈등이 생기면 자연스럽게 해결책을 제시하죠. 이런 민지의 모습은 뛰어난 대인관계능력의 표현입니다.

대인관계능력은 다른 사람의 말과 행동을 이해하고 해석하며 교류하는 능력입니다. 이 능력이 뛰어난 아이들은 친구 사귀기를 좋아하고 자연스럽게 리더가 되는 경향이 있어요. 이 능력을 키우려면 아이가 다양한 친구들과 어울리며 공동 놀이를 경험하게 해주세요. 여러 장소를 다니며 다양한 경험을 쌓게 하는 것도 중요합니다. 무엇보다 생후 3년 동안의 안정적인 애착과 유대관계 형성이 이 능력 발달의 핵심입니다.

② 왼손 검지: 후전두엽 - 공간능력

우뇌의 후전두엽은 공간 지각과 시각적 정보 처리를 담당합니다. 이 영역이 발달한 아이들은 공간 인식과 변형 능력이 뛰어납니다. 3차원 공간을 상상하고 시각적으로 생각하는 능력이에요. 공간능력의 특징은 방향 감각이 뛰어나고 지도를 잘 읽을 수 있어 길 찾기를 잘합니다. 그림이나 지도를 잘 이해하며 블록으로 복잡한 구조물을 잘 만듭니다. 물건이 어떻게 보일지 상상하는 3차원 구조를 머릿속으로 그려볼 수 있습니다. 시각적 이미지를 만들고 조작하는 데 능숙합니다. 디자인과 시각적 예술에 재능이 있습니다.

공간능력의 계발 방법은 레고, 블록, 퍼즐 등 3차원 구조물 만들어 보고, 미술관, 건축물 관람하며 공간 구성을 이해하게 해봅니다. 지도 그리기, 미로 찾기 등의 활동을 해보고, 디자인, 건축, 조형 활동을 해봅니다.

③ 왼손 중지: 두정엽 - 몸을 자유자재로 움직이는 재능 - 신체운동능력

우뇌의 두정엽은 몸을 움직이고 조절하는 능력으로 전체적인 신체 움직임
과 협응력을 조절합니다. 이 영역이 발달한 아이들은 신체적 활동과 표현에
뛰어납니다. 신체운동능력의 특징은 에너지가 넘치고 항상 움직이며 균형
감각과 신체 협응력이 뛰어납니다. 춤, 스포츠, 체육 활동에 재능이 있습니
다. 신체를 통해 아이디어와 감정을 표현합니다. 움직임을 통해 더 효과적
으로 배웁니다. 앉아서 공부하는 것보다 움직이며 배우는 것을 선호합니다.
　신체운동능력의 계발 방법은 다양한 스포츠, 춤, 요가, 무술 등 신체 표
현 활동 경험을 제공합니다. 야외 활동과 자연에서의 놀이 시간을 확보해
주고 일상에서 활동적인 습관 형성할 수 있도록 해줍니다.

민수는 운동회에서 단연 돋보이는 아이였습니다. 달리기에서는 다른 친구
들보다 훨씬 빠르게 결승선을 통과했고, 평균대 위를 걸을 때도 전혀 흔들
리지 않고 자신감 있게 걸어갔습니다. 체조 시간에는 선생님이 보여주는
동작을 한 번만 봐도 금세 따라할 수 있어서 친구들의 부러움을 샀습니다.
　집에서도 민수는 소파에서 쿠션으로 뛰어내리기를 좋아하고, 음악이 나
오면 온몸으로 리듬을 타며 춤을 춥니다. 아빠와 축구를 할 때는 공을 발로
자유자재로 다루며 정확한 곳으로 킥을 날립니다. 이처럼 민수는 신체운동
능력이 뛰어난 아이입니다.

신체운동능력은 전신의 균형, 민첩성, 자세를 조절하는 능력으로, 이를 키우려면 아이가 마음껏 뛰어놀 수 있는 환경을 제공하고 다양한 신체활동에 참여하게 해주세요.

④ 왼손 약지: 측두엽 - 소리와 리듬을 느끼는 재능 - 음악능력

우뇌의 측두엽은 소리 패턴, 리듬을 느끼고 표현하는 음악적 요소를 처리합니다. 이 영역이 발달한 아이들은 음악적 표현과 이해가 뛰어납니다. 음악능력의 특징은 소리의 차이를 잘 구별하여 음의 높낮이, 리듬, 화음에 대한 감각이 뛰어납니다. 악기 연주에 관심을 보이며 노래 부르기에 재능이 있습니다. 음악을 들으면 쉽게 따라할 수 있으며 몸을 흔들거나 박자를 맞출 수 있습니다. 소리와 음악을 통해 감정을 표현하고 느낍니다.

음악능력의 계발 방법은 다양한 장르의 음악 감상 기회 제공해 주고 악기 연주나 노래 부르기 활동기회를 주며, 리듬 게임이나 음악적 표현 활동의 경험을 연결지어 함께해 봅니다.

예은이는 노래를 한번 들으면 금방 따라 부르고, 리듬감도 뛰어납니다. 집에서도 항상 흥얼거리며 자신만의 멜로디를 만들곤 하죠. 이는 예은이의 음악능력이 발달했음을 보여줍니다.

음악능력은 소리, 리듬, 진동에 민감하고 음악적 패턴을 인식하고 변형

시키는 능력입니다. 단순히 노래를 잘 부르는 것이 아니라 소리의 모든 측면을 다루는 능력이에요. 이 능력을 키우려면 다양한 음악, 특히 고전 음악을 자주 들려주세요. 일상의 경험이나 감정을 음악과 연결시키는 것도 좋습니다. 노래의 음정과 리듬을 생각하며 악보를 보면서 노래 부르기, 리듬 패턴 파악하기 등의 활동도 효과적입니다. 음악능력은 가장 조기에 발달하는 지능이니, 어린 시절부터 풍부한 음악적 경험을 제공해 주세요.

유아 Tip

다양한 음악을 들려주고, 간단한 악기를 접하게 해주세요. 노래 부르기, 리듬 치기 같은 활동을 자주 해보세요.

⑤ 왼손 소지: 후두엽 - 상상력을 구체화하는 재능 - 구상능력

우뇌의 후두엽은 창의적 시각화와 상상력을 담당합니다. 이 영역이 발달한 아이들은 창의적 사고와 시각적 표현이 뛰어납니다. 머릿속으로 그림을 그리고 상상하는 능력이 풍부합니다. 구상능력의 특징은 풍부한 상상력으로 새로운 아이디어를 생성합니다. 추상적 개념을 시각적으로 표현할 수 있습니다. 미래를 상상하고 가능성을 탐색합니다. 창의적 문제 해결 능력이 뛰어납니다. "이렇게 하면 어떨까?"라는 질문을 자주 합니다.

구상능력의 계발 방법은 상상력을 자극하는 창작 활동 해보기와 자연현상과 예술 작품 관찰하기입니다. 시각적 사고와 표현을 위한 다양한 재료 제공해주며 상상 이야기 만들기와 시각화 연습하기를 같이 해봅니다.

현우는 머릿속 생각을 그림으로 잘 표현하고, 없는 것을 상상해서 만들어내는 능력이 뛰어납니다. 이는 현우의 구상능력이 발달했음을 보여줍니다.

구상능력은 마음속에 떠오르는 관념을 구체적으로 형상화하고 표현하는 능력입니다. 변화를 민감하게 알아차리고, 직접적인 정보가 부족해도 시각적 경험을 통해 대상을 재창조할 수 있는 능력이죠.

이 능력을 키우려면 자연 현상을 자주 관찰하게 하고, 환경에 관한 책이나 자료를 접하게 해주세요. 자연을 주제로 한 영상물 시청, 여행이나 박물관 관람을 통해 다양한 경험을 쌓는 것도 도움이 됩니다. 구상능력은 생후 3년과 청소년기에 크게 발달하므로 이 시기에 적절한 자극을 주는 것이 중요합니다.

다양한 미술 활동을 해보고, 상상 이야기를 만들어 보게 하세요. "만약 ~라면 어떨까?"와 같은 질문으로 상상력을 자극해 주세요.

3. 우리 아이의 숨겨진 재능을 발견하고 키우기

모든 아이는 이 10가지 능력을 다양한 조합으로 가지고 있습니다. 어떤 아이는 음악과 언어능력이 뛰어나고, 다른 아이는 공간능력과 신체운동능력이 발달했을 수 있습니다. 중요한 것은 아이의 고유한 능력 프로필을 이해하고 그에 맞는 환경과 자극을 제공하는 것입니다.

아이의 능력은 고정된 것이 아니라 적절한 환경과 자극을 통해 계속 발달할 수 있습니다. 특히 생후 3년은 여러 능력의 기초가 형성되는 중요한 시기이므로, 이 시기에 다양한 경험과 풍부한 자극을 제공하는 것이 중요합니다.

　우리 아이의 손끝에서 깨어나는 다양한 재능을 발견하고 키워주는 일은 부모와 교사에게 주어진 가장 보람찬 과제입니다. 아이마다 다른 빛깔의 재능을 이해하고 존중할 때, 모든 아이는 자신만의 방식으로 빛날 수 있을 것입니다.

1) 전전두엽, 후전두엽, 두정엽, 측두엽, 후두엽 손가락과 연결된 두뇌 기반 능력의 정체

① 손가락과 뇌의 오케스트라 두뇌 영역별 능력의 신비

우리 아이의 작은 손가락이 종이 위를 춤추듯 움직일 때, 뇌 속에서는 엄청난 일들이 일어납니다. 손끝의 섬세한 움직임 하나하나가 복잡한 신경 신호로 변환되어 뇌의 여러 영역을 활성화시키고, 그 과정에서 아이의 재능과 능력이 자라납니다. 우리가 미처 알아채지 못하는 사이, 아이의 손과 뇌는 끊임없이 대화하며 발달의 소중한 기반을 다지고 있었던 것입니다.

② 뇌의 지휘자 전전두엽

전전두엽은 뇌의 가장 앞쪽, 이마 뒤에 위치한 영역으로, 인간을 인간답게 만드는 고차원적 사고를 담당합니다. 이곳은 마치 오케스트라의 지휘자처럼 다른 뇌 영역의 활동을 조율하고 통제합니다. 계획 수립, 의사 결정, 충동 조절, 집중력 유지, 사회적 행동의 조절까지, 전전두엽은 우리 삶의 핵심적인 기능을 관장합니다.

다섯 살 지민이가 레고 블록으로 복잡한 우주선을 만들려고 계획을 세울 때, 그의 손가락은 전전두엽과 깊은 대화를 나누고 있습니다.

"다음 단계는 무엇일까?" 이런 생각들이 전전두엽에서 처리되고, 다시 손가락의 정교한 움직임으로 표현됩니다.

특히 엄지와 검지의 정밀한 움직임은 전전두엽과 특별한 연결을 맺고 있습니다. 핀셋 잡기(pincer grasp)라고 불리는 이 두 손가락의 조작은 인류 진화의 핵심적인 발달 단계였습니다. 아이가 작은 구슬을 집어 올리거나, 실에 바늘을 꿰거나, 정교한 그림을 그릴 때, 이 손가락들은 전전두엽을 자극하여 집중력과 계획 능력, 문제 해결 능력을 발달시킵니다.

전전두엽이 잘 발달한 아이들은 목표 지향적이고 자기 통제력이 뛰어납니다. 복잡한 과제도 단계별로 나누어 체계적으로 접근하고, 즉각적인 만족보다 장기적인 목표를 위해 인내할 줄 압니다. 실패해도 좌절하지 않고 다른 방법을 시도하는 끈기도 보여줍니다. 이런 아이들은 친구들 사이에서도 갈등을 조율하고 협력을 이끌어내는 리더십을 발휘하곤 합니다.

전전두엽을 자극하는 활동으로는 전략 게임(체스, 바둑), 퍼즐 맞추기, 요리 레시피 따라하기, 과학 실험하기, 로봇 프로그래밍 등이 있습니다. 이런 활동들은 계획 수립, 순서 이해, 결과 예측 등의 능력을 길러줍니다.

③ 움직임의 지도 후전두엽

후전두엽(또는 운동 피질)은 전전두엽 뒤쪽에 위치하며, 우리 몸의 자발적인 움직임을 계획하고 실행하는 역할을 담당합니다. 마치 움직임의 지도와 같아서, 신체 각 부위에 대응하는 영역이 뇌의 이 부분에 명확하게 표시되어 있습니다. 흥미롭게도, 손과 특히 손가락을 담당하는 영역이 불균형적으로 넓게 차지하고 있어, 손가락의 중요성을 알 수 있습니다.

일곱 살 윤서가 바이올린 활을 손가락으로 섬세하게 조절하며 멜로디를 연주할 때, 후전두엽은 극도로 활성화됩니다. 각 손가락의 위치, 압력, 타이밍을 정확하게 조절하는 복잡한 명령이 후전두엽에서 생성되어 손가락으로 전달됩니다. 처음에는 어색하고 의식적인 움직임이었지만, 반복적인 연습을 통해 이 신경 경로가 강화되면서 점차 자연스럽고 자동화된 움직임으로 발전합니다.

중지와 약지는 특히 후전두엽과 밀접한 관계가 있습니다. 아이가 공을 던지거나, 점토를 빚거나, 피아노 건반을 누를 때, 이 손가락들의 움직임은 후전두엽을 자극하여 운동 조절 능력과 협응력을 발달시킵니다.

후전두엽이 발달한 아이들은 몸의 움직임이 자연스럽고 조화롭습니다. 춤을 추거나 스포츠를 할 때 탁월한 능력을 보이며, 글씨 쓰기나 그림 그리기와 같은 소근육 활동에서도 정교한 조절력을 발휘합니다. 이런 아이들은 새로운 운동 기술을 빠르게 익히고, 복잡한 동작 순서도 쉽게 기억합니다.

후전두엽을 자극하는 활동으로는 다양한 스포츠, 무용, 악기 연주, 수공예, 타자 연습, 점토 놀이 등이 있습니다. 특히 양손을 동시에 사용하는 활동은 좌우 뇌 반구를 연결하는 뇌량(corpus callosum)을 발달시켜 두뇌의 통합적 기능을 향상시킵니다.

④ 감각의 통합자 두정엽

두정엽은 뇌의 윗부분, 정수리 아래에 위치하며, 다양한 감각 정보를 받아들이고 통합하는 중요한 역할을 담당합니다. 시각, 청각, 촉각, 고유감각(proprioception, 자신의 신체 위치 감각) 등 여러 감각 정보를 종합하여 우리가 공간과 물체, 그리고 자신의 신체를 이해하는 데 도움을 줍니다.

여섯 살 민준이가 눈을 감고 손가락으로 블록의 모양을 더듬어 맞추는 게임을 할 때, 두정엽은 최대한 활성화됩니다. 손끝에서 전달되는 촉각 정보는 두정엽에서 처리되어 "이것은 모서리가 네 개인 네모 블록이구나" 또는 "이것은 표면이 울퉁불퉁한 별 모양이구나"라고 인식하게 합니다. 이 과정에서 민준이는 시각적 이미지 없이도 물체의 특성을 이해하는 능력을 키웁니다.

특히 중지와 약지는 두정엽과 깊은 연결을 맺고 있습니다. 이 손가락들의 섬세한 촉각은 두정엽을 자극하여 공간 지각 능력과 신체 인식 능력을 발달시킵니다. 아이가 퍼즐 조각을 맞추거나 레고 블록을 조립할 때, 이 손가락들은 물체의 크기, 모양, 질감을 파악하여 두정엽에 정보를 전달합니다.

두정엽이 발달한 아이들은 공간 관련 과제에 뛰어난 능력을 보입니다. 지도를 보고 방향을 찾거나, 3D 퍼즐을 맞추거나, 기하학적 문제를 해결하는 데 탁월합니다. 자신의 신체가 공간 속에서 어떻게 위치하는지 정확히 인식하며, 이는 체육 활동이나 무용에서도 유리하게 작용합니다. 또한 촉각을 통해 물체의 특성을 잘 파악하므로, 조각이나 공예와 같은 입체 예술에도 재능을 보일 수 있습니다.

두정엽을 자극하는 활동으로는 눈 가리고 물체 맞추기, 미로 찾기, 종이 접기, 오리가미, 입체 퍼즐, 블록 쌓기, 점자 읽기 연습 등이 있습니다. 이런 활동들은 공간 지각력과 촉각을 통한 정보 처리 능력을 향상시킵니다.

⑤ 소리와 언어의 처리자 측두엽

측두엽은 뇌의 양쪽 귀 근처에 위치하며, 청각 정보를 처리하고 언어를 이해하는 중요한 역할을 담당합니다. 소리의 패턴과 의미를 해석하고, 단어와 문장을 이해하며, 기억과 감정에도 관여합니다.

네 살 수아가 그림책을 보며 손가락으로 글자를 따라가면서 엄마가 읽어주는 이야기를 듣고 있을 때, 그녀의 측두엽은 활발하게 작동합니다. 글자를 따라가는 손가락의 움직임은 시각 정보와 청각 정보(엄마의 목소리)를 연결하는 데 도움을 주며, 이 과정에서 측두엽의 언어 처리 영역이 활성화됩니다. 반복된 경험을 통해, 수아는 글자와 소리, 그리고 의미 사이의 연결을 강화시키고 있습니다.

약지와 소지는 측두엽과 특별한 연결을 맺고 있습니다. 아이가 피아노의 높은 음을 연주하거나, 종이를 넘기며 책을 읽거나, 스마트폰으로 타자를 칠 때, 이 손가락들의 움직임은 측두엽을 자극하여 청각적 패턴 인식과 언어 처리 능력을 발달시킵니다.

측두엽이 발달한 아이들은 음악적 감각이 뛰어나고 언어 능력이 탁월합니다. 노래의 멜로디와 리듬을 쉽게 기억하고, 복잡한 언어 패턴을 빠르게 습득합니다. 다양한 소리를 구별하는 능력이 뛰어나 외국어 학습에도 재능을 보이며, 이야기를 만들거나 자신의 생각을 말과 글로 표현하는 데 능숙합니다. 또한 다른 사람의 말에 담긴 감정적 뉘앙스를 잘 파악하여 공감 능력도 뛰어난 경우가 많습니다.

측두엽을 자극하는 활동으로는 음악 감상과 연주, 동화 읽기와 들려주기, 운율이 있는 동요나 동시 배우기, 외국어 학습, 소리 맞히기 게임 등이 있습니다. 특히 리듬과 멜로디가 있는 활동은 언어 발달과 청각적 패턴 인식 능력을 향상시킵니다.

⑥ 시각의 마법사 후두엽

후두엽은 뇌의 가장 뒤쪽에 위치하며, 시각 정보를 처리하는 핵심 영역입니다. 눈에서 받아들인 빛의 패턴을 의미 있는 이미지로 변환하고, 색상, 형태, 움직임, 깊이 등 시각적 특성을 분석합니다.

여덟 살 지훈이가 색연필로 상상 속 우주 풍경을 그릴 때, 그의 후두엽은 창의적인 시각 이미지를 생성하고 구현하는 데 중요한 역할을 합니다. 손가락으로 색연필을 조절하며 선과 면, 색상과 음영을 표현할 때, 후두엽은 이 시각적 요소들이 어떻게 전체 이미지에 기여하는지 끊임없이 평가하고 조정합니다. 이 과정은 시각적 피드백의 지속적인 순환을 통해 이루어집니다.

특히 소지는 후두엽과 특별한 연결을 맺고 있습니다. 가장 작은 이 손가락이 정교한 선을 그리거나 미세한 색상 차이를 표현할 때, 후두엽의 시각 처리 영역이 활성화됩니다. 예술가들이 종종 소지를 특별한 방식으로 사용하는 것은 우연이 아닐지도 모릅니다.

후두엽이 발달한 아이들은 시각적 세부 사항을 놓치지 않고 관찰하며, 풍부한 시각적 기억력을 가지고 있습니다. 복잡한 그림을 그리거나 시각적 패턴을 디자인하는 데 탁월한 능력을 보이고, 다른 사람이 놓치는 색감과 디테일을 포착합니다. 이런 아이들은 미술, 디자인, 건축, 영상 제작 등 시각적 창의성이 요구되는 분야에서 두각을 나타낼 가능성이 높습니다. 또한 마인드맵이나 시각적 다이어그램을 통해 정보를 조직하고 이해하는 데도 강점을 보입니다.

후두엽을 자극하는 활동으로는 드로잉과 페인팅, 사진 찍기, 시각적 패턴 찾기 게임, 미술관 방문, 자연 관찰 스케치, 색상 분류하기 등이 있습니다. 이런 활동들은 시각적 인식 능력과 창의적 표현력을 향상시킵니다.

⑦ 뇌의 통합 네트워크 변연계와 소뇌

뇌의 주요 피질 영역 외에도, 변연계와 소뇌는 손가락과 연결된 능력 발달에 중요한 역할을 합니다.

변연계는 뇌의 깊은 곳에 위치한 구조물로, 감정과 기억을 처리하는 중추입니다. 아이가 손으로 좋아하는 인형을 만지거나, 따뜻한 모래를 만질 때 느끼는 즐거움은 변연계에서 처리됩니다. 이런 긍정적 감정 경험은 학습 동기를 부여하고 새로운 신경 연결을 강화합니다. 손가락을 통한 촉각적 경험이 풍부한 아이들은 감정 조절과 공감 능력도 더 발달할 가능성이 높습니다.

소뇌는 뇌의 뒤쪽 아래에 위치하며, 움직임의 조화와 균형, 그리고 운동 기술의 학습을 담당합니다. 아이가 처음에 서툴게 시작한 피아노 연주나 글씨 쓰기가 연습을 통해 부드럽고 자동화된 움직임으로 발전하는 과정에서 소뇌가 핵심 역할을 합니다. 소뇌는 또한 인지적 기능에도 관여하여, 언어 처리나 문제 해결과 같은 고차원적 사고에도 영향을 미칩니다.

⑧ 손가락과 뇌의 춤 통합된 발달을 위한 방법

우리 아이의 뇌는 각 영역이 독립적으로 작동하는 것이 아니라, 복잡한 신경 네트워크를 통해 서로 긴밀하게 연결되어 협력합니다. 손가락의 움직임 하나하나가 여러 뇌 영역을 동시에 자극하고, 이는 통합된 능력 발달로 이어집니다.

예를 들어, 아이가 악기를 연주할 때는 후전두엽(움직임 조절), 두정엽(공간 인식), 측두엽(소리 처리), 전전두엽(집중과 계획), 소뇌(타이밍과 조화) 등이 동시에 작동합니다. 이런 통합적 활동은 뇌의 여러 영역을 연결하는 신경 경로를 강화하고, 이는 다른 복잡한 기술 습득에도 도움이 됩니다.

아이의 손끝과 뇌의 연결을 강화하기 위해서는 다양한 감각 경험을 제공하는 것이 중요합니다. 디지털 화면보다는 실제 물체를 만지고 조작하는 경험이 뇌의 발달에 더 효과적입니다. 다음과 같은 활동들이 특히 도움이 됩니다.

다감각 놀이	점토, 모래, 물, 곡물 등 다양한 재질의 물체를 만지고 탐색하는 활동은 촉각적 감각을 발달시키고 두정엽을 자극합니다.
손 협응력 활동	구슬 꿰기, 단추 채우기, 가위질, 젓가락 사용하기 등은 손가락의 정교한 조절력을 길러주고 후전두엽을 발달시킵니다.
음악과 리듬 활동	악기 연주, 박수 치기, 손가락 놀이, 노래 등은 측두엽과 후전두엽의 연결을 강화합니다.
창작 활동	그림 그리기, 종이접기, 공예, 조각 등은 시각적 창의성과 손 기술을 발달시키고 후두엽과 전전두엽을 자극합니다.
자연 탐색	야외에서 나뭇잎, 돌, 꽃 등을 만지고 관찰하는 것은 촉각과 시각을 통합하여 두정엽과 후두엽을 발달시킵니다.
요리 활동	재료를 씻고, 섞고, 반죽하는 과정은 다양한 감각을 자극하고 순서 이해와 인과관계 학습에 도움이 됩니다.

이런 활동들은 단순히 손재주를 키우는 것을 넘어, 아이의 뇌 발달과 학습 능력의 토대를 형성합니다. 특히 생후 초기 몇 년은 뇌의 가소성(plasticity)이 가장 높은 시기로, 이때의 풍부한 감각 경험은 평생의 학습 잠재력에 영향을 미칩니다.

⑨ 디지털 시대의 손 감각 되찾기

현대 사회에서 아이들은 점점 더 많은 시간을 스마트폰이나 태블릿 같은 디지털 기기에 노출되고 있습니다. 터치스크린을 쓸어넘기는 단순한 동작은 손가락의 정교한 움직임과 뇌의 다양한 영역을 자극하는 전통적인 놀이에 비해 제한된 신경 자극만을 제공합니다.

디지털 기기의 과도한 사용은 아이의 손 감각 발달에 부정적 영향을 미칠 수 있습니다. 연구에 따르면, 손으로 직접 글씨를 쓰는 것이 키보드로 타이핑하는 것보다 읽기와 쓰기 능력 발달에 더 효과적이라고 합니다. 손으로 글씨를 쓸 때는 각 글자의 형태를 몸으로 기억하게 되고, 이는 문자 인식과 읽기 능력에 도움이 됩니다.

물론 디지털 기술 자체가 나쁜 것은 아닙니다. 중요한 것은 균형입니다. 디지털 경험과 함께, 풍부한 손 감각 활동을 제공하는 것이 중요합니다. 아이가 스마트폰을 사용하는 시간만큼, 최소한 손으로 무언가를 만들고 탐색하는 시간을 확보해 주세요.

⑩ 우리 아이의 뇌를 키우는 일상의 마법

평범한 일상에서도 아이의 뇌를 자극하는 활동은 무궁무진합니다. 이런 활동들은 특별한 교구나 비용 없이도 집에서 쉽게 실천할 수 있습니다.

함께 요리하기	재료를 씻고, 계량하고, 반죽하는 과정은 손가락의 정교한 움직임을 통해 전전두엽(계획), 후전두엽(움직임), 두정엽(촉각)을 두루 자극합니다. 특히 쿠키 반죽을 밀거나 모양을 내는 활동은 손 근육의 발달에도 도움이 됩니다.
정원 가꾸기	흙을 만지고, 씨앗을 심고, 물을 주는 활동은 촉각적 경험과 함께 인내와 관찰력을 길러줍니다. 식물의 성장을 지켜보는 과정에서 시간의 개념과 인과관계 이해력도 발달합니다.
종이접기	간단한 종이학부터 복잡한 모듈러 오리가미까지, 종이접기는 공간 지각력, 순서 이해력, 소근육 조절력을 키워줍니다. 완성된 작품에서 느끼는 성취감은 자신감 형성에도 도움이 됩니다.

보드게임	카드를 섞고, 말을 움직이고, 주사위를 굴리는 간단한 동작들도 손과 뇌의 연결을 강화합니다. 게임의 규칙을 이해하고 전략을 세우는 과정은 전전두엽 발달에 도움이 됩니다.
손가락 놀이 노래	'엄지손가락', '두 손 들고' 같은 손가락 놀이 노래는 리듬감과 함께 손가락 인식 능력(finger gnosis)을 발달시킵니다. 이 능력은 수학적 능력과도 밀접한 관련이 있다고 알려져 있습니다.
실내 자유놀이	블록, 퍼즐, 구슬, 끈 등 간단한 재료로도 무한한 창의적 놀이가 가능합니다. 아이가 자신만의 방식으로 재료를 탐색하고 조작하도록 자유를 주되, 때로는 함께 참여하여 새로운 아이디어를 제안해 보세요.

중요한 것은 이런 활동들이 '과제'나 '훈련'이 아닌 즐거운 경험이 되어야 한다는 점입니다. 아이가 즐겁게 참여할 때 뇌는 더 활발하게 연결망을 형성하고, 학습 효과도 극대화됩니다.

2) 나이별 손과 뇌의 발달 이정표

아이의 나이에 따라 손과 뇌의 발달은 다양한 이정표를 거칩니다. 각 단계에 적합한 활동을 제공하면 발달을 효과적으로 지원할 수 있습니다.

① 영아기(0-1세)

이 시기는 손 감각의 기초가 형성되는 때입니다. 아기는 손을 입으로 가져가거나, 물체를 쥐고 흔들거나, 손가락으로 물체를 가리키기 시작합니다. 다양한 질감의 천이나 안전한 장난감을 제공하고, 간단한 손가락 놀이를 함께 해보세요.

② 유아기(1-3세)

소근육 조절력이 발달하면서 블록 쌓기, 큰 구슬 끼우기, 단추 누르기 등이 가능해집니다. 점토 놀이, 큰 크레용으로 그림 그리기, 간단한 악기 연주 등을 통해 손가락 협응력을 길러주세요.

③ 학령전기(3-6세)

손과 눈의 협응력이 발달하여 가위질, 단추 채우기, 지퍼 올리기, 신발끈 묶기 등 더 복잡한 동작이 가능해집니다. 이 시기에는 세밀한 그림 그리기, 종이접기, 구슬 꿰기, 퍼즐 맞추기, 간단한 악기 연주 등을 통해 소근육 조절력을 더욱 향상시킬 수 있습니다. 특히 글자와 숫자를 쓰기 시작하는 시기로, 손가락 움직임의 정교함은 학습 준비도와 직결됩니다.

④ 초등학교 저학년(6-9세)

손가락의 독립적인 움직임이 더욱 정교해지면서 키보드 사용, 악기 연주, 공예 활동 등이 더 능숙해집니다. 이 시기에는 손으로 글씨 쓰기, 노트 필기, 그림 그리기, 수공예, 요리 도우기 등의 활동이 효과적입니다. 시각-운동 협응력과 손가락 근력이 학업 성취와 밀접한 관련을 맺기 시작합니다.

⑤ 초등학교 고학년(9-12세)

손과 뇌의 연결이 더욱 세련되어 복잡한 손동작이 자동화됩니다. 타이핑, 악기 연주, 스포츠 기술 등이 빠르게 발전하는 시기입니다. 이 시기에는 더 세밀한 공예(뜨개질, 자수, 모형 만들기), 더 복잡한 요리 활동, 목공예, 3D 모델링 등의 활동이 도움이 됩니다. 손으로 하는 활동을 통해 문제 해결 능력과 창의적 사고력도 함께 발달합니다.

⑥ 청소년기(12-18세)

손재주가 성인 수준에 이르고, 뇌의 전전두엽이 급속도로 발달하는 시기입니다. 추상적 사고력, 계획 능력, 자기 조절 능력이 향상되면서 더 복잡한 프로젝트를 수행할 수 있게 됩니다. 이 시기에는 전문적인 기술(프로그래밍, 디자인, 정밀 공예, 고급 악기 연주)을 습득하기에 좋으며, 손으로 하는 활동은 학업 스트레스 해소와 정서적 안정에도 도움이 됩니다.

3) 특별한 요구를 가진 아이들을 위한 손-뇌 연결 활동

모든 아이는 발달 속도와 강점이 다릅니다. 특히 발달 지연이나 학습 장애, 감각 처리 문제 등의 특별한 요구를 가진 아이들에게 손을 통한 감각 활동은 더욱 중요할 수 있습니다.

① 감각 처리 장애

촉각에 과민하거나 둔감한 아이들은 점진적으로 다양한 촉감에 노출시키는 감각 통합 활동이 도움이 됩니다. 예를 들어, 처음에는 아이가 편안하게 느끼는 촉감(부드러운 천, 따뜻한 물 등)으로 시작해 점차 다양한 질감(모래, 면봉, 점토 등)을 소개하는 방식입니다.

② ADHD

주의력 문제가 있는 아이들은 손으로 무언가를 만지작거리는 것이 집중력 향상에 도움이 될 수 있습니다. 스트레스 볼, 탱탱볼, 손장난감(fidget toy)

등은 촉각적 자극을 제공하여 과도한 움직임을 줄이고 집중을 도울 수 있습니다. 또한 명확한 시작과 끝이 있는 구조화된 손 활동(요리 레시피 따라하기, 단계별 공예 프로젝트)이 효과적입니다.

③ 발달 지연

손 기능 발달이 지연된 아이들에게는 일상 활동을 통한 자연스러운 훈련이 효과적입니다. 빨래집게 사용하기, 물건 분류하기, 반죽 주무르기 등의 활동은 손 근력과 조절력을 향상시킵니다. 중요한 것은 아이의 현재 발달 단계에 맞는 활동을 제공하고, 작은 진전에도 충분히 격려하는 것입니다.

④ 학습 장애

읽기나 쓰기에 어려움을 겪는 아이들에게 다감각적 접근이 효과적일 수 있습니다. 예를 들어, 모래 위에 글자 쓰기, 점토로 단어 만들기, 손가락으로 공중에 글자 그리기 등은 촉각적 피드백을 통해 학습을 강화합니다. 이런 활동들은 뇌의 여러 영역을 동시에 자극하여 새로운 학습 경로를 형성하는 데 도움이 됩니다.

4) 테크놀로지와 손-뇌 발달의 균형 찾기

디지털 시대에 아이들의 손-뇌 발달을 지원하는 것은 특별한 도전입니다. 스마트폰, 태블릿, 컴퓨터는 현대 생활의 필수 도구가 되었지만, 이런 기기들의 사용은 전통적인 손 활동과는 다른 방식으로 뇌를 자극합니다.

연구에 따르면, 손으로 직접 글씨를 쓰는 것이 키보드로 타이핑하는 것보다 글자 인식과 읽기 능력 발달에 더 효과적입니다. 손글씨를 쓸 때는 각 글자의 모양을 손으로 직접 형성하면서 뇌의 운동 영역과 시각 영역이 강하게 연결됩니다. 이 연결은 글자를 더 쉽게 인식하고 기억하는 데 도움이 됩니다.

균형 잡힌 접근법이 중요합니다. 디지털 기기의 적절한 사용을 완전히 배제하기보다는, 풍부한 손 감각 활동과 함께 제한된 시간 동안의 질 높은 디지털 경험을 제공하는 것이 좋습니다. 다음과 같은 방법이 도움이 될 수 있습니다.

스크린 시간 관리	아이의 나이에 맞는 적절한 스크린 시간 가이드라인을 따르고, 디지털 기기 사용 전후에 적극적인 신체 활동이나 손 감각 활동을 계획해 보세요.
창의적 디지털 활동 장려	수동적으로 콘텐츠를 소비하는 것보다 디지털 그림 그리기, 음악 작곡, 간단한 코딩 등 창의적인 디지털 활동을 장려하세요.
아날로그와 디지털의 병행	예를 들어, 아이가 디지털 이야기책을 읽은 후 관련된 그림을 손으로 그리거나, 디지털 게임에서 영감을 받아 실제 레고로 비슷한 구조물을 만들어보는 등의 활동을 해보세요.
가족 활동으로 손 작업 즐기기	스크린 없는 가족 시간을 정기적으로 마련하여 함께 요리하거나, 정원을 가꾸거나, 보드게임을 하거나, 공예 프로젝트를 진행해 보세요.

5) 손끝에서 미래로 우리 아이의 무한한 가능성

우리 아이의 작은 손가락이 퍼즐 조각을 맞추고, 그림을 그리고, 악기를 연주할 때마다, 뇌 속에서는 놀라운 신경망이 형성되고 있습니다. 이 보이지 않는 연결은 아이의 현재 발달뿐만 아니라 미래의 가능성에도 영향을 미칩니다.

손을 통한 다양한 경험은 단순히 근육 발달이나 기술 습득을 넘어, 문제 해결 능력, 창의적 사고, 인내심, 자신감 등 평생 필요한 역량의 토대를 형성합니다. 특히 빠르게 변화하는 미래 사회에서 창의성, 적응력, 협업 능력은 더욱 중요해질 것이며, 이러한 능력들은 풍부한 손 감각 경험을 통해 자연스럽게 발달합니다.

부모와 교사로서 우리의 역할은 아이들에게 다양한 손 활동의 기회를 제공하고, 그 과정에서 호기심과 창의성을 북돋아주는 것입니다. 때로는 아이가 실수하거나 엉망진창이 되더라도, 그 경험 자체가 중요한 학습의 기회라는 것을 기억해야 합니다.

우리 아이의 손끝에서 깨어나는 뇌의 10가지 재능은 미래를 향한 무한한 가능성의 씨앗입니다. 이 씨앗이 풍성하게 자랄 수 있도록 적절한 토양과 영양분을 제공하는 것이 우리의 소중한 임무입니다. 아이의 손을 잡고 함께 탐험하고 발견하는 여정을 통해, 우리도 세상을 바라보는 새로운 시각을 얻게 될 것입니다.

손끝에서 시작되는 신경 신호는 뇌의 광활한 영역을 가로지르며 복잡한 능력의 네트워크를 구축합니다. 오늘 우리 아이의 손에 쥐어준 크레용, 점토, 퍼즐 조각, 악기가 내일의 창의적인 문제 해결자, 혁신가, 예술가, 과학자로 성장하는 첫 단계가 될 수 있습니다. 이 놀라운 여정에 함께 할 수 있음에 감사하며, 아이와 함께 손끝에서 펼쳐지는 무한한 가능성의 세계를 탐험해 보세요.

4. 내 아이만의 잠재력을 발견하는
   다중재능 탐험 가이드

보석상자를 여는 열쇠

우리 아이들은 저마다 특별한 재능이 담긴 보석상자를 품고 태어납니다. 어떤 아이는 이야기를 들려주는 데 탁월하고, 어떤 아이는 복잡한 퍼즐을 놀라운 속도로 해결하며, 또 어떤 아이는 음악을 들으면 자연스럽게 몸을 움직입니다.

이런 다양한 재능들은 우연히 생겨난 것이 아니라, 아이들이 타고난 다중 능력의 표현입니다. 하지만 많은 부모님들이 이런 보석상자의 존재는 알지만 어떻게 열어야 할지 막막해하십니다. "우리 아이의 숨겨진 재능은 무엇일까?", "어떻게 하면 그 재능을 발견하고 키워줄 수 있을까?" 이런 고민은 모든 부모님의 마음속에 자리합니다.

이 가이드는 그런 보석상자를 여는 열쇠입니다. 아이들의 다양한 잠재력을 발견하고 키워주는 실질적인 방법을 담았습니다. 복잡한 이론보다는 일상에서 쉽게 실천할 수 있는 활동과 관찰 포인트를 중심으로, 여러분과 아이가 함께 즐기는 재능 탐험의 여정을 안내할 것입니다.

1) 말의 마법사 언어능력 탐험하기

우리 아이가 언어능력이 뛰어날 때 보이는 신호

이야기를 듣거나 책을 읽는 것을 특별히 좋아합니다.
또래보다 어휘력이 풍부하고 복잡한 문장 구조를 사용합니다.

자신의 생각과 감정을 말로 명확하게 표현하는 편입니다.
단어 놀이나 말장난을 즐기고 재미있는 이야기를 만들어냅니다.
외국어의 발음이나 단어에 관심을 보입니다.

언어능력 탐험 활동

이야기 릴레이	가족이 둘러앉아 한 사람이 이야기를 시작하면 다음 사람이 이어가는 방식으로 창의적인 이야기를 만들어 보세요. "옛날 옛적에 호기심 많은 토끼가 살았어요."라고 시작해서 아이가 이어가도록 합니다.
단어 보물찾기	산책을 하면서 특정 글자로 시작하는 것들을 찾아보세요. "오늘은 'ㄱ'으로 시작하는 것을 찾아볼까? 저기 가로등이 보이네!"
소리 내어 읽어주기	매일 밤 아이에게 책을 읽어주는 것은 언어 발달의 황금열쇠입니다. 읽으면서 간간이 질문을 던져보세요. "주인공이 왜 그렇게 했을까?", "다음에 어떤 일이 일어날 것 같아?"
나만의 책 만들기	빈 노트나 스테이플러로 묶은 종이에 아이가 이야기를 쓰고 그림을 그려 나만의 책을 만들게 해보세요. 완성된 책은 가족 앞에서 발표하는 시간을 가져도 좋습니다.

부모님을 위한 팁

언어능력은 초기 아동기에 폭발적으로 발달하며 노년기까지 유지됩니다.
아이와 풍부한 대화를 나누고, 질문에 인내심을 갖고 답해주세요.
공감과 경청의 태도는 아이의 언어 표현을 격려하는 가장 좋은 방법입니다.

2) 숫자의 탐험가 논리-수학 능력 발견하기

우리 아이가 논리-수학 능력이 뛰어날 때 보이는 신호

숫자, 패턴, 규칙에 민감하게 반응합니다.

분류하고 순서 짓는 활동을 즐깁니다.

"왜?"라는 질문을 자주 하고 인과관계에 관심이 많습니다.

퍼즐이나 전략 게임을 능숙하게 풀어냅니다.

복잡한 문제를 단계별로 체계적으로 접근합니다.

논리-수학 능력 탐험 활동

패턴 놀이	레고 블록, 구슬, 단추 등으로 패턴을 만들고 아이에게 이어서 만들게 해보세요. "빨강, 파랑, 빨강, 파랑… 다음은 뭐가 올까?"
요리 수학	요리할 때 아이를 참여시켜 계량컵과 계량스푼으로 재료를 측정해 보세요. "이 쿠키 레시피를 두 배로 만들려면 설탕은 얼마나 필요할까?"
자연 속 수학	산책하면서 자연에서 발견되는 수학적 패턴을 찾아보세요. 해바라기의 나선형, 나뭇잎의 대칭, 솔방울의 피보나치 수열 등을 함께 관찰해 보세요.
생활 속 논리 게임	"만약 ~라면 어떻게 될까?" 게임을 해보세요. "만약 비가 위로 내린다면 어떻게 될까?", "만약 우리가 생각만으로 날 수 있다면 세상은 어떻게 변할까?"

부모님을 위한 팁

논리-수학 능력은 단순히 암산을 잘하는 것이 아닙니다.
문제를 체계적으로 분석하고, 패턴을 발견하며, 추론하는 능력입니다.
정답보다는 과정에 집중하고, 아이가 스스로 해결책을 찾도록 인내심을 갖고 기다려주세요.

3) 공간의 마술사: 시각-공간 능력 키우기

우리 아이가 시각-공간 능력이 뛰어날 때 보이는 신호

그림 그리기, 색칠하기, 만들기를 좋아합니다.

길 찾기를 잘하고 방향 감각이 뛰어납니다.

복잡한 퍼즐이나 레고 조립을 즐깁니다.

사물을 다양한 각도에서 상상하고 표현할 수 있습니다.

시각적 세부사항을 놓치지 않고 기억합니다.

시각-공간 능력 탐험 활동

마인드 스케치	아이에게 눈을 감고 좋아하는 장소나 물건을 상상한 후, 그것을 그림으로 표현하게 하세요. "네가 가장 좋아하는 놀이터를 마음속으로 그려볼까? 어떤 것들이 보이니?"
3D 건축가 놀이	다양한 재료(상자, 휴지 심, 종이컵 등)로 건물이나 도시를 만들어 보세요. 먼저 간단한 설계도를 그려보고 그것을 입체로 구현하는 과정을 경험하게 해보세요.
보물 지도 만들기	집이나 공원의 지도를 그리고, 보물을 숨긴 후 X 표시를 해서 아이가 찾아보게 하세요. 나중에는 역할을 바꿔 아이가 지도를 만들게 해보세요.
그림자 놀이	손전등으로 벽에 다양한 사물의 그림자를 만들어보세요. 사물을 회전시키거나 거리를 조절하면서 그림자가 어떻게 변하는지 관찰하게 합니다.

부모님을 위한 팁

시각-공간 능력은 초기 아동기의 위상학적 사고에서 시작해 9-10살 경에 유클리드식 사고방식으로 발전합니다. 아이가 그린 그림이 '예쁘지 않더라도' 과정을 칭찬하고, 다양한 미술 재료와 도구를 접할 수 있게 해주세요.

4) 몸으로 표현하는 지혜 신체-운동 능력 일깨우기

우리 아이가 신체-운동 능력이 뛰어날 때 보이는 신호

오랫동안 가만히 앉아있기 어려워합니다.

달리기, 뛰기, 균형 잡기 등 신체 활동을 즐깁니다.

손으로 만들고 조작하는 활동에 능숙합니다.

새로운 신체 기술을 빠르게 습득합니다.

몸짓이나 표정으로 감정을 생생하게 표현합니다.

신체-운동 능력 탐험 활동

몸으로 말해요	단어나 문장을 몸짓으로만 표현하고 맞추는 게임을 해보세요. '기쁨', '우주비행사', '배고픈 곰' 등 다양한 개념을 몸으로 표현하게 합니다.
감각 경로 만들기	집 안이나 마당에 다양한 질감의 경로(부드러운 천, 돌멩이, 모래, 잔디 등)를 만들고 맨발로 걸어보게 하세요. 눈을 감고 감각만으로 경로를 구분해보는 활동도 좋습니다.
리듬 타기	음악에 맞춰 춤을 추거나, 간단한 타악기(마라카스, 탬버린, 북 등)로 리듬을 따라 해보세요. 점점 복잡한 박자 패턴으로 도전해 볼 수 있습니다.
손가락 체조	엄지와 각 손가락을 차례로 맞대는 동작을 빠르게 반복하거나, 양손으로 다른 동작을 동시에 하는 등의 소근육 훈련을 해보세요.

부모님을 위한 팁

신체-운동 능력은 단순히 스포츠를 잘하는 것이 아니라, 생각과 감정을 몸으로 표현하고 손과 몸을 정교하게 조절하는 능력입니다. 아이의 활동량이 많다고 산만하다고 판단하기보다, 그 에너지를 창의적으로 발산할 수 있는 기회를 제공해 주세요.

5) 소리의 탐험가: 음악 능력 발견하기

우리 아이가 음악 능력이 뛰어날 때 보이는 신호

노래를 쉽게 따라 부르고 멜로디를 잘 기억합니다.

리듬감이 좋고 박자를 정확히 맞춥니다.

소리의 차이(높낮이, 강약, 음색)를 민감하게 구별합니다.

악기에 관심을 보이고 소리 실험을 즐깁니다.

음악을 들으면 자연스럽게 몸을 움직이거나 감정적으로 반응합니다.

음악 능력 탐험 활동

소리 보물찾기	집 안이나 밖에서 들을 수 있는 다양한 소리에 귀 기울여 보세요. "바람 소리, 냉장고 소리, 새 지저귀는 소리… 또 어떤 소리가 들리니?"
주방 오케스트라	냄비, 플라스틱 통, 숟가락 등 주방 도구로 간이 악기를 만들어 연주해 보세요. 크기가 다른 그릇에 물을 다양한 높이로 채워 '물 실로폰'을 만들어볼 수도 있습니다.
감정 음악	다양한 감정(기쁨, 슬픔, 두려움, 흥분 등)을 표현하는 음악을 들려주고 어떤 감정이 느껴지는지 이야기해 보세요. 그 감정을 그림이나 춤으로 표현해보는 것도 좋습니다.
노래 만들기	일상적인 활동(양치하기, 장난감 정리하기 등)에 간단한 멜로디를 붙여 노래를 만들어 보세요. 아이가 직접 가사나 멜로디를 제안하도록 격려해 주세요.

부모님을 위한 팁

음악 능력은 가장 조기에 발달하는 능력 중 하나입니다. 아이가 음악적 재능을 보인다고 해서 반드시 전문 음악가가 되어야 하는 것은 아닙니다. 음악은 정서 발달, 수학적 사고, 언어 학습 등 다양한 영역의 발달을 촉진합니다. 다양한 장르의 음악을 경험하게 해주시고, 음악을 즐기는 태도를 길러주세요.

우리 아이가 자기이해 능력이 뛰어날 때 보이는 신호

자신의 감정을 잘 인식하고 표현합니다.

자신의 강점과 약점을 객관적으로 인식합니다.

혼자서 조용히 생각하거나 활동하는 시간을 즐깁니다.

자신만의 목표를 세우고 추진합니다.

어려운 상황에서도 자신만의 해결책을 찾습니다.

자기이해 능력 탐험 활동

감정 일기	아이가 매일 자신의 감정을 글이나 그림으로 표현하는 일기를 쓰게 해보세요. "오늘 어떤 일이 가장 즐거웠니?", "무엇 때문에 화가 났니?" 등의 질문으로 시작할 수 있습니다.
나의 특별한 점	큰 종이에 아이의 실루엣을 그리고, 그 안에 자신의 특별한 점, 좋아하는 것, 잘하는 것 등을 글이나 그림으로 채워보게 하세요.
성장 앨범	아이의 성장과 변화를 기록하는 앨범을 함께 만들어 보세요. 키, 취향, 꿈 등이 어떻게 변했는지 정기적으로 기록하고 돌아보는 시간을 가져보세요.
조용한 시간	매일 10-15분 정도 아이가 혼자서 생각하거나 자유롭게 활동할 수 있는 '조용한 시간'을 만들어 주세요. 명상, 독서, 그림 그리기 등 침묵 속에서 자신을 들여다볼 수 있는 기회를 제공합니다.

부모님을 위한 팁

자기이해 능력은 생후 3년 동안 자아와 타인 사이의 경계를 형성하면서 발달하기 시작합니다. 아이의 의견과 감정을 존중하고, 자율성을 키워주는 태도가 중요합니다. 실수를 해도 비난하기보다는 그것을 통해 배울 수 있도록 도와주세요.

7) 함께 성장하는 지혜 대인관계 능력 발견하기

우리 아이가 대인관계 능력이 뛰어날 때 보이는 신호

다른 사람의 감정에 민감하게 반응합니다.

갈등 상황에서 중재 역할을 합니다.

협동 활동을 즐기고 팀워크를 잘 발휘합니다.

새로운 친구를 쉽게 사귑니다.

다른 사람의 관점을 이해하려고 노력합니다.

대인관계 능력 탐험 활동

감정 카드 게임	다양한 감정을 표현한 얼굴 그림 카드를 만들어 맞추는 게임을 해보세요. "이 사람은 어떤 기분일까?", "네가 이런 기분일 때는 어떻게 하니?" 등의 대화로 발전시킬 수 있습니다.
협동 예술	큰 종이에 가족이나 친구들과 함께 그림을 그려보세요. 각자 돌아가면서 한 가지씩 추가하며 하나의 작품을 완성합니다. 서로의 아이디어를 존중하고 조화롭게 통합하는 과정을 경험하게 됩니다.
역할 바꾸기 놀이	일상적인 상황(식당에서 주문하기, 친구와 장난감 나누기 등)에서 역할을 바꿔 연기해 보세요. 다른 사람의 입장이 되어보는 경험은 공감 능력을 키워줍니다.
친절 도전	매일 한 가지씩 친절한 행동을 실천해보는 도전을 제안해 보세요. 친구에게 칭찬하기, 동생 도와주기, 이웃에게 그림 선물하기 등의 작은 행동으로 시작할 수 있습니다.

부모님을 위한 팁

대인관계 능력은 생후 3년 동안의 안정적인 애착 관계가 토대가 됩니다. 부모가 먼저 경청하고 공감하는 모델이 되어주세요. 아이의 공감 능력과 사회성은 하루아침에 길러지는 것이 아니라, 일상에서의 작은 상호작용을 통해 천천히 발달합니다.

우리 아이가 자연친화 능력이 뛰어날 때 보이는 신호

동식물과 자연 현상에 큰 관심을 보입니다.

작은 변화나 패턴을 잘 발견합니다.

야외 활동을 특별히 좋아합니다.

식물 키우기나 동물 돌보기에 책임감을 보입니다.

환경 문제에 관심이 많고 보존에 대한 의식이 높습니다.

자연친화 능력 탐험 활동

자연 일기	정기적으로 같은 장소(나무, 공원의 한 구석, 작은 연못 등)를 방문해 변화를 관찰하고 기록해 보세요. 계절에 따라 달라지는 모습, 발견한 생물, 날씨의 영향 등을 그림이나 글로 남깁니다.
작은 정원 가꾸기	화분이나 작은 텃밭에서 식물을 기르며 성장 과정을 관찰하게 해보세요. 씨앗부터 수확까지의 여정은 인내심과 책임감, 그리고 자연의 경이로움을 가르쳐줍니다.
자연물 아트	나뭇잎, 돌, 나뭇가지, 꽃잎 등 자연에서 찾은 재료로 예술 작품을 만들어 보세요. 만다라 패턴, 얼굴 표정, 동물 모양 등 창의적인 구성을 시도해 볼 수 있습니다.
생태계 놀이	다양한 생태계(숲, 바다, 사막 등)와 그곳에 사는 생물들의 관계를 게임으로 배워보세요. 예를 들어, 각자 다른 동물이나 식물 역할을 맡아 먹이 사슬 놀이를 할 수 있습니다.

부모님을 위한 팁

자연친화 능력은 6세 이후에 자연을 자주 체험하면 더욱 발달한다고 합니다.
도시에 살더라도 공원, 식물원, 동물원 방문 등을 통해 자연과의 연결을 유지해 주세요. 무엇보다 자연에 대한 경이로움과 존중심을 함께 나누는 것이 중요합니다.

9) 마음속 그림 그리기. 시각적 상상력 발달시키기

우리 아이가 시각적 상상력이 뛰어날 때 보이는 신호

생생한 상상 속 세계나 이야기를 만들어냅니다.

보지 않은 것도 마음속에서 그려볼 수 있습니다.

추상적인 개념을 시각적으로 표현합니다.

미래의 가능성을 구체적으로 상상하고 표현합니다.

문제에 대한 창의적인 해결책을 제시합니다.

시각적 상상력 탐험 활동

상상 여행	눈을 감고 마법의 카펫이나 우주선을 타고 가상의 장소로 여행을 떠나는 상상을 해보세요. "어떤 곳이 보이니?", "어떤 소리가 들리니?", "어떤 냄새가 나니?" 등의 질문으로 오감을 활용한 상상을 돕습니다.
'만약에' 그림	"만약 동물들이 말을 할 수 있다면?", "만약 우리가 바다 속에 살 수 있다면?" 같은 가정을 주고, 그것을 그림으로 표현하게 하세요.
발명가 워크숍	일상의 문제(장난감 정리하기가 귀찮다, 비 오는 날 신발이 젖는다 등)를 해결할 수 있는 발명품을 상상하고 설계해 보세요. 간단한 재료로 프로토타입을 만들어 볼 수도 있습니다.
드림 보드	꿈, 희망, 목표 등을 시각적으로 표현하는 콜라주를 만들어 보세요. 잡지에서 오려낸 이미지, 그림, 사진, 글귀 등을 활용해 자신의 미래를 시각화하는 활동입니다.

부모님을 위한 팁

시각적 상상력은 생후 3년과 청소년기에 크게 발달합니다.

열린 질문("어떻게 생각해?", "또 어떤 방법이 있을까?")을 통해 아이의 상상력을 자극하고, 엉뚱한 아이디어도 비판하지 않는 분위기를 조성해 주세요.

상상력은 미래의 문제 해결력과 창의성의 토대가 됩니다.

10) 움직임의 언어. 신체 감각 능력 탐색하기

우리 아이가 신체 감각 능력이 뛰어날 때 보이는 신호

손재주가 좋고 정교한 작업을 잘합니다.

신체의 특정 부위를 능숙하게 조절합니다.

도구나 악기를 다루는 데 능숙합니다.

촉각적 경험을 풍부하게 표현합니다.

눈과 손의 협응력이 뛰어납니다.

신체 감각 능력 탐험 활동

촉감 상자	상자 안에 다양한 질감의 물건을 넣고, 아이가 보지 않고 손만 넣어 물건을 맞추게 해보세요. 부드러운 천, 거친 솔방울, 둥근 돌, 울퉁불퉁한 조개껍데기 등 다양한 촉감을 경험하게 해주세요.
미니어처 작업	작은 구슬 꿰기, 종이접기, 레고 조립 등 소근육을 사용하는 정교한 작업을 통해 손가락 조절력을 키워보세요.
눈 가리고 걷기	안전한 공간에서 눈을 가리고 걸어보거나, 간단한 장애물 코스를 통과하는 활동을 해보세요. 시각 없이 다른 감각(촉각, 청각, 고유감각)에 의존하는 경험을 통해 신체 인식 능력이 향상됩니다.
손가락 그림자 극장	손가락으로 다양한 동물이나 인물의 그림자를 만들어 이야기를 꾸며보세요. 손가락의 미세한 움직임 조절과 창의성을 동시에 키울 수 있습니다.

부모님을 위한 팁

신체 감각 능력은 강도와 유연성에 따라 다르게 발현됩니다. 아이가 특정 신체 활동에 흥미를 보인다면 그 분야를 더 탐색할 기회를 제공해 주세요. 하지만 모든 아이가 같은 속도로 발달하지 않는다는 점을 기억하세요. 비교보다는 아이 개인의 성장 과정을 존중하는 태도가 중요합니다.

지금까지 살펴본 10가지 능력은 개별적으로 존재하는 것이 아니라, 서로 연결되고 상호작용하며 발달합니다. 한 영역의 발달이 다른 영역에도 긍정적인 영향을 미치는 경우가 많습니다. 예를 들어, 음악 활동은 수학적 사고와 언어 발달에도 도움이 되고, 신체 활동은 공간 지각력과 자기 조절 능력을 향상시킵니다.

① 아이의 재능 지도 만들기

아이의 다중 능력을 탐색한 후에는 '재능 지도'를 만들어보는 것도 좋습니다. 큰 종이 가운데 아이의 이름을 쓰고, 10가지 능력을 주변에 배치한 다음, 각 영역에서 관찰한 아이의 강점과 관심사를 기록해 보세요. 이 지도는 고정된 것이 아니라, 아이의 성장에 따라 계속 업데이트되는 살아있는 문서입니다.

② 균형 잡힌 발달 돕기

아이가 특정 영역에 강점을 보일 때, 그 분야만 집중적으로 발달시키려는 유혹이 있을 수 있습니다. 하지만 진정한 잠재력 발현은 다양한 능력의 균형 잡힌 발달에서 비롯됩니다. 약점으로 보이는 영역도 재미있는 활동을 통해 자연스럽게 경험할 수 있도록 도와주세요.

③ 융합적 활동의 힘

여러 능력을 동시에 자극하는 융합적 활동은 아이의 발달에 특히 효과적입니다. 예를 들어, 요리는 수학(측정), 과학(변화 관찰), 예술(창의적 플레이팅), 언어(레시피 읽기), 신체(재료 다루기) 능력을 모두 활용하는 종합적인 활동입니다. 마찬가지로 정원 가꾸기, 연극 놀이, 과학 실험 등도 여러 능력을 통합적으로 발달시킵니다.

④ 디지털 시대의 다중 능력 키우기

현대 아이들은 디지털 기기와 함께 성장합니다. 이 환경에서 어떻게 다중 능력을 균형 있게 발달시킬 수 있을까요? 핵심은 디지털과 아날로그의 균형입니다. 코딩 앱으로 논리력을 키운 후 레고로 실제 구현해보기, 온라인으로 음악 이론을 배운 후 악기로 직접 연주하기, 태블릿으로 그림 그린 후 물감으로 표현해보기 등 디지털 경험을 현실 세계 활동과 연결하면 두뇌는 더욱 입체적으로 발달합니다. 또한 스크린 타임과 신체 활동 시간을 1:1 비율로 유지하고, 디지털 도구는 창작과 학습 목적으로 활용하되 수동적 소비는 제한하는 것이 중요합니다.

⑤ 테크놀로지의 양면성 이해하기

디지털 도구는 양날의 검과 같습니다. 잘 활용하면 아이의 학습과 창의성을 증폭시킬 수 있지만, 과도하게 의존하면 직접적인 경험과 깊은 사고를 방해할 수 있습니다. 중요한 것은 균형입니다.

⑥ 능동적 디지털 경험 제공하기

모든 디지털 경험이 동일하게 만들어지지는 않습니다. 아이가 단순히 콘텐츠를 소비하는 것보다, 직접 만들고 창작하는 경험을 할 수 있도록 도와주세요. 예를 들어, 단순한 게임보다는 디지털 스토리텔링, 음악 작곡, 간단한 코딩, 디지털 아트 등의 활동이 더 가치 있습니다.

⑦ 디지털-아날로그 연결하기

디지털 경험과 실제 세계 경험을 연결하는 활동을 장려해 보세요. 예를 들어, 디지털 이야기책을 읽은 후 관련된 실제 장소를 방문하거나, 온라인에서 본 과학 실험을 직접 해보거나, 디지털 음악을 듣고 실제 악기로 연주해 보는 활동 등이 있습니다.

⑧ 스크린 타임 관리하기

아이의 나이와 발달 단계에 맞는 적절한 스크린 타임 가이드라인을 세우고, 디지털 기기를 사용하지 않는 시간과 공간(식사 시간, 취침 전, 가족 활동 시간 등)도 명확히 해주세요. 무조건적인 제한보다는 질 높은 디지털 경험을 선별해주는 것이 중요합니다.

12) 부모와 교사를 위한 마지막 조언

① 관찰자의 눈, 안내자의 손길

아이의 다중 능력을 발견하고 키우는 과정에서 부모와 교사의 역할은 무엇보다 중요합니다. 날카로운 관찰자가 되어 아이의 작은 신호와 변화를 놓치지 않고, 따뜻한 안내자가 되어 다음 단계로 나아갈 수 있도록 돕는 것이 핵심입니다.

② 과정의 가치 인정하기

결과보다 과정에 가치를 두는 태도를 보여주세요. "너 정말 그림을 잘 그렸구나"보다는 "네가 그림에 많은 색을 사용한 것이 인상적이구나", "어려운 부분도 포기하지 않고 계속 시도한 것이 멋지다"와 같이 구체적인 과정과 노력을 인정해주는 말이 아이의 내적 동기를 강화합니다.

③ 실패를 배움의 기회로

아이가 실패나 실수를 두려워하지 않는 환경을 만들어주세요. "아직 못했네"가 아니라 "아직 배우는 중이구나"라는 태도로 접근할 때, 아이는 도전을 즐기고 회복탄력성을 키울 수 있습니다.

④ 함께 배우는 여정 즐기기

아이의 다중 능력을 탐색하는 여정은 부모와 교사에게도 새로운 발견의 시간입니다. 때로는 아이가 가르쳐주는 새로운 관점과 아이디어에 열린 자세로 함께 배우고 성장하는 기쁨을 나누세요.

13) 보석상자의 열쇠를 아이에게

이 가이드를 통해 소개한 다중재능 탐험 활동들은 단지 시작에 불과합니다. 매일의 일상에서 아이의 호기심을 존중하고, 질문에 귀 기울이며, 다양한 경험을 제공할 때, 아이는 자신만의 독특한 재능을 발견하고 발달시킬 수 있습니다. 궁극적으로, 보석상자를 여는 열쇠는 우리가 아닌 아이 자신의 손에 쥐어주는 것이 목표입니다.

아이가 자신의 강점과 관심사를 인식하고, 스스로 학습하는 능력을 키우며, 자신만의 목소리를 찾을 수 있도록 도와주세요. 아이의 잠재력은 우리가 상상하는 것보다 훨씬 더 광활하고 다채롭습니다.

그 무한한 가능성의 세계로 아이와 함께 모험을 떠나보세요. 그 여정에

서 여러분도 새로운 기쁨과 경이로움을 발견하게 될 것입니다. 아이의 재능
이 꽃피는 순간을 함께 목격하는 것보다 더 큰 보람이 어디 있을까요?

오늘부터 시작해 보세요. 작은 관찰, 간단한 활동, 진심 어린 대화 한
마디가 아이의 잠재력을 깨우는 마법의 열쇠가 될 수 있습니다.

제10장

감정의 폭풍 속에서도 중심을 잡는 법

1. 울음 뒤에 숨은 진짜 메시지를 읽는 지문 코드

아이의 울음소리는 때로 부모와 교사에게 가장 큰 도전이 됩니다. 특히 말로 표현하기 어려운 어린 아이들에게 울음은 중요한 의사소통 수단이지만, 그 뒤에 숨은 진짜 메시지를 해독하기란 쉽지 않습니다.

이때 아이의 지문 패턴은 그들의 감정적 필요와 반응 방식을 이해하는 귀중한 단서가 될 수 있습니다.

지문은 단순한 신체적 특징이 아니라 뇌의 발달과 밀접한 관련이 있습니다. 태아기 3~4개월 경 손가락 끝의 피부 융선(지문)이 형성될 때, 이는 뇌의 발달 과정과 함께 이루어집니다. 따라서 지문 패턴은 뇌의 구조와 기능, 특히 감정 처리 방식과 연관되어 있습니다.

1) 기형문(Loop) 지문 아이들의 스트레스와 울음 해석

이들의 울음은 종종 관계적, 정서적 필요와 연관되어 있으며, 단순한 물리적 필요보다 안전감, 연결감, 인정받고 싶은 욕구 등이 울음의 원인일 수 있습니다.

① 감성형 아이의 울음과 스트레스 신호

감성형 아이들은 감수성이 풍부하고 주변 환경과 분위기에 민감하게 반응합니다. 이들의 울음은 종종 깊은 감정적 필요를 반영합니다. 스트레스 원인은 자신의 감정이 이해받지 못한다고 느낄 때, 부모나 교사의 권위적인 목소리나 태도에 위축될 때, 여러 가지 일을 동시에 처리해야 하는 상황, 부정적인 분위기나 갈등 상황입니다.

아홉 살 감성형 소녀 민지는 학교에서 돌아올 때마다 종종 울음을 터뜨렸습니다. 부모님은 처음에는 학교 폭력이나 학업 문제를 의심했지만, 실제로는 민지의 감수성 강한 성향이 교실의 복잡한 사회적 역학과 선생님의 엄격한 말투에 압도되고 있었습니다.

스트레스에 효과적인 대응법은 감정을 충분히 표현할 수 있는 안전한 공간 제공하기, 칭찬과 격려로 자신감 북돋우기, "네 감정이 중요하고 타당해"라는 메시지 전달하기, 창의적 표현 활동을 통한 감정 해소 지원하기, 복잡한 상황을 작은 단계로 나누어 설명해주기입니다.

민지의 부모님은 매일 저녁 '감정 나누기' 시간을 만들어 민지가 하루 동안의 감정을 자유롭게 표현할 수 있게 했습니다. 또한 미술 활동을 통해 표현하기 어려운 감정을 그림으로 표현하도록 격려했습니다. 점차 민지는 자신의 감정을 더 잘 인식하고 관리하는 법을 배우게 되었습니다.

② 독창형 아이의 울음과 스트레스 신호

독창형 아이들은 창의적이고 독특한 시각을 가지고 있으며, 자유롭게 생각하고 표현하기를 원합니다. 이들의 울음은 종종 창의성이 제한되거나 이해받지 못할 때 발생합니다. 스트레스 원인은 개인적 의견이나 아이디어가 무시될 때, 권위적이고 억압적인 환경에 있을 때, 틀에 짜인 과정이나 규칙이 너무 엄격할 때, 창의적 표현의 기회가 제한될 때입니다.

열한 살 독창형 소년 준호는 수학 수업 시간에 자주 좌절하고 때로는 울음을 터뜨렸습니다. 선생님은 준호가 수학을 어려워한다고 생각했지만, 실제로 준호는 자신만의 독특한 문제 해결 방식이 인정받지 못하고 '정해진 방식'만 따라야 할 때 깊은 좌절감을 느끼고 있었습니다.

스트레스의 효과적인 대응법은 자유로운 사고와 표현을 장려하되 균형 잡힌 접근법 가르치기, 상황에 따라 언제 규칙을 따르고 언제 창의성을 발휘할지 구분하는 법 알려주기, 유머 감각을 활용해 어려운 상황 완화하기, 독특한 관점과 아이디어 존중하고 격려하기, 다양한 해결책을 모색할 수 있는 열린 과제 제공하기입니다.

준호의 부모님과 선생님은 협력하여 준호가 자신만의 방식으로 문제를 해결해볼 수 있는 기회를 주면서도, 기본적인 수학 원리를 이해하도록 도왔습니다. 또한 창의적 사고를 발휘할 수 있는 프로젝트를 통해 준호의 강점을 살릴 수 있게 했습니다. 준호는 점차 언제 규칙을 따르고 언제 창의성을 발휘할지 이해하게 되었습니다.

2) 호형문(Arch) 지문 아이들의 스트레스와 울음 해석

이들의 울음은 대개 구체적인 원인에 의한 것이며, 그 원인이 해결되면 빠르게 진정되는 경향이 있습니다.

① 창조사고형 아이의 울음과 스트레스 신호

창조사고형 아이들은 상상력이 풍부하고 꿈과 이상을 중요시하며, 새로운 경험에 대한 호기심이 많습니다. 이들의 울음은 종종 창의적 표현이 제한되거나 흥미를 잃었을 때 나타납니다. 스트레스 원인은 책임감이 너무 무겁게 느껴질 때, 자신의 약점 때문에 실수를 반복할 때, 약속을 지키기 어려울 때 느끼는 자괴감, 흥미 없는 반복적인 일에 장시간 집중해야 할 때입니다.

일곱 살 창조사고형 아이 수민이는 방과 후 활동에서 종종 울음을 터뜨렸습니다. 부모님이 알아보니, 수민이는 정해진 시간 내에 완료해야 하는 구조화된 활동에 부담을 느끼고 있었고, 자신이 약속한 것을 끝내지 못한다는 생각에 좌절하고 있었습니다.

스트레스의 효과적인 대응법은 자신의 강점에 집중하도록 도와주기, 실패를 두려워하지 않는 태도 격려하기, 감정을 건강하게 표현하는 방법 가르치기, 창의적 활동을 통한 자기표현 기회 제공하기, 자신의 한계를 인정하고 유연하게 대처하는 법 알려주기입니다.

수민이의 부모님은 시간 제한이 없는 자유로운 창작 활동의 기회를 제공했습니다. 또한 작은 책임부터 시작해 점진적으로 성취감을 쌓아갈 수 있도록 했습니다. 수민이는 점차 자신의 속도와 방식으로 일을 완성하는 즐거움을 알게 되었고, 실패해도 다시 시도할 수 있다는 자신감을 갖게 되었습니다.

② 규율원칙형 아이의 울음과 스트레스 신호

규율원칙형 아이들은 정해진 규칙과 질서를 중요시하며, 맡은 일에 책임감을 가지고 성실히 수행합니다. 이들의 울음은 종종 구조와 예측 가능성이 무너질 때 발생합니다. 스트레스 원인은 개인 공간과 사생활이 침해될 때, 갑작스러운 변화나 예상치 못한 상황, 스스로 결정하고 판단해야 하는 상황, 명확하지 않은 지시나 기대가 있을 때입니다

여덟 살 규율원칙형 아이 준영이는 가족 여행 중에 자주 불안해하고 울었습니다. 알고 보니 준영이는 익숙한 일상의 패턴이 깨지고 예측할 수 없는 일정에 큰 스트레스를 받고 있었습니다.
　　스트레스의 효과적인 대응법은 일관된 일과와 명확한 기대치 제공하기, 변화가 있을 경우 미리 준비시키기, 개인 공간과 시간 존중하기, 점진적으로 자율성을 키워나갈 기회 제공하기, 명확한 지시와 단계별 안내 제공하기입니다.
　　준영이의 부모님은 여행 전에 상세한 일정표를 만들어 준영이가 무엇을 예상할 수 있는지 알게 했습니다. 또한 매일 아침 그날의 계획을 함께 검토하고, 준영이가 일부 활동을 선택할 수 있는 기회를 주었습니다. 이러한 접근법은 준영이가 변화에 더 잘 적응하고 여행을 즐길 수 있게 도왔습니다.

3) 두형문(Whorl) 지문 아이들의 스트레스와 울음 해석

이들의 울음은 종종 다층적인 원인에서 비롯되며, 깊은 감정과 생각을 충분히 표현하지 못할 때 좌절하기 쉽습니다.

① 지도자형 아이의 울음과 스트레스 신호

지도자형 아이들은 목표 지향적이고 주도적이며 책임감이 강합니다. 이들의 울음은 종종 통제력 상실이나 자신의 높은 기준에 미치지 못했다고 느낄 때 나타납니다. 스트레스 원인은 완벽함을 추구하며 자신에게 높은 기준 설정, 끊임없는 자기 관리와 기대로 인한 부담, 다른 사람의 평가와 시선에 대한 과도한 의식, 상황을 통제할 수 없다고 느낄 때입니다.

열두 살 지도자형 소녀 지은이는 팀 프로젝트 후 혼자 울고 있는 모습이 발견되었습니다. 상담 결과, 지은이는 팀원들이 자신의 기대만큼 열심히 하지 않았고, 결과가 자신이 원하는 수준에 미치지 못했다는 생각에 크게 실망하고 있었습니다.

스트레스의 효과적인 대응법은 완벽주의적 사고방식 완화하기, 협력과 타협의 가치 가르치기, 다른 사람의 관점을 이해하는 공감 능력 키우기, 유연성과 적응력 향상시키기, 자신에 대한 기대치를 현실적으로 조정하도록 도와주기입니다.

지은이의 부모님은 실패와 실수가 배움의 중요한 부분임을 이야기해주었습니다. 또한 모든 사람이 다른 속도와 방식으로 일한다는 것을 이해하도록 도왔습니다. 점차 지은이는 자신과 타인에 대한 기대를 조정하고, 협력의 가치를 인식하게 되었습니다.

② 완벽주의형 아이의 울음과 스트레스 신호

완벽주의형 아이들은 명확한 목표를 향해 끊임없이 노력하며, 효율적이고 정확한 일 처리를 중요시합니다. 이들의 울음은 종종 자신의 높은 기준에 미치지 못했다고 느낄 때 발생합니다. 스트레스 원인은 항상 최고가 되어야 한다는 압박감, 지속적인 자기 관리로 인한 긴장감, 타인의 기대에 부응해야 한다는 압박, 일의 결과가 완벽하지 않을 때의 좌절감입니다.

열 살 완벽주의형 소년 민수는 미술 수업 후 눈물을 보였습니다. 작품이 자신이 마음속에 그린 이미지와 일치하지 않자 크게 실망한 것입니다. 민수는 실수를 용납하지 않는 성향 때문에 작은 불완전함에도 좌절하곤 했습니다. 스트레스의 효과적인 대응법은 실수와 실패를 성장 기회로 재구성하기, 과정의 즐거움을 발견하도록 도와주기, 자기 자신과 타인에 대한 기대치 조정하기, 내면의 평화를 찾는 방법 가르치기, '충분히 좋음'의 개념 소개하기입니다.

민수의 부모님은 유명한 예술가들의 실패 사례와 그들이 어떻게 그 경험에서 배웠는지를 이야기해 주었습니다. 또한 완성된 결과보다 창작 과정의 즐거움에 집중하는 활동을 장려했습니다. 시간이 지나면서 민수는 점차 자신의 작품에서 완벽함보다 표현의 진정성을 중요시하게 되었습니다.

4) 복합(Composite) 지문 아이들의 스트레스와 울음 해석

이들은 상황에 따라 다양한 감정적 반응을 보일 수 있어, 그들의 울음을 해석하기가 특히 복잡할 수 있습니다.

① 현실주의형 아이의 울음과 스트레스 신호

현실주의형 아이들은 통찰력과 유연성을 갖추고 있으며, 현실적인 판단력을 바탕으로 상황에 잘 적응합니다. 이들의 울음은 종종 결정 압박이나 외부 압력에서 비롯됩니다. 스트레스 원인은 다양한 생각 중에서 빠르게 결정을 내려야 할 때, 자존심이 강해 타인의 시선을 과도하게 의식할 때, 외부의 강한 압력에 저항하지 못할 때, 충분한 시간 없이 판단해야 하는 상황에 스트레스를 받습니다.

아홉 살 현실주의형 아이 세진이는 친구들과의 갈등 상황에서 종종 울음을 터뜨렸습니다. 세진이는 다양한 관점을 이해하고 모두를 만족시키고 싶었지만, 빠른 결정이 필요한 상황에서 압박감을 느꼈습니다.

스트레스의 효과적인 대응법은 결정력 키우는 연습 지원하기, 의견 충돌 시 건설적으로 대처하는 방법 가르치기, 타인의 상황을 이해하되 자신의 의견도 중요함을 알려주기, 균형 잡힌 시각 발달 도와주기입니다.

세진이의 부모님은 작은 결정부터 시작해 점차 더 중요한 결정을 내리는 연습을 하도록 도왔습니다. 또한 모든 사람을 만족시킬 수 없다는 것을 이해하고, 때로는 자신의 의견을 분명히 하는 것도 중요하다고 가르쳤습니다. 세진이는 점차 균형 잡힌 시각으로 상황을 판단하고 결정하는 법을 배우게 되었습니다.

② 조정협조형 아이의 울음과 스트레스 신호

조정협조형 아이들은 다양한 관점에서 상황을 바라보는 능력이 있으며, 갈등 상황에서 중재자 역할을 잘합니다. 이들의 울음은 종종 타인을 과도하게 배려하거나 결정 어려움에서 비롯됩니다.

스트레스 원인은 타인의 기대에 맞추려다 자신의 필요를 무시할 때, 다른 사람들의 반응을 지나치게 걱정할 때, 많은 정보와 관점 때문에 결정을 내리기 어려울 때, 갈등 상황에서 모두를 만족시키려 할 때입니다.

열한 살 조정협조형 아이 하은이는 가족 모임에서 종종 불안해하고 울곤

했습니다. 하은이는 모든 가족 구성원의 의견과 감정을 파악하고 모두가 행복하길 바랐지만, 상충되는 의견 사이에서 균형을 찾기 어려워했습니다.

은 의사결정 기술 향상시키기, 자신의 필요와 의견도 중요함을 알려주기, 모든 상황이 완벽하게 해결될 수 없음을 이해시키기, 건강한 경계 설정의 중요성 가르치기입니다. 하은이의 부모님은 의사결정 과정을 시각화하는 방법을 가르쳐 주었습니다. 예를 들어, 장단점 목록을 만들거나 결정 트리를 그리는 방법을 알려주었습니다. 또한 자신의 필요를 표현하는 것이 이기적인 것이 아니라 건강한 관계의 일부임을 이해시켰습니다. 점차 하은이는 타인을 배려하면서도 자신의 한계를 존중하는 균형을 찾아갔습니다.

③ 헌신박애형 아이의 울음과 스트레스 신호

헌신박애형 아이들은 타인의 필요에 민감하고 도움을 주는 것을 즐깁니다. 이들의 울음은 종종 자신의 한계를 넘어서는 희생이나 거절의 어려움에서 비롯됩니다. 스트레스 원인은 타인을 돕고 싶지만 능력이나 자원이 부족할 때, 남의 요구를 들어주기 위해 자신의 필요를 무시할 때, 맡은 역할을 완벽하게 수행하지 못한다고 느낄 때, 다른 사람의 부탁을 거절하지 못해 부담이 쌓일 때입니다.

일곱 살 헌신박애형 소녀 소연이는 종종 친구들의 갈등을 중재하려다 울음을 터뜨렸습니다. 소연이는 모든 친구가 행복하기를 바랐지만, 자신의 노력에도 불구하고 갈등이 해결되지 않을 때 무력감을 느꼈습니다.

은 자기 가치와 한계 인식 돕기, 건강한 경계 설정 연습하기, 자신과 타인의 필요 사이의 균형 찾는 법 가르치기, 자기 돌봄의 중요성 강조하기입니다. 소연이의 부모님은 소연이가 도울 수 있는 것과 그렇지 않은 것을 구분하도록 도왔습니다. "네가 모든 사람을 행복하게 할 수는 없어. 그건 네 책임이 아니야"라는 메시지를 반복해서 전달했습니다. 또한 소연이가 자신의 감정과 필요에도 주의를 기울이는 연습을 하도록 격려했습니다. 시간이 지나면서 소연이는 타인을 돕는 즐거움을 느끼면서도 건강한 경계를 유지하는 법을 배웠습니다.

④ 독창이상형과 예술이상형 아이의 울음과 스트레스 신호

독창이상형과 예술이상형 아이들은 창의적 표현과 인정받기를 중요시합니다. 이들의 울음은 종종 자신의 독특함이 인정받지 못하거나 성취 압박에서 비롯됩니다. 스트레스 원인은 자신의 독특한 재능이나 관점이 인정받지 못할 때, 창의적 표현의 기회가 제한될 때, 최고가 되어야 한다는 내적, 외적 압박, 흥미를 잃은 활동을 지속해야 할 때입니다.

아홉 살 예술이상형 소년 진우는 음악 발표회 후 울음을 터뜨렸습니다. 진우는 자신의 연주가 완벽하지 않았다고 느꼈고, 다른 사람들의 평가에 예민하게 반응했습니다.

스트레스의 효과적인 대응법은 균형 잡힌 성취감 발달 돕기, 과정의 즐거움 강조하기, 창의적 표현 채널 다양화하기, 실패와 비판을 성장 기회로 재구성하기입니다. 진우의 부모님은 진우에게 음악을 연주하는 이유에 대해 물었습니다. "상을 받기 위해서인가요, 아니면 음악을 사랑해서인가요?" 이런 질문은 진우가 외부의 인정보다 내적 만족감을 찾는 데 도움이 되었습니다. 또한 위대한 음악가들도 실수를 했고 그것을 통해 성장했다는 이야기를 들려주었습니다. 진우는 점차 완벽함보다 음악의 즐거움과 자기표현에 초점을 맞추게 되었습니다.

5) 지문 패턴을 통한 아이 이해하기

지문 패턴과 연결된 성향 이해는 아이의 울음과 스트레스 반응을 단순한 '문제 행동'이 아닌 중요한 의사소통으로 바라보게 합니다. 각 아이는 고유한 성향과 필요를 가지고 있으며, 이를 이해하는 것은 효과적인 양육과 교육의 첫걸음입니다. 중요한 점은 어떤 성향도 '더 좋거나 나쁘지 않다'는 것입니다. 각 성향은 고유한 강점과 도전 과제를 가지고 있으며, 우리의 역할은 아이들이 자신의 강점을 최대한 발휘하고 도전 과제를 헤쳐나갈 수 있도록 지원하는 것입니다.

아이의 지문 패턴과 성향을 이해함으로써, 부모와 교사는

① 울음과 스트레스 반응의 근본 원인을 파악할 수 있습니다.
② 각 아이에게 맞는 맞춤형 지원과 대응 방법을 제공할 수 있습니다.
③ 아이가 자신의 감정과 필요를 인식하고 효과적으로 소통하도록 도울 수 있습니다.
④ 아이의 고유한 성향을 인정하고 존중하는 환경을 조성할 수 있습니다.

이러한 이해와 지원은 아이들이 자신의 감정을 건강하게 표현하고, 스트레스에 효과적으로 대처하며, 궁극적으로 회복탄력성과 정서적 지능을 발달시키는 데 도움이 됩니다.

6) 일상에서 적용할 수 있는 지문 패턴별 스트레스 대응 전략

아이 지문 패턴과 성향을 이해했다면, 이제 일상에서 실천할 수 있는 구체적인 전략을 살펴보겠습니다.

① 기형문(감성형, 독창형) 아이를 위한 일상 전략

감성형과 독창형 아이들은 감정적 연결과 창의적 표현의 기회가 필요합니다.

가정	가정에서 하루를 마무리하며 감정을 나누는 시간 마련하기	예술, 음악, 이야기 등 다양한 창의적 표현 활동 제공하기, 감정 단어를 풍부하게 알려주고 사용하도록 격려하기, 자신만의 공간과 시간을 존중해주기
학교	학교 및 교육 환경에서는 선택할 수 있는 다양한 학습 방법 제공하기	창의적 문제 해결을 장려하는 열린 질문 활용하기, 협력보다 경쟁을 강조하는 환경 줄이기, 감정 표현을 위한 안전한 공간과 시간 마련하기

② 호형문(창조사고형, 규율원칙형) 아이를 위한 일상 전략

창조사고형과 규율원칙형 아이들은 예측 가능성과 명확한 구조 속에서도 창의적 표현의 기회가 필요합니다.

가정	가정에서는 일관된 일과와 명확한 기대치 설정하기, 변화가 있을 경우 미리 준비시키기	작은 책임부터 시작해 성취감 쌓아가기, 개인적 공간과 취미 존중하기
학교	학교 및 교육 환경에서는 명확한 지시와 기대치 제공하기	단계별 접근 방식으로 새로운 기술 가르치기, 구조화된 환경 속에서 선택의 기회 제공하기, 시간 관리와 조직화 기술 가르치기

③ 두형문(지도자형, 완벽주의형) 아이를 위한 일상 전략

지도자형과 완벽주의형 아이들은 통제감과 성취감을 느끼면서도 유연성을 배울 필요가 있습니다.

가정	가정에서는 '실패'를 배움의 기회로 재구성하는 대화 나누기	도전적이지만 달성 가능한 목표 설정 도와주기, 자신과 타인에 대한 비현실적 기대치 조정 지원하기, 휴식과 자기 돌봄의 중요성 모델링하기
학교	학교 및 교육 환경에서는 과정과 노력에 초점을 맞춘 피드백 제공하기	리더십 기회와 함께 협력의 가치 가르치기, '충분히 좋음'의 개념 소개하기, 실수와 재도전을 장려하는 안전한 학습 환경 조성하기

④ 복합문(현실주의형, 조정협조형, 헌신박애형, 독창이상형, 예술이상형) 아이를 위한 일상 전략

복합 성향의 아이들은 상황에 따라 다양한 반응을 보이므로 유연한 접근이 필요합니다.

가정	가정에서는 다양한 상황에서 아이의 반응 패턴 관찰하기	결정 과정을 시각화하는 도구 활용하기 (예: 장단점 목록), 건강한 경계 설정 연습 지원하기, 다양한 관점에서 상황을 바라보는 대화 나누기
학교	학교 및 교육 환경에서는 다양한 학습 및 표현 방식 제공하기	협력과 개인 작업의 균형 맞추기, 갈등 해결 기술 단계적으로 가르치기, 타인을 도울 기회와 함께 자기 돌봄의 중요성 강조하기

7) 스트레스 상황에서의 즉각적 대응 전략

어떤 지문 패턴과 성향을 가진 아이든, 스트레스로 인한 울음이나 감정 폭발 상황에서 도움이 되는 즉각적 대응 전략이 있습니다.

① 안전한 공간 제공하기

감정이 격해졌을 때는 먼저 아이가 안전하게 감정을 표현할 수 있는 공간이 필요합니다.

"지금 많이 속상한 것 같구나. 여기 조용한 곳에서 함께 이야기해 볼까?"

② 신체적 안정감 제공하기

촉각적 안정감은 강한 감정을 조절하는 데 도움이 됩니다.

기형문(감성형, 독창형)	부드럽게 안아주거나 등을 토닥여주기
호형문(창조사고형, 규율원칙형)	명확하고 예측 가능한 물리적 지원 제공하기
두형문(지도자형, 완벽주의형)	자율성을 존중하면서 안정감 제공하기
복합문	아이의 반응을 관찰하고 그에 맞는 지원 제공하기

③ 감정 인정하고 이름 붙여주기

아이의 감정에 이름을 붙여주는 것은 감정 조절의 첫 단계입니다.

"네가 지금 화가 났구나. 친구가 네 의견을 무시했을 때 정말 속상했겠다."

④ 호흡과 신체 인식 유도하기

감정적으로 압도되었을 때 호흡에 집중하는 것은 모든 성향의 아이들에게 도움이 됩니다.

"함께 깊게 숨을 들이마시고 천천히 내쉬어볼까? 몸이 어떻게 느껴지는지 이야기해 줄 수 있을까?"

⑤ 다음 단계로 안내하기

감정이 안정되면 각 성향에 맞는 방식으로 다음 단계를 안내합니다.

기형문(감성형, 독창형)	창의적 표현이나 대화를 통한 감정 처리 지원
호형문(창조사고형, 규율원칙형)	명확한 해결책과 단계별 접근법 제시
두형문(지도자형, 완벽주의형)	상황을 분석하고 배움의 기회로 재구성하도록 돕기
복합문	다양한 관점과 해결책 탐색 지원

⑥ 전문가의 도움이 필요할 때

대부분의 울음과 스트레스 반응은 정상적인 발달 과정의 일부입니다. 그러나 다음과 같은 경우에는 전문가의 도움을 고려해볼 수 있습니다.

지속적인 강도 높은 감정 폭발이 나타날 때
일상생활과 학습에 지속적인 지장이 있을 때
사회적 관계에 심각한 어려움이 있을 때
신체적 증상(두통, 복통, 수면 문제 등)이 지속될 때
부모나 교사가 아이의 필요를 충족시키는 데 지속적으로 어려움을 느낄 때

아이의 울음과 스트레스 반응은 중요한 의사소통입니다. 지문 패턴과 연결된 성향을 이해함으로써, 우리는 이 메시지를 더 정확히 해독하고 효과적으로 대응할 수 있습니다. 각 아이의 고유한 특성을 존중하고 그에 맞는 지원을 제공할 때, 아이들은 건강한 감정 표현과 자기 조절 능력을 발달시키며 성장할 수 있습니다.

2. 매일 밤 5분이 바꾸는 부모-자녀 감정 연결의 기적

바쁜 일상 속에서 진정한 부모-자녀 연결을 만들기란 쉽지 않습니다. 그러나 하루 중 단 5분의 의식적인 감정 연결 시간만으로도 아이의 정서적 안정과 자아 존중감에 놀라운 변화를 가져올 수 있습니다. 특히 아이의 지문 타입에 맞춰진 감정 연결 활동은 그 효과가 더욱 커집니다.

다음은 매일 밤 자녀와 함께할 수 있는 5분 감정 연결 활동의 단계별 가이드입니다.

1단계: 안전한 공간 만들기 (1분)

시작하기 전에, 방해받지 않는 안전하고 편안한 환경을 조성합니다. 전자기기는 모두 끄거나 무음 모드로 설정합니다. 조명을 부드럽게 조절하고, 필요하다면 편안한 배경 음악을 틀어도 좋습니다. 아이와 함께 편안한 자세로 앉거나 눕습니다. 이때 아이의 지문 타입에 따라 선호하는 자세가 다를 수 있습니다.

호형문(창조사고형, 규율원칙형)	서로 마주 보고 앉기
기형문(감성형, 독창형)	가까이 붙어 앉거나 안아주기
두형문(지도자형, 완벽주의형)	약간의 개인 공간을 두고 앉기
복합(Composite)	아이가 그날 가장 편안해하는 자세 선택하기

2단계: 현재에 집중하기 (1분)

지금 이 순간에 함께 있음을 인식하는 짧은 마음챙김 활동으로 시작합니다. 함께 세 번 깊게 숨을 들이마시고 내쉬는 간단한 호흡 활동을 합니다. "지금

이 순간, 우리는 함께 있어요. 이 시간은 온전히 우리의 시간이에요”라고 말해주세요. 아이의 지문 타입에 따라 다음과 같은 추가 활동을 할 수 있습니다.

호형문(창조사고형, 규율원칙형)	간단한 스트레칭이나 신체 움직임
기형문(감성형, 독창형)	손잡기나 가벼운 마사지
두형문(지도자형, 완벽주의형)	주변 환경의 소리, 냄새, 감각에 집중하기
복합(Composite)	위의 활동 중 아이가 선호하는 것 선택하기

3단계: 감정 탐색하기 (2분)

아이의 감정 세계를 탐색하는 시간입니다. 이때 아이의 지문 타입에 맞는 질문과 접근법을 활용하면 더 효과적입니다.

호형문 -창조사고형, -규율원칙형	**구체적이고 직접적인 질문**
	“오늘 가장 기뻤던 순간은 언제였어?” “그 느낌이 몸 어디에서 느껴졌니? 배가 따뜻했니, 아니면 가슴이 두근거렸니?”
	감정 척도 사용
	“오늘 기분을 1부터 10까지 숫자로 표현한다면 몇 점이었어?”
기형문 -감성형, -독창형	**관계 중심 질문**
	“오늘 누구와 함께 있을 때 가장 행복했어?”
	공감 중심 대화
	“친구가 슬퍼했을 때 네 마음은 어땠니?”
	이야기 나누기
	“오늘 있었던 일 중에서 나에게 꼭 들려주고 싶은 이야기가 있니?”

두형문 -지도자형, -완벽주의형	열린 질문
	"오늘 어떤 생각들이 네 마음속을 맴돌았니?"
	깊이 있는 탐색
	"그 일이 왜 너에게 그렇게 중요했는지 더 말해줄 수 있을까?"
	상상력 자극
	"만약 그 감정이 색깔이라면 어떤 색일까? 그 이유는?"
복합 (Composite)	선택권 제공
	"오늘 느낀 감정에 대해 이야기할래, 아니면 몸으로 표현해 볼래?"
	다양한 각도에서 접근
	"그 일에 대해 좋았던 점과 어려웠던 점 모두 얘기해줄 수 있을까?"
	감정의 변화 탐색
	"아침에 느낀 기분과 지금 기분이 어떻게 달라졌니?"

이 단계에서 가장 중요한 것은 판단하지 않고 경청하는 것입니다. 아이의 감정이 어떤 것이든 그대로 수용하고 공감해 주세요.

4단계: 연결 강화하기 (1분)

감정 탐색 후에는 부모와 자녀 간의 연결을 강화하는 순간을 만듭니다.

| 호형문(창조사고형, 규율원칙형)
-명확한 확인과 인정 | "네가 열심히 노력한 것을 보았어. 정말 자랑스럽구나."
간단한 하이파이브나 엄지 척 같은 구체적인 제스처로 마무리 |
| 기형문(감성형, 독창형)
-따뜻한 신체적 접촉과 정서적 확인 | 꼭 안아주거나 등을 토닥이며 "엄마/아빠는 언제나 너의 편이야."
"네 감정을 나누어 줘서 고마워. 그것이 우리를 더 가깝게 해줘." |

| 두형문(지도자형, 완벽주의형)
-깊은 인정과 존중 | "네 생각은 항상 특별하고 중요해. 네 관점이 우리 가족에게 큰 가치가 있어."
의미 있는 눈 맞춤으로 진정성 전달하기 |
| 복합(Composite)
-유연한 연결 방식 | 그날 아이가 가장 잘 반응하는 방식으로 연결
"우리가 함께하는 이 시간이 내게는 하루 중 가장 소중한 순간이야." |

5단계: 편안한 마무리 (30초)

활동을 부드럽게 마무리하는 시간입니다. 함께 심호흡을 하며 "오늘도 멋진 하루였어, 내일도 좋은 하루가 될 거야"와 같은 긍정적인 말로 마무리합니다. 필요하다면 간단한 굿나잇 리추얼(특별한 손짓, 짧은 노래, 또는 "사랑해" 주문 등)로 마무리합니다. 아이가 더 이야기하고 싶어 한다면, 내일 계속 이야기할 수 있다고 안심시켜주세요.

이 5분 감정 연결 활동의 효과는 누적됩니다. 처음에는 아이가 어색해하거나 깊은 이야기를 꺼내지 않을 수도 있지만, 꾸준히 진행하면 점차 이 시간을 기대하고 더 깊은 감정과 생각을 나누게 될 것입니다. 무엇보다 중요한 것은 완벽한 활동이 아니라, 아이에게 "너의 감정은 중요하며, 부모는 항상 들을 준비가 되어 있다"는 메시지를 일관되게 전달하는 것입니다.

한 학기 동안 이 활동을 실천한 한 가족의 이야기를 들어볼까요? 기형문(Loop) 지문을 가진 7살 민준이는 처음에는 "별일 없었어요"라는 짧은 대답만 했습니다. 그러나 부모님이 꾸준히 매일 밤 이 시간을 가지면서, 6주 후에는 스스로 "엄마, 우리 마음 이야기 시간이에요!"라고 상기시키며 학교에서 있었던 친구와의 갈등, 선생님의 칭찬, 그리고 자신이 느낀 불안감까지 자연스럽게 나누게 되었습니다. 가장 놀라운 변화는 민준이가 자신의 감정을 인식하고 표현하는 능력이 향상되면서, 감정 폭발이나 짜증 행동이 크게 줄어든 것이었습니다.

3. 어떤 역경도 이겨내는 회복탄력성의 씨앗 심기

인생은 크고 작은 도전과 역경의 연속입니다. 아이들이 이러한 어려움을 건강하게 극복하고 더 강해질 수 있는 능력, 즉 회복탄력성(resilience)을 기르는 것은 부모와 교사가 줄 수 있는 가장 귀중한 선물 중 하나입니다. 지문 패턴은 아이의 타고난 회복 방식과 강점에 대한 통찰을 제공하며, 이를 토대로 개인화된 회복탄력성 개발을 도울 수 있습니다.

1) 지문 타입별 회복탄력성 특성 이해하기

각 지문 타입마다 스트레스와 역경에 대응하는 자연스러운 방식이 있습니다.

호형문(Arch) 지문 아이의 회복탄력성

강점	실용적 문제 해결, 체계적 접근, 현실적 대처
잠재적 도전	지나친 현실주의로 큰 그림을 놓칠 수 있음, 감정적 측면 무시
지원 방법	단계별 해결책 찾기, 구체적 대응 전략 개발하기, 감정도 중요한 정보임을 알려주기

기형문(Loop) 지문 아이의 회복탄력성

강점	사회적 지지 활용, 감정 표현과 처리, 관계를 통한 힘 얻기
잠재적 도전	타인의 의견에 지나치게 의존, 거절에 민감
지원 방법	건강한 관계 형성 돕기, 자기가치감 강화, 감정 표현의 안전한 공간 제공

두형문(Whorl)지문 아이의 회복탄력성	
강점	창의적 해결책 모색, 깊은 자기성찰, 독립적 대처
잠재적 도전	과도한 내적 분석으로 인한 우유부단함, 도움 요청 어려움
지원 방법	여러 관점에서 상황 보기, 생각과 감정 정리 돕기, 적절한 도움 요청의 가치 알려주기

복합(Composite)지문 아이의 회복탄력성	
강점	상황에 따른 유연한 대처, 다양한 전략 활용, 빠른 적응력
잠재적 도전	일관된 대처 방식 부족, 때로는 방향성 혼란
지원 방법	상황별 효과적인 전략 인식하기, 자기 이해 강화, 다양성을 강점으로 활용하는 법 가르치기

2) 지문 타입에 맞는 회복탄력성 훈련

각 지문 타입의 강점을 활용하고 잠재적 도전을 보완하는 맞춤형 활동은 아이의 회복탄력성을 효과적으로 강화합니다.

호형문(Arch) 지문 아이를 위한 활동	
'문제 해결 도구상자' 만들기	어려운 상황에서 사용할 수 있는 구체적인 전략과 도구들을 함께 목록화하여 실제 상자나 노트에 정리
감정-상황 연결하기	특정 상황에서 느낀 감정과 신체 반응을 기록하며 감정 인식 강화
성공 경험 기록	과거에 어려움을 극복한 경험을 단계별로 기록하고 그 과정에서 사용한 전략을 명확히 인식

기형문(Loop) 지문 아이를 위한 활동

지지 네트워크 그리기	도움을 요청할 수 있는 사람들(가족, 친구, 선생님 등)을 시각적으로 표현
감정 나눔 서클	정기적인 가족 모임에서 각자의 감정과 경험을 나누는 시간 갖기
친절 리플 이펙트	다른 사람을 도울 때 자신도 강해진다는 것을 경험하는 봉사활동 참여

두형문(Whorl) 지문 아이를 위한 활동

사고 탐색 저널	도전적인 상황에 대한 다양한 해석과 가능한 대응 방식을 탐색하는 글쓰기
'다른 관점' 게임	어려운 상황을 다른 사람의 눈으로 보거나, 미래의 자신이 되어 현재 상황을 바라보는 관점 전환 연습
마음 지도 그리기	복잡한 감정과 생각을 시각적으로 표현하여 패턴 인식하기

복합(Composite)지문 아이를 위한 활동

상황별 전략 카드	다양한 도전 상황과 각 상황에 적합한 대처 전략을 카드로 만들어 참고하기
적응력 실험	의도적으로 소소한 일상의 변화를 만들어 적응하는 연습하기
강점 포트폴리오	자신의 다양한 강점과 각 강점이 유용한 상황을 정리하여 자기 인식 강화

3) 일상 속에서 회복탄력성 강화하기

특별한 활동 외에도, 일상생활 속에서 아이의 회복탄력성을 키울 수 있는 방법들이 있습니다.

성장 마인드셋 키우기	모든 지문 타입의 아이들에게 중요한 기본 토대입니다.
	"아직 못하는 거야." 또는 "아직 할 수 없는 거야."라는 표현 사용하기
	실패를 배움의 기회로 재구성하기
	노력과 과정에 초점 맞추어 칭찬하기
	감정 조절 능력 키우기
	아이의 지문 타입에 맞는 감정 조절 전략 가르치기
호형문(Arch)	감정 ↔ 행동 연결 인식하기, 단계별 진정 기법
기형문(Loop)	감정 나누기, 안전한 정서적 표현 방법
두형문(Whorl)	명상, 생각 관찰하기, 창의적 감정 표현
복합(Composite)	상황에 맞는 다양한 전략 시도하기

안전한 실패의 기회 제공하기	아이가 적절한 도전을 경험하고 때로는 실패할 수 있는 기회를 의도적으로 만들어주는 것이 중요합니다.
호형문(Arch)	새로운 기술 배우기, 점진적으로 난이도 높이기
기형문(Loop)	집단 활동에서 리더십 경험, 새로운 사회적 상황 도전
두형문(Whorl)	개방형 문제 해결, 창의적 프로젝트 시도
복합(Composite)	다양한 영역에서의 균형 잡힌 도전

4) 롤모델과 스토리텔링의 힘 활용하기

아이의 지문 타입과 유사한 강점을 가진 인물의 이야기 나누기

역경을 이겨낸 실제 인물이나 허구적 캐릭터의 이야기 함께 읽기

가족 내 회복탄력성 이야기 공유하기

아이 자신의 과거 극복 경험을 이야기로 만들어주기

회복탄력성은 하루아침에 생기는 것이 아니라, 작은 도전과 성공의 반복을 통해 서서히 발달합니다. 아이의 지문 패턴이 알려주는 타고난 대처 방식을 존중하고 강화하되, 동시에 다양한 전략을 경험할 기회를 제공하는 균형이 중요합니다.

어떤 지문 타입이든, 궁극적으로 회복탄력성의 핵심은 "나는 어려움을 이겨낼 수 있다"는 자기 효능감과 "어려운 상황에서도 나를 지지해주는 사람들이 있다"는 안전감입니다. 부모와 교사가 아이의 타고난 강점을 인정하고 취약점을 보완할 수 있도록 지원할 때, 아이들은 어떤 인생의 폭풍 속에서도 중심을 잃지 않고 성장할 수 있는 내적 힘을 키워갑니다.

제11장

숨겨진 보석을 찾아내는 여정

1. 지문에서 찾은 당신 아이만의 특별한 빛

모든 아이는 독특한 빛을 품고 태어납니다. 그러나 때로는 획일화된 교육 환경과 사회적 기대 속에서 그 빛이 가려지기도 합니다. 아이의 지문 패턴을 이해하는 것은 단순히 그들의 한계나 약점을 파악하는 것이 아니라, 그들만의 특별한 재능과 잠재력을 발견하는 여정입니다.

지문은 태아기 초기에 형성되며, 그 패턴은 평생 변하지 않습니다. 이는 우리 아이의 타고난 성향과 능력에 대한 중요한 단서를 제공합니다. 마치 아이가 태어날 때부터 가지고 온 특별한 지도와 같은 것이지요. 이 지도를 통해 우리는 아이의 내면에 숨겨진 보석을 발견하고, 그것이 빛날 수 있도록 도울 수 있습니다.

1) 각 지문 타입이 나타내는 특별한 재능

① 호형문(Arch) 지문 아이의 숨겨진 보석

활모양 지문을 가진 아이들은 종종 실용적 지능과 집중력, 그리고 뛰어난 신체적 조율 능력을 갖추고 있습니다. 이들의 특별한 빛은 다음과 같은 영역에서 발견됩니다.

체계적 문제 해결	복잡한 상황을 단계별로 나누어 효율적으로 해결하는 능력
실용적 창의성	실제 활용 가능한 아이디어를 생각해내고 구현하는 능력
집중력과 인내	한 가지 일에 깊이 몰입하여 완성도 높게 마무리하는 능력
세부 사항 파악	다른 사람들이 놓치는 작은 디테일까지 인식하는 예리한 관찰력

예를 들어, 호형문 지문을 가진 9살 지훈이는 학교에서 평범한 학생으로 여겨졌습니다. 그러나 부모님이 그의 지문 패턴을 이해하고 그의 관찰력과 집중력에 주목하기 시작했을 때, 지훈이가 기계 작동 원리를 놀라울 정도로 정확히 이해하고 있음을 발견했습니다. 이후 부모님은 지훈이에게 다양한 기계 조립 키트를 제공했고, 지훈이는 이런 활동에서 놀라운 재능을 보이며 자신감을 키워나갔습니다.

② 기형문(Loop) 지문 아이의 숨겨진 보석

기형문 지문 아이들은 사회적 지능과 정서적 민감성, 그리고 뛰어난 의사소통 능력을 가진 경우가 많습니다. 이들의 빛나는 재능은 다음과 같습니다.

감정 이해력	타인의 감정을 읽고 공감하는 뛰어난 능력
관계 형성	다양한 사람들과 쉽게 친밀한 관계를 맺는 사회적 유연성

| 팀워크 | 집단 내에서 화합을 이끌어내고 협력을 촉진하는 능력 |
| 표현력 | 자신의 생각과 감정을 효과적으로 전달하는 의사소통 능력 |

12살 서연이는 학교에서 '평범한 학생'으로 여겨졌지만, 모둠 활동에서 항상 조용히 갈등을 해결하고 친구들을 배려하는 모습을 보였습니다. 서연이의 지문 패턴을 분석한 부모님은 그녀의 사회적 지능과 감정 이해력을 깨닫고, 또래 상담 프로그램에 참여할 기회를 제공했습니다. 그곳에서 서연이는 자신의 타고난 공감 능력을 발휘하며 큰 성취감을 느꼈고, 미래에 상담사가 되겠다는 꿈을 갖게 되었습니다.

③ 두형문(Whorl) 지문 아이의 숨겨진 보석

두형문 지문 아이들은 추상적 사고와 창의적 문제 해결, 그리고 깊은 통찰력을 가진 경우가 많습니다. 이들만의 특별한 재능은 다음과 같습니다.

독창적 사고	기존의 틀을 벗어난 혁신적인 아이디어를 생성하는 능력
패턴 인식	겉보기에 관련 없어 보이는 정보들 사이의 연결고리를 발견하는 능력
깊은 사고	표면적 이해를 넘어 근본적인 원리를 탐구하는 철학적 성향
미래 지향적 사고	가능성을 상상하고 새로운 비전을 구상하는 능력

고등학생 민우는 수업 중 종종 딴생각을 하는 것처럼 보여 교사들의 주의를 받곤 했습니다. 그러나 그의 소용돌이 지문 패턴을 이해한 부모님은 민우가 단순히 집중력이 부족한 것이 아니라, 더 깊은 질문과 탐구가 필요한 사고 방식을 가졌다는 것을 깨달았습니다. 부모님은 민우에게 철학 동아리와 창의적 글쓰기 워크숍을 소개했고, 그곳에서 민우는 자신의 깊은 사고력과

통찰력을 인정받으며 빛나기 시작했습니다.

④ 복합(Composite) 지문 아이의 숨겨진 보석

복합 지문 아이들은 다양한 능력을 융합하는 다재다능함과 상황에 따른 뛰어난 적응력을 보입니다. 이들의 독특한 강점은 다음과 같습니다.

융합적 사고	서로 다른 분야의 지식과 기술을 창의적으로 결합하는 능력
상황 적응력	다양한 환경과 도전에 유연하게 대응하는 능력
다중 관점	문제를 여러 각도에서 바라보고 통합적 해결책을 찾는 능력
중재와 연결	서로 다른 아이디어, 사람, 상황 사이의 다리를 놓는 능력

중학생 지은이는 어느 한 분야에서 특출나지는 않았지만, 다양한 활동에서 고르게 좋은 성과를 보였습니다. 복합 지문 패턴에 대해 알게 된 부모님은 지은이의 이러한 균형 잡힌 능력이 사실은 특별한 강점임을 이해하게 되었습니다. 부모님은 지은이에게 융합적 프로젝트(예: 예술과 과학을 결합한 활동)에 참여할 기회를 제공했고, 지은이는 이런 경계를 넘나드는 활동에서 놀라운 창의성과 리더십을 발휘하며 자신만의 고유한 가치를 발견했습니다.

아이의 지문 패턴을 이해하는 것은 단순히 그들의 성격을 분류하는 것이 아니라, 그들만의 독특한 잠재력과 재능을 발견하고 지원하는 출발점입니다. 모든 지문 패턴은 각각의 강점과 특별한 재능을 내포하고 있으며, 어떤 패턴이 다른 패턴보다 '더 좋다'는 개념은 존재하지 않습니다. 중요한 것은 아이 본연의 빛을 발견하고, 그 빛이 환하게 빛날 수 있는 환경과 기회를 제공하는 것입니다.

2. 약점을 보완하는 부모의 따뜻한 관찰

모든 아이는 빛나는 강점과 함께 도전 영역도 가지고 있습니다. 그러나 진정한 성장은 약점을 단순히 '고쳐야 할 문제'로 보는 것이 아니라, 아이의 전체적인 발달 여정의 일부로 이해하고 따뜻하게 지원할 때 이루어집니다. 지문 분석은 아이의 타고난 도전 영역을 이해하고, 그것을 보완하는 효과적인 전략을 개발하는 데 큰 도움이 됩니다.

1) 지문 타입별 일반적 도전 영역과 보완 전략

지문으로 발견하는 우리 아이의 숨겨진 재능

매일 마주하는 아이 손에 담긴 성장의 비밀

① 감성형 성향들 : '마음으로 세상을 읽는 아이들'

감성형 - '천 개의 얼굴을 가진 카멜레온'	
숨겨진 재능 발견하기	우리 반 민지는 참 신기한 아이예요. 아침에는 조용히 책을 읽다가도, 친구가 다가오면 금세 밝은 미소로 반겨주거든요. 수학 시간엔 진지한 표정으로 문제를 풀다가도, 쉬는 시간엔 친구들과 깔깔거리며 웃어요. "엄마, 오늘 기분이 너무 좋아요!" 하고 학교에서 돌아온 서준이. 무슨 일이 있었냐고 물어보니 "선생님이 제 그림을 칭찬해 주셨어요."라고 대답해요. 하지만 다음 날, "오늘은 기분이 별로예요."라고 풀이 죽어 있네요. "친구가 같이 놀자고 안 했어요."라고 하소연하며. 이런 아이들의 진짜 재능은 감정의 온도계로 분위기를 민감하게 읽어내고 상황에 맞춰 반응하는 능력에 있습니다. 순간 집중의 마법사여서 관심 있는 일에는 놀라운 집중력을 발휘하며 공감의 선물인 다른 사람의 마음을 쉽게 이해하고 위로할 줄 아는 따뜻한 마음을 가지고 있습니다.

도전 영역	'감정 롤러코스터'인 감성형은 기분에 따라 학습 효과가 들쑥날쑥해서 친구 관계에서 질투와 소유욕으로 상처받기 쉽습니다. 복잡한 상황이 되면 "몰라, 안 해!" 하며 회피하는 부분을 도전해 보는 것이 좋습니다.
보완 전략 "안정된 루틴의 힘"	일주일 계획표보다는 오늘 할 일 3가지 적어보기, 공부방 환경정리로 방해 요소 미리 치우기, 메모 습관 기르기 '오늘의 좋았던 일' 한 줄 쓰기, 칭찬 저금통 만들기 등 작은 성취도 인정해주고 보완하는 훈련을 합니다.
따뜻한 관찰의 예	"우리 아이는 친구가 울면 제일 먼저 달려가서 등을 토닥여주는 아이예요. 감정이 풍부해서 때로는 걱정스럽지만, 그 마음 덕분에 많은 친구들이 우리 아이를 좋아해요. 분위기에 민감한 게 단점이 아니라, 남의 마음을 읽는 특별한 재능이었구나 깨달았어요."

독창형 - '세상을 뒤집어 보는 아이'

숨겨진 재능 발견하기	"선생님, 왜 하늘은 파란색이에요?" "그럼 바다도 파란색인데, 하늘이 바다를 보고 따라한 건가요?" 8살 현우의 질문입니다. 다른 아이들이 "하늘은 원래 파란색이야"라고 당연하게 생각할 때, 현우는 항상 "왜?"를 던져요. 미술 시간, 다른 아이들이 빨간 사과를 그릴 때 지민이는 보라색 사과를 그려요. "사과는 빨간색이야"라는 친구들 말에 "밤에 보면 보라색일 수도 있잖아"라고 대답하면서요. 이런 아이들의 진짜 재능은 역발상의 천재입니다. 남들과 다른 관점에서 문제를 해결하는 능력이 있고 끝없는 "왜?"로 세상의 진리를 탐구하는 열정인 호기심 폭탄 아이입니다. 틀에 박힌 사고를 거부하고 새로운 아이디어를 만들어내는 창의성의 샘을 가진 아이입니다.
도전 영역	'청개구리 증후군'이라 불리는 이 성향의 아이는 "하지 마"라고 하면 더 하고 싶어하는 반항심이 있고 남들과 다른 행동으로 오해받거나 따돌림 당할 위험이 있습니다. 간섭받는 것을 극도로 싫어해서 지도가 어려우니 이 부분을 도전하게 합니다.
보완 전략 "개성 인정과 방향 제시"	자유로운 그리기, 만들기 시간 늘리기로 창의적 표현기회를 주고 '나만의 아이디어 노트' 만들어주기로 기록하는 습관을 기르며 "다르다고 틀린 게 아니야"라고 자주 말해주며 개성을 인정해 주세요.

	창의적 문제해결 기회 제공으로 적절한 도전과제를 하여 성취감을 느끼게 해줍니다.
따뜻한 관찰의 예	"처음엔 우리 아이가 말을 안 듣는다고 생각했어요. 하지만 자세히 보니 남들과 다른 방식으로 생각하는 거였어요. 레고 설명서대로 만들지 않고 자기만의 로봇을 만들어내는 모습을 보며, '아, 이 아이는 창의적인 거구나' 깨달았죠. 이제는 아이의 엉뚱한 아이디어를 응원해요."

규율원칙형 - '믿음직한 작은 어른'

숨겨진 재능 발견하기	매일 아침 7시에 일어나서 이를 닦고, 옷을 정리하고, 가방을 챙기는 수빈이. 엄마가 깨우지 않아도 스스로 일어나서 하루 일과를 시작해요. 친구들이 "와, 수빈이는 정말 대단해!"라고 부러워할 정도죠. "선생님, 줄을 똑바로 서야 해요!" 급식실에서 친구들이 새치기하는 것을 보고 당당히 말하는 도현이. 때로는 "꼰대 같다"는 소리를 듣기도 하지만, 공정함을 지키려는 마음은 진짜예요. 이런 아이들의 진짜 재능은 약속을 지키고 책임감 있게 행동하는 든든함을 가진 신뢰의 기둥입니다. 체계적이고 꾸준한 학습으로 실력을 쌓아가는 능력으로 학습의 달인이고, 주변 사람들에게 믿음과 편안함을 주는 존재감인 안정감은 선물 같은 존재입니다.
도전 영역 "변화 두려움증"	새로운 것에 대한 거부감과 적응의 어려움과 융통성 부족으로 친구들과 갈등 발생, 실패에 대한 두려움으로 도전 회피에 도전합니다.
보완 전략 "단계적 변화 훈련"	오늘은 다른 길로 학교 가보기, 다양한 친구들과 어울리는 경험으로 단체활동 참여하기, "내 의견 말하기" 연습하기로 적극성을 키워 작은 도전과 성공을 반복하며 성취 경험을 쌓아보세요.
따뜻한 관찰의 예	"우리 아이는 항상 숙제를 빼먹지 않고, 약속한 시간을 잘 지켜요. 처음엔 너무 완고한 게 아닌가 걱정했는데, 친구들이 '네가 있어서 든든해'라고 말하는 걸 들으며 깨달았어요. 이 아이만의 특별한 장점이구나. 이제는 변화도 차근차근 받아들일 수 있도록 도와주고 있어요."

창조사고형 - '아이디어 제조기'

숨겨진 재능 발견하기	"엄마, 이것 봐! 연필꽂이에 바퀴를 달아서 굴러다니는 로봇으로 만들었어!" 준호의 방에는 항상 새로운 발명품들이 가득해요. 어제는 우산에 LED를 달아서 "밤에도 안전한 우산"을 만들었다며 자랑스러워하더니, 오늘은 또 다른 아이디어에 빠져있어요. 과학 시간, "공기의 무게를 어떻게 잴 수 있을까?"라는 선생님 질문에 다른 아이들이 고민할 때, 세아는 "풍선을 불어서 저울에 올려보면 되지 않나요?"라고 번뜩 아이디어를 제시해요. 이런 아이들의 진짜 재능은 평범한 것에서 특별한 아이디어를 찾아내는 능력을 가진 상상력의 마법서입니다. 새로운 것에 대한 끝없는 관심과 탐구 정신인 호기심엔진을 가지고 있고, 창의적 문제 해결사이니 다양한 방법으로 문제를 해결하려 합니다.
도전 영역 "완성 불가 증후군"	새로운 아이디어에 빠져 이전 일을 마무리하지 못하고 도전, 현실성 없는 계획으로 좌절감을 느낍니다. 도전, 반복 학습이나 꾸준한 연습을 지루해하니 꾸준하게 학습 또는 연습을 하는 것에 도전합니다.
보완 전략 "창의성과 실행력의 균형"	떠오르는 생각들을 기록하고 정리하기, 아이디어 노트를 만들고, 큰 프로젝트를 작은 단위로 나누며 단계별 목표를 세우는 게 좋습니다. 작은 것이라도 끝까지 해보는 경험과 완성의 기쁨을 친구들과 함께 나누며 협업을 해보세요.
따뜻한 관찰의 예	"우리 아이는 정말 아이디어가 샘솟아요. 하지만 시작한 일을 끝까지 못해서 걱정이었죠. 그런데 아이가 만든 '자동 먹이 급식기'를 강아지가 정말 좋아하는 걸 보며 깨달았어요. 완성하지 못하는 게 문제가 아니라, 더 나은 아이디어를 위해 끊임없이 도전하는 거였구나. 이제는 작은 프로젝트부터 완성해 보도록 도와주고 있어요."

조정협조형 - '마음의 외교관'

숨겨진 재능 발견하기	"얘들아, 철수는 축구하고 싶어하고, 영희는 그림 그리고 싶어하니까 30분씩 나눠서 하면 어때?" 쉬는 시간마다 친구들 사이에서 중재자 역할을 하는 민수. 모든 친구들의 의견을 들어보고 최선의 해결책을 찾아내는 게 특기예요. "엄마, 저는 피아노도 배우고 싶고, 태권도도 하고 싶고, 그림도 그리고 싶어요. 다 할 수 있을까요?" 하나를 선택하기보다는 모든 것에 관심을

	보이는 유진이의 고민이에요.
	이런 아이들의 진짜 재능은 서로 다른 의견을 조율하고 균형을 맞추는 조화의 마에스트로의 능력을 가졌고, 한 가지 문제를 여러 관점에서 바라보는 통찰력, 다각도 관찰자입니다. 공감의 브릿지인 이 성향은 다양한 사람들과 소통하고 이해하는 포용력을 가지고 있습니다.
도전 영역 "선택 장애 증후군"	너무 많은 선택지 앞에서 결정을 내리지 못함에 도전, 다른 사람들 눈치를 보느라 자신의 의견을 말하지 못함에 도전, 완벽한 결정을 내리려다가 기회를 놓치는 경우가 있습니다. 한번 결정한 것을 끝까지 해보는 도전을 해보세요.
보완 전략 "결정력 키우기 훈련"	선택 연습으로 "오늘 간식은 네가 골라" 같은 작은 결정부터해보고, 하고 싶은 일 목록에서 우선순위를 정한 후 나머지는 가지치기합니다. "5분 안에 결정하기"처럼 시간 안에 결정해 보는 훈련, 그리고 격려 차원에서 어떤 선택이든 응원해 주는 분위기를 만들어 보세요.
따뜻한 관찰의 예	"우리 아이는 친구들 사이에서 인기가 정말 많아요. 싸우는 친구들을 중재해주고, 소외된 친구는 챙겨주고 하지만 정작 자신이 뭘 원하는지는 잘 모르겠다고 하더라고요. 그런데 아이를 지켜보니, 모든 사람을 행복하게 만드는 것 자체가 이 아이의 꿈이구나 싶어요. 이제는 아이만의 선택도 중요하다는 걸 알려주고 있어요."

② 이성형 성향들 : '논리로 세상을 구축하는 아이들'

현실주의형 - '상황 판단의 달인'

숨겨진 재능 발견하기	학급 회장 선거에서 공약을 발표하는 지훈이. "급식 메뉴를 바꾸겠다"는 다른 후보와 달리, "쉬는 시간을 5분 더 늘릴 수 있도록 선생님께 건의하겠다"는 현실적인 공약을 내세워요. 친구들도 "그거 정말 가능할 것 같아!"라며 박수를 치네요. "엄마, 오늘은 비가 올 것 같으니까 우산 챙겨가요. 그리고 친구랑 약속한 공원 가기는 실내 놀이터로 바꿔도 될까요?" 상황을 미리 파악하고 대안을 제시하는 슬기로운 소희. 이런 아이들의 진짜 재능은 복잡한 상황을 빠르게 파악하고 최적의 해결책을 찾는 상황분석의 전문가입니다.

	이론보다는 실제로 가능한 방법을 찾아내는 실용적 지혜를 가진 현실 감각을 소유하고, 유연한 리더십인 상황에 따라 적절히 대응하는 탄력적인 지도력을 가지고 있습니다.
도전 영역 "변덕쟁이 오해"	상황에 따라 태도가 바뀌어서 일관성 없다는 오해를 받을 수 있습니다. 첫 번째 선택을 쉽게 바꿔서 신뢰까지 하락할 수 있으니 한번 결정한 것에 대해 바꾸지 않는 도전을 해보세요. 너무 현실적이어서 꿈이 작아 보일 수 있는 부분도 꿈을 크게 가져보는 도전을 해봅니다.
보완 전략 "일관성과 비전 키우기"	"나만의 기본 규칙 3가지" 정하기, "1년 후 나의 모습" 그려보기, 한 번 정한 것은 끝까지 해보기, 현실적 단계를 거쳐 큰 목표를 달성하게 합니다.
따뜻한 관찰의 예	"우리 아이는 정말 똑똑해요. 상황을 보고 판단하는 능력이 어른 못지 않아요. 하지만 가끔 '너는 변덕이 심하다'는 소리를 들어서 속상해 하더라고요. 그런데 자세히 보니 변덕이 아니라 더 나은 방법을 찾아서 바꾸는 거였어요. 이제는 아이의 판단력을 믿고 응원해요."

지도자형 - '타고난 리더'

숨겨진 재능 발견하기	반 아이들이 우왕좌왕할 때, "얘들아, 우리 이렇게 해보자!"라며 나서는 태민이. 처음엔 "왜 네가 정해?"라는 반발도 있었지만, 태민이 제안대로 했을 때 일이 잘 풀리는 경우가 많아서 이제는 자연스럽게 리더 역할을 맡게 됐어요. "엄마, 저는 제 방식대로 할게요. 다른 사람들이 뭐라고 해도 제가 옳다고 생각하는 걸 할 거예요." 때로는 고집스러워 보이지만, 자신의 신념을 굽히지 않는 강한 의지를 보이는 현준이. 이런 아이들의 진짜 재능은 자연스럽게 사람들을 이끌고 방향을 제시하는 타고난 리더십의 능력이 있고, 강한 책임감으로 맡은 일은 끝까지 해내려는 의지력을 가지고 있습니다. 상황의 본질을 꿰뚫어보는 판단력, 통찰력의 소유자입니다.
도전 영역 "외로운 늑대 증후군"	자신의 기준이 높아서 다른 사람을 이해하기 어려우니 다른 사람의 말도 맞을 수 있다는 사실에 도전합니다. 감정 표현을 잘하지 못해서 차갑게 느껴질 수 있으니 이성적으로라도 공감하는 부분에 도전해 봅니다. 완벽을 추구하다가 스트레스 과부하가 걸릴 수 있으니 천천히 도전해 봅니다.

보완 전략 "따뜻한 리더십 기르기"	"고마워", "미안해" 등을 자주 말해보며 감정표현연습을 하고 다른 사람 의견도 끝까지 들어보는 경청훈련을 합니다. 혼자가 아닌 함께 하는 프로젝트, 팀워크도 경험해 보며, 완벽하지 않아도 괜찮다는 실패경험도 해 봅니다.
따뜻한 관찰의 예	"우리 아이는 어려서부터 친구들을 이끌어가는 모습을 보였어요. 하지만 가끔 너무 차갑게 느껴져서 걱정했죠. 그런데 아이가 아픈 친구를 위해 조용히 도시락을 나눠주는 모습을 보며 깨달았어요. 표현을 잘 안 할 뿐이지, 마음은 누구보다 따뜻한 아이구나. 이제는 마음을 표현하는 방법을 가르쳐주고 있어요."

완벽주의형 – '디테일의 장인'

숨겨진 재능 발견하기	숙제를 할 때마다 지우개를 수십 번 쓰는 서연이. "엄마, 이 글씨가 삐뚤어졌어요. 다시 쓸게요." 완벽하지 않으면 직성이 풀리지 않는 아이예요. 친구들은 "서연이 노트는 정말 예쁘다"며 부러워해요. "이렇게 하면 안 돼요! 규칙을 지켜야 해요!" 게임할 때도 규칙을 정확히 지키려는 동현이. 때로는 "꼼꼼쟁이"라는 놀림을 받지만, 정확하고 완벽한 것을 추구하는 마음은 진심이에요. 이런 아이들의 진짜 재능은 완벽 추구의 장인이라 불리만큼 디테일까지 놓치지 않는 세심함을 가지고 있으며, 옳고 그름을 명확히 구분하는 도덕성을 가진 원칙의 수호자이며, 끈기의 달인으로 목표를 향해 꾸준히 노력하는 지속력을 가지고 있습니다.
도전 영역 "완벽 스트레스 증후군"	실수를 극도로 두려워해서 완벽하지 않으면 시작조차 하지 않으려는 경향이 있으니 우선 다른 사람의 실수에 대해 비판적인 태도를 가지지 않는 것에 도전해봅니다.
보완 전략 "적당함의 지혜 배우기"	결과보다 과정을 인정하는 "노력하는 모습이 멋져" 라고 스스로 칭찬해주고, "실수도 배움의 과정이야"라고 실수도 괜찮다는 사실을 인정합니다. 다른 스타일의 친구들과 함께 활동하며 협력경험을 해봅니다. 자유로운 활동으로 정답이 없는 창의적 놀이 시간을 늘려 봅니다.
따뜻한 관찰의 예	"우리 아이는 모든 걸 완벽하게 하려고 해요. 숙제도, 정리정돈도, 심지어 놀이도요. 처음엔 너무 스트레스 받는 것 같아 걱정했는데, 아이가 만든 정성스러운 작품들을 보며 생각이 바뀌었어요. 이 완벽함이 아이만의 특별한 재능이구나. 이제는 완벽하지 않아도 괜찮다는 것도 함께 가르쳐주고 있어요."

헌신박애형 - '천사의 마음'

숨겨진 재능 발견하기	급식실에서 혼자 앉아있는 친구를 보면 "같이 먹자"며 다가가는 예은이. 자신의 반찬도 나눠주고, 친구가 슬퍼하면 제일 먼저 위로해주는 따뜻한 마음의 소유자예요. "엄마, 우리 집 앞 길고양이가 추워 보여요. 집에 데려올 수 없을까요?" "할머니께서 무거운 짐을 들고 계시니까 도와드릴게요." 항상 다른 사람을 먼저 생각하는 우진이의 모습이에요. 이런 아이들의 진짜 재능은 다른 사람의 마음을 깊이 이해하고 위로하는 공감의 능력을 가졌고, 자신보다 남을 먼저 생각하는 이타적인 마음으로 베풉니다. 상처받은 마음을 어루만져주는 치유의 손길을 가진 따뜻한 존재감의 재능을 가지고 있습니다.
도전 영역 "현실 감각 부족증"	남을 도우려다가 자신의 일을 소홀히 하는 경우가 있습니다. 자신의 일에 소홀히 하지 않고 도전, 현실적 판단보다는 감정에 치우친 결정을 하게 될 때 다시 생각해 보는 도전, 자신의 의견보다는 남의 의견을 우선시하는 경향보다는 자신의 의견을 중요시 하는 도전을 해봅니다.
보완 전략 "균형잡힌 배려 배우기"	"나도 소중해"라는 자기돌봄 자존감 키워주기를 해봅니다. "도울 수 있는 만큼만" 도와주는 범위를 정하고 현실감각을 키우는 훈련을 합니다. "네 생각은 어때?"라고 의견을 표현 할 수 있도록 자주 물어보기를 합니다. 자신을 위한 목표도 세워보기하며 성취경험을 가져 봅니다.
따뜻한 관찰의 예	"우리 아이는 정말 마음이 따뜻해요. 다른 사람이 힘들어하면 자신의 일처럼 걱정하고 도우려고 해요. 하지만 가끔 자신의 숙제도 못 끝내고 친구를 도와주느라 늦게 들어올 때가 있어서 걱정이었어요. 그런데 아이의 친구들이 '우리 반에서 가장 착한 아이'라고 말하는 걸 듣고 깨달았어요. 이 아이의 따뜻한 마음이 얼마나 소중한 재능인지. 이제는 남을 도우면서도 자신을 소중히 여기는 법을 가르쳐주고 있어요."

예술이상형 - '무대 위의 별'

숨겨진 재능 발견하기	학예회 연습 시간, 무대 위에서 빛나는 하은이. 평소에는 조용했던 아이가 무대에 오르면 완전히 다른 사람이 돼요. 자신감 넘치는 표정으로 연기하고, 노래하고, 춤추는 모습에 모든 사람들이 감탄해요. "엄마, 저 TV에 나오는 사람들처럼 유명해지고 싶어요!" 거울 앞에서

	연습하는 모습이 진지한 민재. 친구들 앞에서 장기자랑을 할 때면 눈이 반짝반짝 빛나요. 이런 아이들의 진짜 재능은 무대의 마법사로 사람들 앞에서 당당하게 자신을 표현하는 용기가 있고 예술적 감성인 아름다운 것을 만들고 표현하는 창조적 능력이 있습니다. 자연스럽게 사람들의 시선을 끄는 카리스마 소유자의 매력을 가지고 있습니다.
도전 영역 **"인정 중독 증후군"**	박수와 칭찬이 없으면 의욕을 잃는 경향이 있으니 박수와 칭찬이 없어도 자신감을 잃지 않는 마음, 완벽한 결과가 아니면 실망하고 포기하려는 마음이 생겨도 이길 수 있는 마음을 갖습니다. 자아도취에 빠져 다른 사람의 감정을 놓치는 경우도 있으니 다른 사람의 감정 읽어보기에 도전해 보세요.
보완 전략 **"내면의 만족 키우기"**	"노력하는 모습이 아름다워"라는 마음으로 과정을 중시하며 스스로 격려해 봅니다. 혼자가 아닌 함께하는 공연 경험과 "실수해도 괜찮아"라는 생각으로 실패경험도 하면서 부담을 덜어보세요. 결론적으로 "네가 즐거워서 하는 거지?"라는 내적동기를 키워보세요
따뜻한 관찰의 예	"우리 아이는 태어날 때부터 스타 기질이 있었어요. 사람들 앞에서 부끄러워하지 않고, 항상 주목받고 싶어해요. 처음엔 '너무 튀는 건 아닐까' 걱정했는데, 아이가 무대에서 보여주는 순수한 기쁨을 보며 깨달았어요. 이것이 아이만의 특별한 재능이구나. 이제는 박수 없이도 스스로 만족할 수 있는 법을 알려주고 있어요."

독창이상형 - '예술가의 영혼'

	다른 아이들이 똑같은 그림을 그릴 때, 혼자만 전혀 다른 세계를 그려내는 지우. "이건 우주에서 본 지구의 꿈이에요"라고 설명하는 아이의 눈빛에는 남다른 깊이가 있어요.
숨겨진 재능 발견하기	"엄마, 저는 그냥 평범한 사람이 되고 싶지 않아요. 특별한 사람이 될 거예요!" 자신만의 세계에 빠져 있는 시간이 많은 수아. 때로는 현실과 동떨어진 말을 하기도 하지만, 그 안에는 특별한 예술적 감성이 숨어있어요. 이런 아이들의 진짜 재능은 남들과 완전히 다른 관점에서 세상을 바라보는 시각이 있고 아름다운 것을 본능적으로 알아보고 창조하는 능력이 있습니다. 예술적 직감이 있으며 틀에 얽매이지 않고 자신만의 길을 가는 자유로운 영혼을 가지고 있습니다.

도전 영역 "현실 부적응 증후군"	이상과 현실의 차이에서 오는 좌절감과 돌발적인 행동으로 오해받거나 소외당하는 경우가 있습니다. 현실적인 계획이나 실행에서 어려움을 겪을 때의 상황에 도전해 보는 훈련을 해보세요.
보완 전략 "꿈과 현실의 다리 놓기"	아이디어를 구체적으로 정리해 보기, 꿈 기록하기, 큰 꿈을 작은 목표로 나누는 단계적 목표를 세워보고 협력 파트너로 현실적인 친구와 함께 프로젝트하기, 화나거나 실망할 때 감정조절 대처법 배우기를 해봅니다.
따뜻한 관찰의 예	"우리 아이는 정말 독특해요. 다른 아이들과 전혀 다른 생각을 하고, 때로는 이해하기 어려운 말을 하기도 해요. 처음엔 '사회에 적응하기 어려울까' 걱정했는데, 아이가 그린 그림을 보고 깜짝 놀랐어요. 어른들도 감동할 만큼 특별한 작품이었거든요. 이제는 아이만의 특별함을 인정하면서도 현실과 조화를 이룰 수 있도록 도와주고 있어요."

2) 우리 아이 성향 이해하기 – 부모와 교사를 위한 마음 가이드

① 기억해야 할 소중한 진실들

모든 성향은 선물이에요. 각각의 성향은 그 자체로 완벽한 선물입니다. 감성형 아이의 민감함은 공감 능력의 근원이고, 완벽주의형 아이의 까다로움은 탁월함을 추구하는 열정입니다. 우리 아이의 성향을 '고쳐야 할 문제'가 아닌 '키워야 할 재능'으로 바라보세요.

② 균형이 핵심이에요

강한 재능은 때로 극단으로 치우칠 수 있습니다. 감성형 아이에게는 안정감을, 지도자형 아이에게는 따뜻함을, 예술이상형 아이에게는 현실감을 보완해 주세요. 재능을 억누르는 것이 아니라, 더 조화롭게 발현되도록 도와주는 것입니다.

③ 시간을 주세요

아이의 성향은 하루아침에 바뀌지 않습니다. 인내심을 갖고 꾸준히 지켜봐
주세요. 오늘은 단점으로 보이는 것이 내일은 가장 큰 장점이 될 수 있습니다.

④ 성향별 한 줄 응원 메시지

감성형	"네 마음이 세상을 더 따뜻하게 만들어주고 있어"
독창형	"네가 보는 세상은 정말 특별하고 아름다워"
규율원칙형	"너 덕분에 모든 것이 더 안전하고 질서 있어"
창조사고형	"네 아이디어가 세상을 더 재미있게 만들어"
조정협조형	"너는 모든 사람을 하나로 만드는 마법사야"
현실주의형	"네 판단력은 정말 믿을 만해"
지도자형	"너를 따르면 길을 잃지 않을 것 같아"
완벽주의형	"네 작품은 언제나 최고야"
헌신박애형	"네가 있어서 세상이 더 따뜻해"
예술이상형	"네 꿈이 현실이 되는 걸 보고 싶어"
독창이상형	"너만의 세계는 정말 매력적이야"

⑤ 당부의 말

지문 성향은 아이를 이해하는 하나의 도구일 뿐입니다. 더 중요한 것은 우
리 아이를 있는 그대로 사랑하고, 아이만의 속도로 성장할 수 있도록 기다
려주는 마음입니다. 매일 아이의 손을 잡으며 "오늘도 너를 만나서 행복해"
라고 말해주세요. 그 작은 손 안에 담긴 무한한 가능성을 믿어주세요. 우리
아이는 이미 완벽한 존재입니다.

3. 3세부터 18세까지, 성장단계별 잠재력 개발 로드맵

아이의 발달은 연속적인 과정이지만, 각 연령대마다 중요한 발달 과업과 기회가 있습니다. 아이의 지문 패턴을 이해하면, 각 성장 단계에서 타고난 잠재력을 최대한 발현시킬 수 있는 맞춤형 지원을 제공할 수 있습니다. 다음은 연령대별 발달 특성과 지문 패턴을 연결한 구체적 로드맵입니다.

1) 영유아기(3-5세) 탐색과 안전의 시기

이 시기는 세상에 대한 호기심과 안전감 형성이 중요한 때입니다. 아이들은 놀이를 통해 학습하며, 기본적인 자아 개념을 형성합니다.

호형문(Arch) 지문 아이를 위한 지원 전략

감각 놀이와 실물 탐색 활동 풍부하게 제공하기
안정적인 일상 루틴 확립하기
대근육 활동(달리기, 점프, 균형 잡기)과 소근육 활동(블록 쌓기, 구슬 꿰기) 균형있게 제공하기

발달 지표

손으로 만지고 탐색하는 활동에 대한 집중력 발달, 실제 물건 분류와 패턴 인식 능력 향상

기형문(Loop) 지문 아이를 위한 지원 전략

또래와의 협력 놀이 기회 많이 제공하기
감정 인식과 표현을 돕는 그림책 함께 읽기
역할놀이와 상상놀이 촉진하기

발달 지표

다른 아이들과의 놀이 참여 증가, 감정 어휘 확장, 기본적인 갈등 해결 기술 발달

두형문(Whorl) 지문 아이를 위한 지원 전략

열린 질문과 호기심을 자극하는 탐색 활동 제공하기
다양한 재료를 활용한 자유로운 창작 활동 지원하기

일상 속 '왜' 질문에 인내심을 갖고 대응하기

발달 지표

상상력이 풍부한 놀이 발달, 호기심 기반 질문 증가, 창의적 문제 해결 시도

복합(Composite) 지문 아이를 위한 지원 전략

다양한 유형의 놀이와 활동을 골고루 경험할 기회 제공하기
선택권 주기(오늘은 어떤 놀이를 하고 싶니?)
다양한 표현 방식 격려하기(그림, 춤, 이야기 등)

발달 지표

상황에 따라 다양한 놀이 방식 적응, 여러 형태의 표현 시도, 유연한 대인 관계 형성

2) 초등 저학년(6-9세) 기초 능력과 자신감 형성의 시기

이 시기는 기본적인 학업 능력을 습득하고, 자신의 능력에 대한 자신감을 형성하는 중요한 때입니다.

호형문(Arch) 지문 아이를 위한 지원 전략

체계적이고 단계적인 학습 접근법 사용하기
학습 내용의 실용적 적용 강조하기(수학을 요리에 활용 등)
명확한 목표와 성취 가능한 단계 설정하기

발달 지표

기본 학습 기술의 견고한 습득, 실제 문제 해결에 지식 적용 능력, 완료한 과제에 대한 만족감

기형문(Loop) 지문 아이를 위한 지원 전략

협력적 학습 환경 조성하기
이야기와 인물을 통한 학습 접근법 활용하기
긍정적인 사회적 관계를 통한 자신감 구축 돕기

발달 지표

소그룹 활동에서의 적극적 참여, 학습 내용을 다른 사람에게 설명하는 능력 향상, 건강한 또래 관계 형성

두형문(Whorl) 지문 아이를 위한 지원 전략

개방형 탐구 프로젝트 기회 제공하기
'왜'와 '어떻게'에 초점을 맞춘 깊은 학습 촉진하기
창의적 사고와 독창성 격려하기

발달 지표

깊이 있는 질문 제기 능력, 주제에 대한 독립적 탐구 시도, 창의적 문제 해결 접근법 개발

복합(Composite) 지문 아이를 위한 지원 전략

다양한 학습 스타일을 경험할 기회 제공하기
여러 지능 영역(음악, 미술, 체육, 학문 등)에서의 균형 잡힌 경험 장려하기
자신의 학습 선호도를 인식하도록 돕기

발달 지표

다양한 학습 환경에 대한 적응력, 여러 활동 영역에서의 참여와 관심, 자신의 학습 스타일에 대한 인식 발달

3) 초등 고학년과 중학교 초기(10-13세) 정체성과 능력 탐색의 시기

이 시기는 자신의 능력과 관심사를 더 깊이 탐색하고, 또래 관계와 사회적 정체성이 중요해지는 때입니다.

호형문(Arch) 지문 아이를 위한 지원 전략

실용적인 기술 개발 기회 제공하기(요리, 공예, 코딩 등)
장기 프로젝트 관리 기술 가르치기
체계적인 문제 해결 접근법 강화하기

발달 지표

독립적인 프로젝트 완수 능력, 구조화된 문제 해결 과정 활용, 실용적 기술에서의 전문성 발달

기형문(Loop) 지문 아이를 위한 지원 전략

건강한 또래 관계와 소속감 형성 지원하기
리더십과 팀워크 기술 개발 기회 제공하기
감정 조절과 갈등 해결 기술 심화하기

발달 지표

또래 그룹 내 긍정적 역할 수행, 갈등 상황에서의 효과적 대처, 타인에 대한 공감 능력 심화

두형문(Whorl) 지문 아이를 위한 지원 전략

심층적인 주제 탐구 장려하기
비판적 사고와 분석 기술 개발 지원하기
창의적 표현을 위한 다양한 매체 소개하기

발달 지표

복잡한 개념에 대한 이해와 분석 능력, 독창적 아이디어 생성, 추상적 사고 능력 발달

복합(Composite) 지문 아이를 위한 지원 전략

다양한 분야 탐색과 함께 깊이 있는 관심 영역 개발 균형 잡기
여러 관점과 접근법을 통합하는 능력 개발 돕기
자기 인식과 강점 파악 지원하기

발달 지표

다양한 영역에서의 능력 발휘, 통합적 사고 개발, 자신의 다양한 측면에 대한 인식과 수용

4) 중학교 후기와 고등학교(14-18세) 전문성과 자율성 개발의 시기

이 시기는 자신의 가치관과 진로를 탐색하고, 특정 분야에서의 전문성을 발달시키며, 독립적인 사고와 행동 능력을 키우는 중요한 때입니다.

호형문(Arch) 지문 아이를 위한 지원 전략

진로 연계 실무 경험과 인턴십 기회 제공하기
장기적 목표 설정과 계획 수립 능력 개발 돕기
체계적인 연구 및 학습 방법론 심화하기

발달 지표

독립적인 프로젝트 계획 및 실행 능력, 실용적 분야에서의 전문성 개발, 체계적인 미래 계획 수립

기형문(Loop) 지문 아이를 위한 지원 전략

사회적 가치와 연결된 활동 참여 장려하기(봉사활동, 사회 이슈 캠페인 등)
리더십 역할과 협력적 프로젝트 기회 제공하기

정서 지능과 대인 관계 기술 심화하기

발달 지표

공동체 내 의미 있는 기여, 효과적인 팀 리더십 발휘, 다양한 관계에서의 건강한 경계 설정

두형문(Whorl) 지문 아이를 위한 지원 전략

독립적인 연구와 창의적 프로젝트 지원하기
복잡한 문제와 윤리적 딜레마 탐색 기회 제공하기
혁신적 아이디어를 실행으로 옮기는 능력 개발 돕기

발달 지표

심층적인 지적 탐구 수행, 창의적 해결책 개발, 추상적 개념을 실제 적용으로 전환하는 능력

복합(Composite) 지문 아이를 위한 지원 전략

다학제적 접근과 다양한 관점 통합 능력 개발 지원하기
다양한 관심사 속에서 핵심 강점과 진로 방향 파악 돕기
유연성과 적응력을 전략적 강점으로 활용하는 법 가르치기

발달 지표

다양한 분야의 지식과 기술 통합, 복잡한 상황에서의 유연한 대응, 자신만의 고유한 진로 경로 개발

5) 성장 단계별 지원의 핵심 원칙

어떤 연령대와 지문 패턴이든, 아이의 잠재력 개발을 지원할 때 기억해야 할 몇 가지 핵심 원칙이 있습니다.

① 발달 적합성

아이의 연령과 발달 단계에 적합한 기대와 활동을 제공합니다.

② 개별성 존중

같은 지문 패턴이라도 각 아이는 고유하므로, 일반적 경향성을 출발점으로

삼되 개별적 관찰과 조정이 필요합니다.

③ 점진적 자율성

나이가 들수록 더 많은 자율성과 책임을 부여하되, 여전히 필요한 구조와
지원을 제공합니다.

④ 전체론적 접근

인지적, 사회적, 정서적, 신체적 발달의 균형을 고려합니다.

⑤ 강점 기반 접근

약점 교정에 집중하기보다 강점을 활용하여 전반적 발달을 지원합니다.

⑥ 성장 마인드셋 모델링

부모와 교사가 끊임없는 학습과 발전을 모델링함으로써 아이의 성장 마인
드셋을 함양합니다.

아이의 지문 패턴은 타고난 성향과 잠재력에 대한 귀중한 통찰을 제공하지
만, 그것이 아이의 미래를 결정하는 것은 아닙니다. 오히려 지문 패턴은
각 발달 단계에서 아이를 가장 효과적으로 지원할 수 있는 맞춤형 접근법을
개발하는 데 도움이 되는 지도와 같습니다.

　궁극적으로, 아이의 지문이 알려주는 고유한 재능과 성향을 인정하고 존
중하면서, 균형 잡힌 발달을 지원할 때 아이는 자신의 잠재력을 최대한 발
휘하며 성장할 수 있습니다. 이것이 바로 지문이 열어주는 양육의 새로운
지평, 개인화된 발달 지원의 여정입니다.

현장에서 빛나는 지문 지혜의 실천

The fingerprint answered
the question of why.

'왜'라는 질문에 지문이 답했다

4

제12장

모든 가족이 행복해지는 마법의 시스템

1. 서로 다른 지문, 서로 다른 언어 – 가족 갈등의 실체와 해법

가족 내 갈등의 근원을 살펴보면 놀라운 진실이 드러납니다. 우리가 경험하는 가족 갈등의 상당 부분은 단순한 성격 차이나 가치관의 불일치가 아닌, 서로 다른 지문 언어를 사용하기 때문입니다. 마치 한 집에 영어, 프랑스어, 독일어, 스페인어를 사용하는 사람들이 모여 사는 것과 같습니다. 서로 다른 언어로 소통하려니 오해와 좌절이 생길 수밖에 없습니다.

호형문 지문을 가진 아버지는 효율성과 결과를 중시하며 "왜 이렇게 시간이 오래 걸려?"라고 말하지만, 두형문 지문을 가진 자녀는 이를 자신에 대한 비판으로 받아들입니다. 기형문 지문을 가진 어머니는 맥락과 배경을 설명하며 대화를 시작하지만, 두형문 지문의 자녀는 "핵심만 말해"라고 조급해합니다.

이런 소통 방식의 차이가 쌓이면서 가족 관계에 균열이 생깁니다. 이러한 갈등의 패턴은 특별한 사건이나 중요한 논의에서만 드러나는 것이 아닙니다. 일상의 사소한 순간들 – 아침 준비 시간, 저녁 식사, 주말 계획 세우기, 심지어 TV 채널 선택에 이르기까지 지속적으로 나타납니다. 예를 들어, 기형문 부모는 아침 시간을 효율적으로 사용하기 위해 전날 밤에 모든 것을 준비해두길 원하지만, 두형문 자녀는 아침에 더 많은 소통과 연결의 시간을 원합니다. 두형문 청소년은 학교 과제의 더 큰 의미와 목적을 이해하고 싶어하지만, 호형문 부모는 "그냥 빨리 끝내고 다음 일을 하자"고 재촉합니다.

가족 내 갈등은 종종 이런 지문 차이가 반복되면서 누적되어 큰 문제로 발전합니다. 처음에는 사소한 오해였던 것이 시간이 지남에 따라 "너는 항상 그래", "너는 절대 이해하지 못해"와 같은 고착된 불만으로 자리잡게 됩니다. 이러한 패턴이 인식되지 않고 해결되지 않은 채로 남아있으면, 가족 구성원들은 점차 서로에게서 멀어지고, 진정한 소통과 이해의 가능성은 더욱 줄어듭니다.

가족 갈등의 실체를 이해하는 첫 걸음은 이것이 '누군가의 잘못'이 아니라 '서로 다른 언어'를 사용하는 데서 오는 자연스러운 현상임을 인정하는 것입니다. 이런 관점의 전환은 비난과 좌절의 순환에서 벗어나 새로운 가능성을 열어줍니다. 서로의 지문 언어를 이해하고 존중하는 가족은 갈등을 성장의 기회로 전환할 수 있습니다.

갈등을 새로운 관점에서 바라보는 이 전환은 단순한 인식의 변화 이상의 의미를 갖습니다. 이는 가족 구성원 각자가 자신의 타고난 지문 특성에 대한 수치심이나 죄책감에서 벗어나 자신의 고유한 방식을 가치 있게 여길 수 있게 해줍니다. 호형문 아버지는 더 이상 자신의 효율성 추구가 '냉정함'의 표현이 아니라 세상을 다루는 그의 타고난 방식임을 이해하게 됩니다.

두형문 자녀는 자신의 감정적 반응이 '과민함'이 아니라 깊은 관계를 중시하는 그들의 본성임을 알게 됩니다.

가족 내 지문 유형을 파악하는 것부터 시작해 보세요. 식사 시간이나 가족 모임에서 각자의 지문 유형에 대해 이야기 나누는 시간을 가져보세요. 이러한 대화는 단순한 정보 공유를 넘어, 서로의 내면 세계에 대한 깊은 이해와 존중의 시작이 됩니다. "나는 계획이 바뀔 때 정말 불안해져", "나는 결정을 내릴 때 모든 가능성을 고려하고 싶어", "나는 함께 시간을 보내며 대화하는 것이 정말 중요해" 등의 솔직한 대화는 서로의 이해와 가치관에 대한 소중한 통찰을 제공합니다.

각 가족 구성원의 지문 프로필 카드를 만들어 냉장고에 붙여두는 것은 단순한 시각적 상기 이상의 효과가 있습니다. 이는 일상의 분주함 속에서도 서로의 고유한 요구와 선호도를 기억하게 하는 물리적 도구가 됩니다. 예를 들어, 호형문 가족 구성원의 카드에는 "나는 명확한 계획과 시간 준수를 중요시해요", "중요한 결정은 논리적 분석을 통해 내려요", "스트레스 받을 때는 혼자만의 시간이 필요해요" 등의 내용을 포함할 수 있습니다.

최근 발생한 가족 갈등 상황을 떠올려보고, 그 상황에서 지문 차이가 어떻게 작용했는지 분석해보는 과정은 가족 치유의 강력한 도구가 됩니다. 이 분석은 과거의 상처를 파헤치는 것이 아니라, 새로운 이해의 렌즈를 통해 갈등을 재해석하는 기회입니다. 예를 들어, 휴가 계획을 세우는 과정에서 벌어진 갈등을 생각해 보세요. 호형문 지문은 "최대한 많은 명소를 효율적으로 방문하는" 일정을 원했을 수 있습니다. 두형문은 "가족이 함께 의미 있는 시간을 보내는" 경험을 중시했을 것이고, 기형문은 "각 장소의 역사와 문화적 의미를 깊이 이해하는" 기회를 찾았을 것입니다.

이런 분석을 통해 가족은 갈등이 단순한 고집이나 이기심의 결과가 아니라, 각자가 추구하는 가치와 요구의 표현임을 이해하게 됩니다. 이러한 인식은 미래의 소통 방식을 개선할 뿐만 아니라, 과거의 갈등에 대한 치유와 화해의 기반을 마련합니다. "그때 네가 그렇게 말한 이유가 효율성을 중요시하는 너의 호형문 특성 때문이었구나. 난 그것을 몰라서 네가 나를 서두르게 하려는 거라고 오해했어"와 같은 대화는 오래된 상처를 새로운 이해로 치유하는 시작이 됩니다.

2. 30일 만에 가족 관계를 변화시키는 '지문 존중' 프로젝트

가족 관계의 변화는 하루아침에 이루어지지 않습니다. 하지만 체계적인 접근과 꾸준한 실천을 통해 30일이라는 비교적 짧은 기간에도 놀라운 변화를 경험할 수 있습니다. '지문 존중' 프로젝트는 인식부터 실천, 그리고 새로운 가족 문화 정착까지 단계적으로 접근합니다.

30일 프로젝트의 핵심은 점진적 변화와 지속적인 실천입니다. 이는 단순한 지식 습득이 아닌, 일상의 모든 순간에 지문 인식을 통합하는 생활 방식의 변화를 추구합니다. 마치 새로운 언어를 배우는 것과 같이, 처음에는 의식적인 노력이 필요하지만, 점차 자연스러운 소통 방식으로 자리 잡게 됩니다.

1) 첫 주는 인식과 이해의 시간입니다.

가족 구성원의 지문 프로필을 만들고, 일상에서 나타나는 지문 특성을 관찰합니다.

첫날, 가족 모두 모여 지문 테스트를 함께 하고 결과를 공유하는 이 시간은 단순한 분류 작업이 아닌, 서로의 내면 세계를 들여다보는 소중한 기회입니다. "이 결과가 정말 나 같아!" 혹은 "이제 내가 왜 이런 방식으로 행동하는지 이해가 돼"와 같은 자기 발견의 순간들이 일어납니다.

둘째 날부터는 각자의 에너지 충전 방식에 주목합니다. 이 관찰은 가족 구성원이 피로하거나 스트레스를 받을 때 어떻게 지원해야 하는지에 대한 소중한 통찰을 제공합니다. 호형문은 성취감과 목표 달성을 통해 에너지를 얻습니다. 작은 과제를 완수하거나 효율적으로 문제를 해결했을 때 그들은 활력을 되찾습니다. 두형문은 의미 있는 대화와 진정한 연결을 통해 충전됩니다. 마음을 터놓고 이야기하거나 다른 사람의 이야기에 깊이 공감할 때 그들은 에너지를 얻습니다. 기형문은 깊은 사고와 탐구, 그리고 고요한 성찰을 통해 자신을 재충전합니다. 새로운 통찰을 얻거나 복잡한 개념을 이해했을 때 그들은 만족감을 느낍니다.

셋째 날에는 스트레스 반응 패턴을 식별해 봅니다. 이는 가족 갈등이 악화되는 순간을 이해하고 예방하기 위한 중요한 단계입니다. 호형문은 스트레스를 받으면 통제력을 강화하려는 경향이 있습니다. 더 엄격한 계획을 세우거나, 모든 것을 체계화하려 하거나, 때로는 독단적으로 결정을 내릴 수 있습니다. 두형문은 감정적으로 반응하며, 더 강한 연결을 추구하거나 반대로 완전히 철수할 수 있습니다. 눈물, 분노 폭발, 또는 갑작스러운 침묵과 같은 반응을 보일 수 있습니다. 기형문은 더 많은 정보를 찾고 상황을 분석하려 합니다. 끊임없는 질문, 과도한 연구, 또는 결정을 미루는 행동으로 나타날 수 있습니다.

넷째 날에는 재미있는 '다른 지문으로 하루 살기' 활동을 해보세요. 이 활동은 공감 능력을 개발하고 다른 지문 유형의 세계관을 직접 경험하는 강력한 학습 도구입니다. 호형문 아버지가 두형문처럼 행동하며 감정과 관계를 우선시하고, 기형문 어머니가 호형문의 관점에서 효율성과 결과에 집중하는 하루를 보내보세요. 이 경험은 처음에는 불편하고 어색할 수 있지만, 바로 그 불편함이 중요한 학습의 순간입니다. "다른 사람의 신발로 하루를 걷는" 이 활동은 "왜 다른 사람들이 그렇게 행동하는지" 피부로 느끼게 해줍니다.

다섯째 날부터 여덟째 날까지는 실제 가족 대화에서 나타나는 지문 패턴을 관찰하고, 갈등 상황을 분석하며, 주간 인사이트를 공유하는 시간을 가집니다. 이 과정에서 중요한 것은 판단하지 않고 관찰하는 태도입니다. "이것은 옳고 저것은 틀리다"가 아닌, "이것은 호형문의 전형적인 반응이고, 저것은 두형문의 자연스러운 접근법이구나"라는 시각으로 바라보는 것입니다. 첫 주가 끝날 즈음, 가족들은 서로의 지문 특성에 대한 기본적인 이해를 갖게 될 뿐만 아니라, 자신의 행동과 반응에 대한 새로운 자각을 경험하게 됩니다.

2) 둘째 주는 소통 혁명의 시간입니다.

이제 단순한 인식을 넘어 실제 의사소통 방식을 변화시키는 단계로 나아갑니다. 지문별 맞춤 대화법을 연습하고, 각 지문 유형의 요구를 존중하는 시간을 의도적으로 만듭니다. 이러한 실천은 "나는 너를 이해하고 존중한다"는 강력한 메시지를 전달합니다.

아홉째 날에는 내향적 지문을 위한 '침묵의 시간'을 가족 일과에 포함시켜 보세요. 특히 내향성 경향이 있는 호형문과 기형문가족 구성원에게 이 시간은 필수적입니다. 하루 중 30분에서 1시간 정도를 모든 가족 구성원이 각자의 공간에서 조용히 자신만의 활동에 집중하는 시간으로 지정하세요. 이 시간은 방해받지 않는 것이 중요합니다. 처음에는 특히 외향적인 두형문 가족 구성원에게 어려울 수 있지만, 서로의 에너지 충전 방식을 존중하는 법을 배우는 중요한 과정입니다.

열째 날에는 외향적 지문을 위한 '활력의 시간'을 계획해 보세요. 이는 특히 두형문지문과 외향성 경향이 있는 다른 지문 유형들을 위한 시간입니다. 가족이 함께 대화하고, 게임을 하고, 외출하거나, 단순히 같은 공간에서 활발히 교류하는 시간을 의도적으로 만드세요. 이러한 활동은 두형문에게 필수적인 연결과 소통의 요구를 충족시켜줍니다. 내향적인 가족 구성원들에게는 도전이 될 수 있지만, 이 역시 서로의 다양한 요구를 이해하고 존중하는 훈련의 일부입니다.

열한째 날에는 감정 표현 단어장을 확장하는 활동을 해보세요. 많은 가족들이 "기쁨", "슬픔", "화남"과 같은 기본적인 감정 단어만을 사용하는 데 그치지만, 더 풍부하고 정확한 감정 어휘는 깊은 이해와 공감을 가능하게 합니다. "실망", "좌절", "흥분", "불안", "만족", "경이로움" 등 다양한 감정 단어를 포함한 목록을 만들고, 일상 대화에서 이를 활용해 보세요. 이 활동은 특히 감정 표현을 다양하게 하기 어려워하는 호형문과 기형문 가족 구성원에게 도움이 됩니다.

열둘째 날은 하루 동안 모든 비판과 판단을 삼가는 '비판 없는 날'로 지정해 보세요. 이 날은 단순히 부정적 피드백을 삼가는 것을 넘어, 모든 가족 구성원이 있는 그대로 수용되고 존중받는 경험을 제공합니다. 비판 대신 호기심과 이해로 접근하는 연습을 해보세요. "왜 이렇게 했니?"라는 질문 대신 "이 선택을 하게 된 과정이 궁금해"라고 물어보세요. 이 하루의 경험은 가족 내 소통 문화의 전반적인 변화를 위한 중요한 발판이 됩니다.

열셋째 날에는 지문별로 선호하는 감사 표현 방식을 탐색해 보세요. 감사와 인정은 모든 관계의 필수 요소이지만, 그것이 전달되는 방식은 지문에 따라 크게 다를 수 있습니다. 호형문은 자신의 구체적인 성취나 기여에 대한 명확한 인정을 선호합니다. "네가 정리한 스케줄 덕분에 우리 여행이 정말 순조롭게 진행됐어"와 같은 표현이 효과적입니다. 두형문은 감정이 담긴 진심 어린 감사를 가장 가치 있게 여깁니다. "네 덕분에 정말 소중한 시간을 보낼 수 있었어. 너와 함께 있어서 행복했어"와 같은 표현이 그들에게 깊은 의미를 줍니다. 기형문은 자신의 생각이나 통찰에 대한 인정을 통해 가치를 느낍니다. "네 의견이 정말 깊이 있었어. 덕분에 새로운 관점으로 볼 수 있었어"와 같은 피드백이 효과적입니다.

열넷째 날에는 지문 인식에 기반한 가족 의사결정 프로세스를 설계해 보세요. 이는 중요한 결정을 내릴 때 모든 지문 유형의 요구와 강점을 고려하는 포괄적인 접근법입니다. 예를 들어, 결정 과정을 세 단계로 나눌 수 있습니다.

첫 번째 단계, 기형문의 강점을 활용하여 모든 가능성과 정보를 탐색하는 탐구 단계

두 번째 단계, 두형문의 강점을 활용하여 모든 사람의 감정과 가치관을 고려하는 공감 단계

세 번째 단계, 호형문의 강점을 활용하여 구체적인 행동 계획을 수립하는 실행 단계

이러한 포괄적 접근법은 모든 가족 구성원이 의사결정 과정에 의미 있게 기여할 수 있도록 합니다.

3) 셋째 주는 이러한 인식과 소통 방식의 변화를 일상생활에 통합하는 시간입니다.

이제 지문 인식은 특별한 활동이나 연습이 아닌, 가족생활의 모든 측면에 자연스럽게 스며드는 단계로 나아갑니다.

열다섯째 날에는 가족의 아침 루틴을 각 구성원의 지문 유형을 고려하여 최적화해 보세요. 아침은 하루의 시작을 결정짓는 중요한 시간이지만, 각 지문 유형은 이상적인 아침에 대한 매우 다른 비전을 가지고 있습니다. 호형문에게는 명확한 계획과 효율적인 준비가 중요합니다. 두형문에게는 따뜻한 인사와 짧은 대화의 시간이 필요합니다. 기형문에게는 새로운 하루를 위해 정신적으로 준비할 수 있는 조용한 시간이 중요합니다. 이러한 다양한 요구를 고려한 아침 루틴을 설계해 보세요. 예를 들어, 전체 가족이 함께하는 5분간의 아침 대화 시간(두형문을 위해), 그 후 각자 자신의 일을 준비하는 독립적인 시간(호형문을 위해), 그리고 집을 나서기 전 잠시 하루의 목표와 의미를 생각하는 시간(기형문을 위해)을 포함할 수 있습니다.

열여섯째 날에는 가족 식사 시간의 대화 규칙을 새롭게 정해보세요. 식사 시간은 가족이 함께 모이는 중요한 기회이지만, 종종 일부 가족 구성원의 목소리만 두드러지게 되는 경우가 많습니다. 모든 지문 유형이 편안하게 참여할 수 있는 대화 환경을 만들기 위해, 다음과 같은 규칙을 고려해볼 수 있습니다. 대화 주제를 다양화하여 사실과 정보(호형문과 기형문이 선호)·

감정과 관계(두형문이 선호)·아이디어와 가능성(기형문이 선호)을 균형 있게 다루기, 모든 사람에게 말할 기회를 제공하기 위해 "대화 토큰" 시스템 도 입하기, 서로의 말을 끊지 않고 경청하는 습관 기르기 등이 있습니다.

열일곱째 날에는 주말 활동을 계획할 때 모든 지문 유형의 선호도를 고 려해 보세요. 주말은 재충전과 즐거움의 시간이지만, 각 지문 유형이 생각 하는 이상적인 주말은 매우 다를 수 있습니다. 호형문은 목표 지향적인 활 동(등산, 자전거 타기, DIY 프로젝트 등)을 통해 성취감을 느끼고 싶어합니다. 기형문은 관계 중심적인 활동(친구나 가족과의 만남, 대화가 많은 게임, 공동 요 리 등)을 선호합니다. 두형문은 탐구와 학습 중심의 활동(박물관 방문, 다큐멘 터리 시청, 새로운 기술 배우기 등)을 통해 의미를 찾고자 합니다. 주말 계획에 이러한 다양한 유형의 활동을 균형 있게 포함시키되, 모든 가족 구성원이 자신만의 시간도 가질 수 있도록 하세요.

열여덟째 날에는 집 안에 각 지문 유형이 편안함을 느낄 수 있는 공간을 의도적으로 마련해 보세요. 물리적 환경은 우리의 심리적 웰빙에 큰 영향을 미치며, 각 지문 유형은 서로 다른 환경에서 가장 편안함을 느낍니다. 호형 문을 위한 효율적인 작업 공간은 깔끔하게 정리되고, 필요한 모든 도구가 손쉽게 접근 가능하며, 방해 요소가 최소화된 곳입니다. 두형문을 위한 편 안한 대화 공간은 아늑하고 따뜻한 분위기의 가족 사진이나 개인적 의미가 있는 물건들로 꾸며진 곳이 좋습니다. 기형문을 위한 조용한 사색 공간은 책이나 관심 있는 주제의 자료가 있고, 외부 소음이 차단되며, 깊은 생각에 잠길 수 있는 편안한 곳이 이상적입니다. 이러한 다양한 공간을 만들어 모 든 가족 구성원이 필요할 때 자신만의 안식처를 찾을 수 있도록 하세요.

열아홉째 날에는 가족 간 디지털 소통 방식도 지문 유형에 맞게 조정해 보세요. 현대 가족의 많은 소통이 문자 메시지, 이메일, 화상 통화 등의 디지털 채널을 통해 이루어집니다. 이러한 소통에서도 지문 특성은 중요한 역할을 합니다.

두형문은 짧고 명확한 메시지를 선호하며, 신속한 응답을 기대합니다. "오늘 6시에 만나자. 괜찮아?"와 같이 간결하고 직접적인 메시지가 효과적입니다. 기형문은 더 따뜻하고 감정이 담긴 메시지를 선호합니다. 이모티콘과 개인적인 질문이 포함된 "오늘 어떻게 지냈어? 저녁에 우리 영화 보면서 함께 시간 보내면 좋을 것 같아 ❤"와 같은 메시지가 그들에게 의미 있습니다. 호형문은 배경 정보와 맥락이 있는 상세한 메시지를 선호합니다. "내일 회의가 있어서 일찍 출발해야 해. 아침식사는 냉장고에 준비해뒀고, 오후에는 3시쯤 돌아올 예정이야."와 같은 설명적인 메시지가 효과적입니다.

각 가족 구성원의 지문에 맞는 디지털 소통 방식을 개발하고, 메시지의 길이, 응답 시간, 소통 빈도 등에 대한 기대치를 조정하세요. 예를 들어, 호형문 가족 구성원에게는 중요한 정보만을 포함한 간결한 메시지를 보내고, 신속한 응답을 기대하지 않는 것이 두형문과의 소통에서는 중요할 수 있습니다. 기형문에게는 충분한 정보와 맥락을 제공하고, 그들이 생각할 시간을 가질 수 있도록 즉각적인 답변을 요구하지 않는 것이 좋습니다.

스무째 날에는 가족 구성원이 스트레스를 받을 때 서로를 어떻게 지원할지에 대한 프로토콜을 함께 만들어보세요. 스트레스 상황은 종종 가족 갈등의 원인이 되는데, 각 지문 유형이 스트레스에 반응하는 방식과 필요로 하는 지원이 매우 다르기 때문입니다.

호형문이 스트레스를 받을 때는 문제 해결을 위한 실질적인 도움이나 잠시 혼자 있을 수 있는 공간을 제공하는 것이 가장 효과적입니다. "내가 뭐 도울 일 있을까?" 또는 "네가 원할 때 언제든 얘기할 준비가 되어 있어"와 같은 접근이 좋습니다. 그들에게 감정적인 질문("어떤 기분이야?")을 계속

하는 것은 오히려 스트레스를 가중시킬 수 있습니다.

두형문이 스트레스를 받을 때는 감정적 지원과 공감이 가장 중요합니다. 그들의 감정을 인정하고 함께 있어주는 것만으로도 큰 도움이 됩니다. "정말 힘든 시간을 보내고 있구나. 내가 여기 있어"와 같은 지지의 표현을 해주세요. 문제 해결보다는 그들의 이야기를 들어주는 데 집중하는 것이 중요합니다.

기형문이 스트레스를 받을 때는 상황을 이해하고 분석할 수 있는 정보와 시간이 필요합니다. 그들에게 상황에 대한 더 많은 정보를 제공하고, 생각할 시간을 주며, 필요하다면 함께 해결책을 모색해 보세요. "이 상황에 대해 어떻게 생각해?"와 같은 질문은 그들이 자신의 생각을 정리하는 데 도움이 됩니다.

이러한 지문별 접근법을 가족 모두가 이해하고 합의하여, 스트레스 상황에서도 서로를 효과적으로 지원할 수 있는 프로토콜을 만들어보세요. 이 프로토콜은 "나 지금 정말 힘들어"라는 신호가 주어졌을 때, 각 가족 구성원이 어떻게 반응해야 하는지에 대한 명확한 지침을 포함합니다.

스물한째 날에는 지금까지의 여정을 돌아보고, 효과적이었던 것과 개선이 필요한 부분을 함께 논의하는 중간 점검 시간을 가집니다. 이 시점에서 가족들은 이미 많은 변화를 경험했을 것입니다. 일부 활동은 특히 효과적이었고, 다른 것들은 가족의 상황에 맞지 않았을 수도 있습니다. 이러한 피드백을 바탕으로 앞으로의 실천 계획을 조정하는 것이 중요합니다.

중간 점검 회의에서는 각 가족 구성원이 자신의 경험과 통찰을 공유할 수 있는 안전한 환경을 조성하세요. "지난 3주 동안 가장 의미 있었던 발견은 무엇이었나요?", "어떤 활동이 가장 도움이 되었나요?", "앞으로 3주 동안 더 집중하고 싶은 영역은 무엇인가요?"와 같은 질문을 통해 대화를 이끌어보세요. 이 과정에서 모든 의견이 동등하게 가치 있고, 비판 없이 수용된 다는 것을 강조하는 것이 중요합니다.

　스물둘째 날에는 각 가족 구성원의 지문 강점을 활용한 가족 프로젝트를 시작해 보세요. 이 프로젝트는 가족이 함께 달성하고자 하는 목표(정원 가꾸기, 휴가 계획, 가족 앨범 만들기 등)를 중심으로 구성되며, 각 구성원이 자신의 고유한 강점을 기여할 수 있는 기회를 제공합니다.

　호형문 가족 구성원의 체계화 능력은 프로젝트의 구조와 일정을 계획하는 데 큰 도움이 됩니다. 그들에게 전체 프로젝트를 관리 가능한 단계로 나누고, 진행 상황을 추적하는 역할을 맡길 수 있습니다. 두형문의 관계 구축 능력은 프로젝트에 모든 사람이 참여하고 즐길 수 있도록 하는 데 중요합니다. 그들은 팀워크를 촉진하고, 모두가 가치 있게 여겨지도록 하며, 과정에서의 즐거움을 유지하는 역할을 맡을 수 있습니다. 기형문의 깊은 이해 능력은 프로젝트의 의미와 더 큰 맥락을 파악하는 데 유용합니다. 그들은 프로젝트의 목적을 명확히 하고, 중요한 질문을 제기하며, 가족이 더 깊은 이해와 의미를 찾도록 돕는 역할을 할 수 있습니다.

　이러한 프로젝트를 통해 가족 구성원들은 서로의 강점을 실제로 경험하고 인정하게 되며, 이는 더 깊은 존중과 감사의 문화를 형성하는 데 도움이 됩니다.

　스물셋째 날에는 주요 가족 결정에 지문 인식을 명시적으로 통합해 보세요. 이는 중요한 결정을 내릴 때 모든 가족 구성원의 고유한 관점과 가치를 의식적으로 고려하는 것을 의미합니다. 예를 들어, 새 집으로의 이사, 학교 선택, 큰 가족 행사 계획과 같은 중요한 결정을 내릴 때, 다음과 같은 질문을 포함하세요.

　"호형문의 관점에서, 이 결정의 효율성과 실용성은 어떠한가? 우리의 목표를 달성하는 데 얼마나 효과적인가?"

"두형문의 관점에서, 이 결정이 우리 가족 관계에 어떤 영향을 미칠까? 모든 사람의 감정적 요구가 고려되고 있는가?"

"기형문의 관점에서, 이 결정의 더 큰 의미와 맥락은 무엇인가? 우리가 놓치고 있는 중요한 정보나 관점이 있는가?"

이러한 질문들을 통해 가족은 더 균형 잡히고 포괄적인 결정을 내릴 수 있게 되며, 모든 구성원이 의사결정 과정에 의미 있게 참여했다고 느끼게 됩니다.

스물넷째 날에는 가족 갈등이 발생했을 때 이를 해결하기 위한 지문 인식 기반 프로토콜을 완성해 보세요. 이 프로토콜은 갈등이 악화되기 전에 효과적으로 해결할 수 있는 구체적인 단계와 지침을 제공합니다.

첫 단계는 '타임아웃'의 실행입니다. 감정이 격해지고 서로의 지문 차이가 갈등을 악화시키는 것을 느낀다면, 누구든 "타임아웃"을 요청할 수 있습니다. 이는 모든 가족 구성원이 잠시 대화를 중단하고, 감정을 가라앉히며, 자신의 지문 반응을 인식할 시간을 갖는 것을 의미합니다.

두 번째 단계는 '지문 인식' 시간입니다. 각 가족 구성원이 현재 상황에서 자신의 지문이 어떻게 반응하고 있는지, 그리고 다른 구성원의 지문은 어떻게 반응할 수 있는지 생각해 봅니다. "나는 지금 전형적인 호형문 반응을 보이고 있구나", "그녀는 두형문이니 이 상황에서 관계적 측면에 더 민감할 수 있겠다"와 같은 인식이 중요합니다.

세 번째 단계는 '지문 통역' 대화입니다. 모두가 다시 모였을 때, 각자 자신의 관점을 지문 언어로 표현합니다. "내 호형문 관점에서는 효율성이 가장 중요해 보여서…", "두형문으로서 나는 모두가 소외감을 느끼지 않는 것이 중요하다고 생각해…"와 같이 자신의 지문 관점을 명확히 하되, 이것이 유일한 "옳은" 관점이 아님을 인정하는 태도가 중요합니다.

마지막 단계는 '통합된 해결책' 찾기입니다. 모든 지문 관점이 존중받고 고려된 해결책을 함께 모색합니다. 완벽한 해결책은 없을 수 있지만, 각 지문 유형의 핵심 니즈를 어느 정도 충족시키는 타협안을 찾는 것이 목표입니다.

이러한 갈등 해결 프로토콜은 실제 갈등 상황에서 즉시 적용할 수 있는 구체적인 도구를 제공하며, 가족이 더 건설적이고 존중하는 방식으로 어려운 대화를 나눌 수 있게 도와줍니다.

스물다섯째 날에는 자주 발생하는 가족 스트레스 상황에 대한 역할극을 해보세요. 실제 상황에서 지문 인식 기술을 적용하는 연습은 이론을 실제로 전환하는 중요한 단계입니다. 과거에 갈등이 발생했던 상황(아침 준비 시간, 집안일 분담, 휴가 계획 등)을 선택하고, 새롭게 개발한 지문 인식 접근법을 적용하여 시나리오를 재현해 보세요.

역할극에서는 각 가족 구성원이 자신의 역할뿐만 아니라, 다른 가족 구성원의 역할도 맡아보는 것이 유익합니다. 이를 통해 다른 사람의 관점에서 상황을 경험하고, 더 깊은 공감과 이해를 발전시킬 수 있습니다. 역할극 후에는 "이 접근법이 효과적이었나요?", "실제 상황에서는 어떻게 적용할 수 있을까요?", "이 접근법을 개선하기 위해 무엇을 더할 수 있을까요?"와 같은 질문을 통해 성찰의 시간을 가지세요.

스물여섯째부터 **스물일곱째 날**에는 24시간 동안 완벽한 지문 존중을 실천하는 챌린지에 도전해 보세요. 이 집중적인 실천 기간 동안 가족 구성원 모두가 서로의 지문 특성을 100% 존중하며 소통하고 행동하는 것을 목표로 합니다. 이는 지금까지 배운 모든, 기술과 인식을 통합적으로 적용해 보는 종합적인 경험이 될 것입니다.

챌린지의 규칙으로는 다음을 포함할 수 있습니다. 모든 대화에서 상대방의 지문 선호 소통 방식을 활용하기, 결정을 내릴 때 모든 지문 관점을 고려하기, 각 지문 유형의 니즈에 맞는 공간과 시간을 제공하기, 갈등이 발생했을 때 즉시 지문 해결 프로토콜을 적용하기 등입니다.

이 챌린지는 의식적인 노력이 필요하며 때로는 어색하게 느껴질 수 있지만, 바로 그 의식적인 실천이 새로운 패턴을 형성하는 데 중요합니다. 24시간의 집중적인 실천 후에는 "어떤 순간이 가장 도전적이었나요?", "어떤 새로운 통찰을 얻었나요?", "어떤 변화를 느꼈나요?"와 같은 질문을 통해 경험을 공유하는 시간을 가지세요.

스물여덟째 날에는 가족의 가치와 비전을 담은 지문 기반 가족 미션 선언문을 작성해 보세요. 이 선언문은 가족이 함께 추구하는 가치와 목표, 그리고 서로를 대하는 방식에 대한 약속을 포함합니다. 중요한 것은 모든 지문 유형의 가치와 강점이 균형 있게 반영되는 것입니다.

미션 선언문에는 호형문의 가치(성취, 효율성, 탁월함), 두형문의 가치(관계, 감정적 연결, 공감), 기형문의 가치(이해, 의미, 통합적 사고)가 모두 포함되어야 합니다. 예를 들어, "우리 가족은 서로의 고유한 강점과 관점을 존중하며, 효율적이고 의미 있는 목표를 함께 달성하는 동시에, 깊은 정서적 연결을 통해 서로에게 안전한 피난처가 되기 위해 노력합니다"와 같은 선언문은 모든 지문 가치를 반영합니다.

이 선언문은 단순한 문서가 아니라, 가족의 정체성과 함께하는 여정의 방향을 정의하는 중요한 나침반이 됩니다. 모든 가족 구성원이 기여하고 합의한 이 선언문을 가족의 공용 공간에 게시하여 일상에서 지속적으로 상기할 수 있도록 하세요.

스물아홉째 날에는 30일 여정을 통해 얻은 변화와 성과를 측정하고 함께

축하하는 시간을 가져보세요. 이 과정은 단순히 감상적인 회고를 넘어, 구체적이고 측정 가능한 변화를 인식하고 확인하는 중요한 단계입니다.

가족 구성원 각자가 프로젝트 시작 전과 비교하여 느끼는 변화를 공유해 보세요. 갈등의 빈도와 강도는 어떻게 변화했나요? 서로에 대한 이해와 존중은 어떻게 깊어졌나요? 소통의 질은 어떻게 향상되었나요? 이러한 질문들을 통해 구체적인 성과를 확인하고, 이를 가족 모두가 함께 이룬 성취로 인정하고 축하하세요.

축하 방식은 가족의 문화와 선호도에 맞게 선택할 수 있습니다. 특별한 가족 식사, 함께하는 활동, 작은 선물 교환, 또는 단순히 감사와 인정의 말을 나누는 시간 등 다양한 방식으로 이 중요한 이정표를 기념할 수 있습니다. 중요한 것은 이 축하가 단순한 프로젝트의 종료가 아니라, 지속적인 성장 여정의 중요한 이정표임을 인식하는 것입니다.

마지막 날인 서른째 날에는 30일의 프로젝트를 넘어 지문 존중의 문화를 가족의 일상에 지속적으로 통합할 수 있는 계획을 함께 수립해 보세요. 이는 일시적인 실험이 아닌, 가족 문화의 영구적인 변화를 위한 중요한 단계입니다.

지속 가능한 실천 계획에는 다음과 같은 요소를 포함할 수 있습니다. 정기적인 지문 인식 대화(예: 매주 일요일 저녁 15분간의 지문 체크인), 지속적인 학습(가족 구성원이 돌아가며 지문 관련 새로운 통찰이나 정보를 공유), 습관화된 실천 방법(아침 인사, 저녁 식사, 갈등 해결 등 일상적 순간에 지문 인식을 통합), 기념일 설정(매년 이 30일 프로젝트 시작일을 '가족 지문 인식의 날'로 지정하여 함께 돌아보고 축하하는 시간으로 만들기) 등이 있습니다.

이 계획은 실현 가능하고 가족의 일상에 자연스럽게 통합될 수 있는 것이어야 합니다. 너무 많은 활동이나 의무를 포함하지 않도록 주의하고, 가족의 현실적인 상황과 역량을 고려하세요. 중요한 것은 지속성과 일관성이며, 작은 일상적 실천이 모여 큰 변화를 만들어낸다는 것을 기억하세요.

30일의 여정이 끝날 즈음, 여러분은 서로를 더 깊이 이해하고, 갈등을 효과적으로 다루며, 각자의 강점을 존중하는 새로운 가족 문화를 경험하게 될 것입니다. 이것은 끝이 아닌 새로운 시작입니다. 지문 인식의 여정은 평생 계속되는 성장과 발견의 과정이며, 가족이 함께 발전하고 번영하는 강력한 소통도구가 될 것입니다.

3. 내일 당장 시작할 수 있는 맞춤형 대화 기술

효과적인 가족 소통은 서로 다른 지문 유형에 맞춘 대화 기술에서 시작됩니다. 각 지문 유형은 서로 다른 소통 방식을 선호하며, 이를 존중할 때 대화의 질이 크게 향상됩니다. 맞춤형 대화 기술을 개발하는 것은 '번역가' 역할을 하는 것과 같습니다. 자신의 메시지를 상대방의 지문 언어로 전달하는 것입니다.

1) 호형문 지문을 가진 가족과 대화할 때는 핵심부터 말하는 것이 중요합니다.

호형문은 효율적인 정보 처리를 선호하며, 대화의 핵심 요점을 빠르게 파악하고자 합니다. "결론부터 말하자면, 이번 주말에 가족 여행을 계획하고 있어"와 같이 명확하고 직접적인 접근이 효과적입니다. 이러한 접근법은 호형문에게 전체 대화의 맥락과 목적을 즉시 이해할 수 있게 해주며, 불필요한 좌절을 줄여줍니다.

호형문과의 대화에서는 감정보다는 해결책 중심으로 대화를 이끌어가는 것이 좋습니다. "이 문제를 어떻게 해결할까?"와 같은 질문은 아치형의 문제 해결 성향에 잘 맞습니다. 그들은 감정에 오래 머무르기보다 구체적인 행동과 해결책으로 넘어가는 것을 선호합니다. 물론 이것이 감정을 완전히 무시해야 한다는 의미는 아닙니다. 짧게 감정을 인정한 후 해결책으로 넘어가는 것이 균형 잡힌 접근법입니다.

시간 약속을 명확히 하는 것도 호형문 지문을 존중하는 중요한 방법입니다. "이 대화는 10분만 할게"와 같이 시간 프레임을 설정하면 아치형은 자원(이 경우에는 시간)이 효율적으로 사용될 것이라는 확신을 갖고 대화에 참여할 수 있습니다. 이는 그들이 마음을 편히 갖고 대화에 집중할 수 있게 해주는 안전장치와 같은 역할을 합니다.

대화를 마무리할 때는 "그럼 다음 세 단계를 실행하자"와 같이 실행 가능한 단계로 정리해주면 호형문 지문은 만족감을 느낍니다. 이는 대화가 단순한 논의를 넘어 구체적인 결과로 이어진다는 확신을 주며, 호형문의 성취 지향적 성향에 잘 맞습니다. 대화의 결론이 명확한 행동 계획으로 연결될 때, 호형문은 그 대화가 가치 있고 생산적이었다고 느낍니다.

2) 두형문 지문과 대화할 때는 감정 확인으로 시작하세요.

"오늘 어떤 기분이니?"와 같은 질문은 두형문이 자신의 내면을 표현할 수 있는 안전한 공간을 만들어줍니다. 두형문에게 감정적 연결은 대화의 핵심 요소이며, 그들은 실제 주제로 넘어가기 전에 이러한 연결이 먼저 이루어지기를 원합니다. 이 감정적 체크인은 '형식적인 인사'가 아니라, 진정으로 상대방의 상태에 관심을 가지고 이해하려는 노력으로 접근해야 합니다.

'두형문에게는 충분히 말할 시간을 제공하는 것이 중요합니다.'
그들은 종종 대화를 통해 자신의 생각과 감정을 정리하며, 이 과정은 단순히 정보 전달 이상의 의미를 갖습니다. 서두르지 말고 "더 이야기 해 줄래?"라고 격려하는 것은 그들이 자신의 이야기를 충분히 풀어낼 수 있게 해줍니다. 이 때 비언어적 신호(고개 끄덕임, 눈 맞춤, 몸을 약간 앞으로 기울이기 등)를 통해 적극적 경청을 보여주는 것도 두형문에게는 매우 중요합니다. 이러한 신호들은 "나는 당신의 이야기에 진정으로 관심이 있고, 당신을 이해하고 싶다"는 메시지를 전달합니다.

공감 표현을 강화하는 것은 두형문과의 소통에서 핵심적인 요소입니다. "그런 상황에서 그렇게 느꼈다니 정말 이해해"와 같은 표현은 두형문이 자신의 감정이 인정받고 이해받았다고 느끼게 해줍니다. 이러한 공감은 단순한 동의가 아니라, 상대방의 관점에서 상황을 바라보려는 진정한 노력을 의미합니다. 두형문에게는 이런 감정적 연결이 대화의 실질적 내용만큼이나, 때로는 그보다 더 중요할 수 있습니다.

문제 해결 과정에서도 "우리 함께 방법을 찾아보자"라는 협력적 접근이 두형문에게 효과적입니다. 이는 문제 해결이 개인의 독립적인 과업이 아니라 관계 속에서 함께 이루어지는 과정임을 강조합니다. 두형문은 이러한 협력적 접근을 통해 문제 해결 과정에서도 관계적 연결을 유지할 수 있으며, 이것이 그들에게 안전감과 지지의 경험을 제공합니다.

3) 기형문 지문과 대화할 때는 맥락과 배경을 충분히 제공하는 것이 핵심입니다.

"전체 상황을 설명해 줄게"라고 시작하여 큰 그림부터 설명해주는 것은 기형문의 맥락 지향적 사고 방식에 잘 맞습니다. 기형문은 개별적인 사실이나 정보보다는 그것들이 어떻게 연결되고 더 큰 전체를 구성하는지에 관심이 있습니다. 따라서 대화를 시작할 때 전체적인 맥락과 배경을 먼저 제공하는 것이 그들의 이해를 돕습니다.

질문을 환영하는 태도를 보이고 "더 알고 싶은 점 있니?"라고 물어보는 것은 기형문의 지적 호기심과 깊이 있는 이해에 대한 욕구를 존중하는 방법입니다. 기형문은 종종 표면적인 설명에 만족하지 않고, 더 깊은 이해와 연결을 추구합니다. 그들의 질문을 번거로움이 아닌 대화를 풍요롭게 하는 기회로 받아들이는 태도가 중요합니다. 이런 접근은 "당신의 지적 호기심과 깊이 있는 이해에 대한 추구를 나는 가치 있게 여긴다"는 메시지를 전달합니다.

선택지를 제시하는 것도 기형문의 사고 과정을 돕는 효과적인 방법입니다. "A, B, C 중에 어떤 것이 좋을까?"와 같이 여러 옵션을 제공하는 것은 기형문이 각 선택의 의미와 영향을 고려할 수 있는 기회를 줍니다. 이는 단순히 선택권을 주는 것을 넘어, 그들의 분석적이고 통합적인 사고 과정을 지원하는 방식입니다. 각 옵션의 장단점과 더 큰 맥락에서의 의미를 함께 탐색하는 것은 기형문과의 의미 있는 대화를 이끌어낼 수 있습니다.

사실과 감정 모두를 다루는 균형 잡힌 접근도 기형문과의 소통에서 중요합니다. "이런 사실이 있고, 나는 이렇게 느꼈어"와 같이 객관적 정보와 주관적 경험을 모두 포함하는 것이 효과적입니다. 기형문은 종종 사실만 제시되거나 감정만 표현되는 경우 불완전하다고 느낄 수 있습니다. 그들은 전체적인 그림을 보길 원하며, 이는 객관적 현실과 그것이 주관적으로 어떻게 경험되는지 모두를 포함합니다.

4) 복합형 지문과 대화할 때는 유연성이 핵심입니다.

복합형은 상황과 맥락에 따라 다른 지문 특성을 보일 수 있으므로, 그들의 현재 상태와 요구에 맞게 접근법을 조정하는 능력이 중요합니다. "지금은 감정에 집중할까, 아니면 해결책에 집중할까?"라고 물어보며 상황별 접근법을 명시하는 것은 복합형에게 자신의 현재 요구를 인식하고 표현할 수 있는 기회를 제공합니다. 이러한 질문은 "나는 당신의 다양한 측면을 인식하고, 당신이 지금 필요로 하는 것에 맞추고 싶다"는 메시지를 전달합니다.

주제를 바꿀 때는 "이제 주제를 바꿀게"라고 명확히 알려주는 것이 특히 복합형과의 대화에서 중요합니다. 복합형은 때로 여러 지문 특성 사이에서 전환하는 과정에서 혼란을 경험할 수 있으므로, 대화의 흐름에 대한 명확한 신호가 도움이 됩니다. 이러한 명시적인 전환 신호는 대화의 구조와 방향성을 제공하여 복합형이 자신의 사고와 감정을 더 잘 조직할 수 있게 돕습니다.

"지금 내 말하는 방식이 도움이 되니?"라고 소통 스타일을 수시로 확인하는 것은 복합형과의 대화에서 특히 가치 있는 접근법입니다. 이는 대화가 일방적인 전달이 아닌, 함께 만들어가는 과정임을 인정하는 것이며, 복합형의 변화하는 요구에 지속적으로 적응하려는 의지를 보여줍니다. 이러한 확인은 대화의 효과성을 높이면서 동시에 상대방에 대한 존중과 배려를 표현합니다.

무엇보다 "네가 편한 방식으로 이야기하자"라는 태도로 유연성을 발휘하는 것이 복합형과의 소통에서 가장 중요합니다. 이는 상대방의 복잡성과 다면성을 인정하고, 그들이 자신의 고유한 방식으로 표현할 수 있는 안전한 공간을 제공하는 것입니다. 이러한 열린 태도는 복합형이 자신의 다양한 측면을 통합적으로 표현할 수 있게 하며, 더 깊고 진정성 있는 대화로 이어질 수 있습니다.

이러한 맞춤형 대화 기술은 금방 습득되지 않을 수 있습니다.

처음에는 의식적인 노력이 필요하고, 때로는 어색하게 느껴질 수도 있습니다. 각 지문 유형에 맞는 소통 방식은 마치 새로운 언어를 배우는 것과 같아서, 꾸준한 연습과 인내가 필요합니다. 하지만 매일 조금씩 연습하면서 가족 대화에 적용해 보세요. 처음에는 한 번의 대화에서 한 가지 기술만 집중적으로 적용해보는 것도 좋은 시작입니다. 예를 들어, 오늘은 호형문 가족 구성원에게 대화를 시작할 때 항상 핵심부터 말하는 것만 의식적으로 연습해 볼 수 있습니다.

시간이 지남에 따라 이러한 맞춤형 대화 기술은 점차 자연스러운 소통 패턴으로 자리 잡게 될 것입니다. 마치 자전거 타기를 배우는 것처럼, 처음에는 모든 동작에 의식적인 주의를 기울여야 하지만, 충분한 연습 후에는 자연스럽게 몸에 배게 됩니다. 그리고 이러한 노력의 결과는 분명히 가치가 있습니다. 서로 다른 지문 언어를 존중하는 대화는 가족 관계의 질을 근본적으로 변화시키는 마법과 같은 힘을 갖고 있습니다.

이러한 맞춤형 대화 기술의 궁극적인 목표는 서로의 차이를 장벽이 아닌 기회로 전환하는 것입니다. 가족 구성원 각자의 고유한 지문 언어를 이해하고 존중함으로써, 우리는 더 깊은 이해와 연결, 그리고 갈등을 줄이고 조화를 증진하는 새로운 소통의 가능성을 열게 됩니다. 이것은 단순한 기술의 습득을 넘어, 서로의 내면 세계를 존중하고 가치 있게 여기는 근본적인 태도의 변화를 의미합니다.

매일의 작은 노력과 인식이 모여 시간이 지남에 따라 가족 소통의 질과 깊이에 놀라운 변화를 가져올 것입니다. 인내심을 갖고 이 여정을 즐기며, 서로에 대한 더 깊은 이해와 존중의 길을 함께 걸어가세요. 서로 다른 지문 언어를 존중하는 가족은 갈등에서도 성장의 기회를 발견하고, 각자의 고유한 강점이 인정받고 빛나는 환경을 만들어갈 수 있습니다.

제13장

교실에서 꽃피는 다양성의 정원

1. 한 교실 안의 스무 개 우주 - 다양한 지문 타입 다루기

교실은 다양한 지문 우주가 공존하는 공간입니다. 20명의 학생이 있다면, 20개의 서로 다른 학습 방식, 소통 패턴, 세상을 이해하는 방식이 있습니다. 이러한 다양성은 교실의 풍요로움이자 교사에게는 도전이 됩니다.

1) 교실 지문 맵 만들기

학생들과 함께 지문검사를 진행하고, 그 결과를 시각화하여 교실 벽에 게시해보세요. 모든 지문 유형에 동등한 가치를 부여하고, 각 지문의 강점과 기여점을 함께 표시하는 것이 중요합니다.

2) 교실 내 지문 유형 분포도 작성

단순한 숫자나 비율이 아닌, 각 지문 유형의 특성과 강점을 함께 기록하세요. 호형문 학생들은 목표 지향적 학습을, 두형문은 협력적 창의성을, 기형문은 깊은 이해와 통찰을 교실에 기여한다는 점을 강조해 보세요.

3) 각 지문 유형별 최적 학습 환경 파악

호형문은 명확한 목표와 구조화된 환경에서, 두형문은 협력적이고 표현이 자유로운 환경에서, 기형문은 깊은 사고와 탐구가 가능한 환경에서 최상의 성과를 냅니다. 수업 내에서 다양한 학습 활동을 번갈아 제공하여 모든 지문 유형이 강점을 발휘할 기회를 만들어 주세요.

4) 모든 지문 유형을 위한 교실 공간 재구성

교실 한쪽에는 조용한 개인 학습 공간을, 다른 쪽에는 협력적 그룹 작업 공간을, 또 다른 곳에는 창의적 표현을 위한 공간을 마련해 보세요. 학생들이 자신의 지문 특성에 맞는 공간을 선택할 수 있도록 하는 것은 학습 효과와 심리적 안정감을 모두 높일 수 있습니다.

5) 지문 인식 기반 학생 그룹핑 전략 개발

다양한 지문 유형을 포함한 균형 잡힌 그룹을 구성하거나, 특정 프로젝트에서는 유사한 지문 유형끼리 그룹을 만들어보세요. 그룹핑이 고정되지 않고 다양한 학습 목표에 따라 유연하게 변화할 수 있도록 제공하는 것이 중요합니다.

6) 지문 다양성 축하의 날 만들기

매월 특정 날짜를 지정해 모든 지문 유형의 가치를 기념하는 활동을 진행해
보세요. 각 지문 유형의 강점을 탐색하고, 다양한 지문 특성을 가진 역사적
인물들을 찾아보고 소개하며, 다양성을 축하하는 프로젝트를 진행해 보세요.

7) 교사의 지문 인식

교사 자신의 지문 유형을 알 수 있는 것은 교수법, 학생 평가, 교실 관리에
미치는 영향을 파악하고, 다른 지문 유형의 관점에서도 교육 방식을 고려하
고 균형 잡힌 접근법을 개발할 수 있어 아이들에게 도움을 줄 수 있습니다.

2. 수업 시간이 즐거워지는 지문 기반 교육과정 설계 비법

1) 성향별 교수법

① 감성형 학생을 위한 교수법

수업 시작 시 '오늘의 마음 온도계'로 감정 상태를 확인하고 공유하는 시간
을 가져 보세요. 학습 내용을 개인적 경험이나 감정과 연결시켜 의미를 부
여할 수 있도록 도와주세요. 스토리텔링, 문학적 접근, 감정 일기 작성 등을
통해 내면의 성찰을 촉진하세요. 따뜻하고 지지적인 피드백을 제공하며,
학생의 감정 표현을 격려하세요.

② 독창형 학생을 위한 교수법

새로운 단원 시작 시 '큰 그림'과 '숨겨진 연결고리'를 탐색할 수 있는 기회를 제공해 주세요. 충분한 질문과 탐구 시간을 확보하고, 기존 틀을 벗어나는 아이디어를 표현할 때 크게 환영해 주세요. 개념 맵, 마인드맵, 통합적 프로젝트를 활용하여 지식의 새로운 연결성을 발견하도록 도와주세요. 심층적 토론과 철학적 사고를 촉진하는 질문을 던져주세요.

③ 규율원칙형 학생을 위한 교수법

수업 시작 시 '오늘의 핵심 성취 목표 3가지'와 명확한 학습 계획을 제시해 주세요. 체계적이고 순서가 있는 학습 구조를 제공하고, 규칙과 기준을 명확히 설명해 주세요. 시간 관리 도구와 진행 상황 체크리스트를 활용하여 학습 과정을 시각화 해주세요. 정확성과 완성도를 중시하는 과제와 명확한 평가 기준을 제공해 주세요.

④ 창조사고형 학생을 위한 교수법

도전적인 문제 해결 기회를 제공하고, 창의적 사고를 요구하는 과제를 설계해 주세요. 프로젝트를 명확한 단계로 구조화하되, 창의적 접근 방식은 자유롭게 허용해 주세요. 브레인스토밍, 아이디어 발상법, 혁신적 사고 기법을 수업에 도입하세요. 효율적 시간 사용을 중시하면서도 창의적 실험을 격려하세요.

⑤ 지도자형 학생을 위한 교수법

수업에서 리더십 역할을 맡을 수 있는 기회를 적극적으로 제공해 주세요.

팀 프로젝트에서 팀장 역할을 부여하고, 발표와 토론을 주도하도록 격려해 주세요. 사회적 이슈와 연결된 학습 내용을 다루어 영향력을 발휘할 수 있게 해 주세요. 동료 멘토링, 또래 교수법 등을 통해 다른 학생들을 도울 기회를 마련해 주세요.

⑥ 완벽주의형 학생을 위한 교수법

높은 기준과 세부적인 가이드라인을 제공하여 완성도 높은 결과물을 만들 수 있도록 도와주세요. 단계별 점검과 피드백을 통해 지속적인 개선 기회를 제공해 주세요. 정확성과 정밀함을 요구하는 과제와 심화 학습 기회를 마련해 주세요. 실수에 대한 두려움을 줄이고, 완벽함보다는 성장 과정을 강조하는 환경을 조성해 주세요.

⑦ 조정협조형 학생을 위한 교수법

협력적 그룹 활동을 증가시키고, 팀 내 조정자 역할을 맡을 기회를 제공해 주세요. 갈등 해결, 협상, 중재 등의 기술을 학습 과정에 자연스럽게 포함시키세요. 다양한 의견을 수렴하고 조화시키는 활동을 통해 강점을 발휘하게 하세요. 토론에서 중재자 역할을 맡거나, 그룹 간 연결 고리 역할을 하도록 격려하세요.

⑧ 현실주의형 학생을 위한 교수법

실생활과 직접 연결되는 실용적인 학습 내용과 사례를 제공해 주세요. 이론보다는 실제 적용 가능한 기술과 지식에 중점을 두세요. 현실적인 문제 해결 과제와 실무 중심의 프로젝트를 설계해 주세요. 학습 내용이 미래 진로나 실생활에 어떻게 도움이 되는지 명확히 설명해 주세요.

⑨ 독창이상형 학생을 위한 교수법

창의적이면서도 이상적인 비전을 제시할 수 있는 프로젝트를 제공해 주세요. 사회 변화와 혁신을 주제로 한 탐구 활동을 설계해 주세요. 미래 지향적이고 이상적인 해결책을 모색하는 과제를 부여해 주세요. 독창적 아이디어와 이상적 가치를 모두 추구할 수 있는 학습 환경을 조성해 주세요.

⑩ 예술이상형 학생을 위한 교수법

예술적 표현과 창작 활동을 학습 과정에 적극 도입해 주세요. 아름다움과 조화를 추구하는 과제와 프로젝트를 설계해 주세요. 시각적, 청각적, 감각적 학습 자료를 풍부하게 활용하세요. 창의적 결과물을 통해 학습 내용을 표현할 수 있는 기회를 많이 제공하세요.

2) 통합적 교실 운영 전략

공간 재구성
- 11가지 성향을 고려하여 교실에 다양한 학습 존을 마련하세요.

교실에 다양한 작업 영역을 만들어 학생들이 자신의 지문 특성에 맞는 환경에서 학습할 수 있도록 하세요. 조용한 성찰 공간, 협력 공간, 활동적 공간을 구분하여 제공하세요.

조용한 성찰 공간	협력 공간	창작 공간	체계적 학습 공간	실습 공간
감성형	지도자형	예술이상형	규율원칙형	현실주의형
독창형	조정협조형	독창이상형	완벽주의형	창조사고형

평가 다양화
- 각 성향의 강점을 발휘할 수 있는 다양한 평가 방식을 제공하세요.

객관식 시험, 에세이, 프로젝트 기반 평가, 발표, 토론 참여 등 다양한 평가 방식을 균형 있게 활용하여 모든 지문 유형이 자신의 강점을 발휘할 수 있는 기회를 제공하세요.

감성형	지도자형	예술이상형	규율원칙형	현실주의형
감정 반성문	리더십 평가	예술 작품	체계적 보고서	실용적 솔루션
독창형	조정협조형	독창이상형	완벽주의형	창조사고형
창의적 해석	협력 프로젝트	비전 제시	정밀 분석	혁신 제안서

교수법 믹스
- 45분 수업을 여러 세그먼트로 나누어 각 성향에 맞는 활동을 순환시키세요.

하나의 수업에서 다양한 지문 유형을 위한 활동을 번갈아 제공하세요. 45분 수업을 여러 세그먼트로 나누어 구조화된 학습, 협력적 활동, 개인 성찰 시간 등을 포함시키면 모든 학생이 참여할 수 있는 기회를 갖게 됩니다.

감정 체크인	목표 제시	개념 탐구
5분	5분	10분
협력 활동	창의적 적용	성찰 및 정리
10분	10분	5분

선택권 부여
- 같은 학습 목표를 달성하는 11가지 방법을 제시하세요.

감정 에세이, 독창적 해석, 체계적 분석, 창의적 솔루션, 리더십 발표, 완벽한 보고서, 협력 프로젝트, 실용적 제안, 미래 비전, 예술 작품, 통합적 접근 등 다양한 선택지를 제공하세요.

3. 기적의 교실 변화 예시 스토리

1) 학생들 간 갈등이 많고, 참여도가 불균형하며, 일부 학생들만 수업을 주도하는 상황인 교실상황

① 지문 유형 기반으로 좌석 재배치

각 그룹에 다양한 지문 유형이 고르게 분포되도록 자리를 재배치 해보세요. 이를 통해 각 지문 유형의 상호보완적 특성을 활용하게 되고 그룹 활동의 효과를 극대화할 수 있어요.

② 모든 수업에 다양한 지문 유형을 위한 활동 통합

45분 수업을 세 부분으로 나누어 구성하고 직접 교수법(호형문 선호), 소그룹 토론(두형문 선호), 개인적 성찰과 개념 연결(기형문 선호) 시간을 균형 있게 포함시켜 보세요.

③ 주간 '지문 인식의 시간' 도입

매주 금요일 마지막 시간에 학생들과 함께 그 주에 경험한 지문 관련 인사이트를 나누는 시간을 가지고. 이 활동은 다양성 존중 문화 형성에 중요한 역할을 할 수 있습니다.

④ 상호 코칭 시스템으로 다른 지문 유형 간 협력 장려

서로 다른 지문 유형의 학생들이 짝을 이루어 서로의 강점을 가르치고 배우는 시간을 가지면 그 과정에서 학생들은 자신의 지문 특성에 자부심을 느끼는 동시에 다른 지문 유형의 가치를 인정할 수 있게 됩니다.

⑤ 즉시 실행 가능한 미니 혁신

수업 시작 전 지문 유형별 다른 준비 활동 제공
호형문에게는 목표 설정, 두형문에게는 감정 체크인, 기형문에게는 전체
맥락 리뷰를 제공하는 짧은 활동으로 수업을 시작해 보세요.

⑥ 과제 제출 방식에 다양한 옵션 제공

같은 학습 목표를 위한 에세이, 프레젠테이션, 포스터, 동영상 등 다양한
형식을 허용하여 모든 지문 유형이 강점을 발휘할 수 있게 해보세요.

⑦ 피드백 전달 방식을 지문 유형에 맞게 조정

호형문에게는 직접적이고 명확한 피드백, 두형문에게는 관계적 맥락 속 피
드백, 기형문에게는 전체적 맥락과 함께 제공하는 상세한 피드백을 주세요.

2) 교실 내 지문 유형 이해

① 교실 내 '지문 유형 이해 카드' 비치

학생들이 서로의 지문 특성을 이해하고 존중하는 데 참고할 수 있도록 교실
에 지문 유형별 특성, 강점, 선호하는 소통 방식 등이 담긴 카드를 비치하세
요. 학생들이 어려움을 겪을 때 이 카드를 참고하여 서로를 이해하는 도구
로 활용할 수 있습니다.

② 갈등 상황에서 '지문 통역사' 역할 도입

학생들 중 지문 이해도가 높은 아이들이 서로 다른 지문 유형 간의 의사소

통을 돕는 '지문 통역사' 역할을 맡도록 해보세요. "진우가 하고 싶은 말은 이런 것 같아", "민지는 아마도 이런 의미로 말한 것 같아"와 같이 서로의 언어를 번역해주는 역할입니다.

③ 수업 계획에 모든 지문 유형을 위한 활동 포함 체크리스트 활용

수업을 계획할 때 호형문, 두형문, 기형문 학생들을 위한 활동이 모두 포함되었는지 확인하는 체크리스트를 활용하세요. 균형 잡힌 수업 설계는 모든 학생의 참여와 학습 효과를 향상시킵니다.

④ 주간 '다른 지문 친구 이해하기' 활동 진행

매주 한 번, 학생들이 자신과 다른 지문 유형의 관점에서 생각해보는 활동을 진행하세요. "만약 내가 호형문/두형문/기형문이라면 이 상황에서 어떻게 느끼고 행동할까?"와 같은 질문을 통해 공감 능력을 키울 수 있습니다.

⑤ 지문 유형별 강점을 활용한 특별 임무 부여

학급 운영과 프로젝트에서 각 지문 유형의 강점을 활용한 역할을 부여해보세요. 호형문 학생에게는 계획과 조직, 두형문에게는 팀 조율과 동기부여, 기형문에게는 깊은 조사와 분석 역할을 맡기는 것이 효과적입니다.

⑥ 학부모 면담에 자녀의 지문 유형 정보 통합

학부모 면담 시 아이의 지문 유형과 그에 따른 학습 및 소통 특성을 공유하세요. 가정에서도 지문 인식 접근법을 활용할 수 있도록 구체적인 전략을 제안하고, 학교-가정 간 일관된 지원 체계를 구축하세요.

⑦ 교사 간 지문 기반 수업 아이디어 교환 네트워크 구축

같은 학교 또는 지역 교사들과 지문 기반 교육 경험과 아이디어를 공유하는 네트워크를 만들어 보세요. 성공 사례, 도전 과제, 혁신적 접근법을 함께 나누며 지문 인식 교육 문화를 확산시킬 수 있습니다.

제14장

상처받은 아이들을 위한 치유의 지도

1. 지문으로 이해하는 트라우마와 회복의 메커니즘

트라우마는 모든 아이에게 상처를 남기지만, 그 경험과 반응은 지문 유형에 따라 다른 양상을 보입니다. 아이의 지문 유형을 이해하는 것은 트라우마 반응을 정확히 파악하고 회복을 효과적으로 지원하는 핵심 통찰을 제공합니다.

1) 감성형

① 트라우마 반응

감성형 아이들은 감정적 안전감의 상실에 가장 취약합니다. 트라우마는 내면의 감정 세계가 무너지는 경험으로 느껴집니다. 주요 반응으로는 감정의 완전한 차단(감정 마비) 또는 감정의 폭발적 분출이 나타납니다. 혼자 있는 시간이 급격히 늘어나거나, 일기 쓰기나 예술 활동에 과도하게 몰입하는 모습을 보일 수 있습니다. 자신의 감정을 표현하는 것에 대한 극도의 두려움이나 타인의 감정에 과도하게 민감해지는 반응도 나타납니다.

② 트라우마 회복

감정적 안전 공간 조성이 최우선입니다. 비판 없이 감정을 표현할 수 있는 개인적 공간을 마련하고, 그 감정이 타당하다는 것을 지속적으로 확인시켜 주세요.

'감정 색깔 일기' 작성을 통해 매일 자신의 감정을 색깔로 표현하고 그 이유를 간단히 적게 하세요. 빨간색(화남), 파란색(슬픔), 노란색(기쁨) 등으로 감정에 이름을 붙이고 시각화하는 연습이 효과적입니다.

예술적 표현 도구(그림, 음악, 글쓰기)를 제공하여 직접적인 언어 표현이 어려울 때 간접적으로 감정을 표현할 수 있도록 도와주세요. 신뢰할 수 있는 한 명의 성인과의 안정적 관계부터 시작하여 점진적으로 관계망을 확장하는 것이 중요합니다.

2) 독창형

① 트라우마 반응

독창형 아이들은 세상의 의미와 질서의 붕괴에 극도로 민감합니다. 트라우마는 기존의 인식 체계와 가치관이 완전히 무너지는 경험으로 다가옵니다. 과도한 철학적 사고나 실존적 질문에 매몰되거나, 반대로 모든 의미를 부정하는 허무주의적 태도를 보일 수 있습니다. 특정 이론이나 개념에 강박적으로 집착하거나, 끝없는 "왜?"라는 질문을 반복하는 모습이 나타납니다. 기존 시스템에 대한 극도의 불신이나 완전히 새로운 체계를 만들려는 시도도 보입니다.

② 트라우마 회복

전체적 맥락과 새로운 의미 체계 제공이 핵심입니다. 트라우마 경험을 포함한 확장된 세계관을 형성할 수 있도록 충분한 정보와 설명을 제공하세요.

'이해의 우주 지도' 만들기 활동을 통해 자신이 이해하는 것들을 우주 지도처럼 연결하여 그려보게 하세요. 트라우마 경험, 느낀 감정, 배운 점, 의문점, 새로운 깨달음 등을 시각적으로 연결하는 과정은 사건을 맥락화하고 새로운 의미를 찾는 데 도움이 됩니다.

질문할 기회를 지속적으로 보장하고, 매일 정해진 시간에 자유롭게 질문하고 함께 탐구하는 시간을 마련하세요. 개념 간 연결성을 회복할 수 있도록 서로 다른 개념들을 창의적으로 연결하는 게임이나 활동을 제공하는 것도 효과적입니다.

3) 규율원칙형

① 트라우마 반응

규율원칙형 아이들은 예측 가능성과 안정성의 상실에 가장 큰 충격을 받습니다. 트라우마는 믿어왔던 규칙과 질서가 무너지는 경험입니다. 더욱 엄격한 규칙과 루틴을 만들어 자신을 통제하려 하거나, 작은 변화에도 극도의 불안을 보입니다. 완벽주의가 심화되어 조금의 실수도 용납하지 못하거나, 모든 것을 미리 계획하고 통제하려는 강박적 행동이 나타납니다. 권위에 대한 맹목적 의존이나 반대로 모든 규칙에 대한 거부감을 보이기도 합니다.

② 트라우마 회복

예측 가능한 일상 구조 제공이 가장 중요합니다. 명확한 시간표, 예상 가능한 루틴, 단계별 접근법을 통해 통제감을 회복할 수 있도록 도와주세요.

'내가 통제할 수 있는 것' 일일 목록 작성이 핵심 활동입니다. 매일 아침 자신의 호흡, 선택하는 옷, 읽는 책, 친절한 말, 정리 정돈, 시간 관리 등 일상에서 통제할 수 있는 5-7가지 요소를 적게 하세요.

점진적인 통제감 회복을 위해 작은 결정(간식 선택)부터 시작하여 중간 결정(활동 선택), 큰 결정(계획 수립) 순서로 단계적으로 선택권을 확대해주세요. 하루-일주일-한 달 단위의 성취 가능한 목표를 설정하여 성공 경험을 지속적으로 쌓는 것이 중요합니다.

4) 창조사고형

① 트라우마 반응

창조사고형 아이들은 효율성과 성취의 좌절에 깊이 상처받습니다. 트라우마는 자신의 능력과 가능성에 대한 믿음이 흔들리는 경험입니다. 과도한 성취 욕구로 자신을 몰아붙이거나, 완전히 포기하고 무기력해지는 양극단 반응을 보입니다. 혁신적 아이디어에 대한 강박이나 끝없는 프로젝트 시작과 중단을 반복할 수 있습니다. 시간 효율성에 대한 극도의 집착이나 생산성이 떨어질 때의 극심한 자책감도 나타납니다.

② 트라우마 회복

효율적 성취 시스템 재구축을 통해 통제감과 자신감을 회복시켜 주세요. 시간 관리와 목표 달성 방법을 체계화하고, 진행 상황을 시각적으로 추적할 수 있는 도구를 제공하세요.

'15분 혁신 프로젝트'를 매일 진행하게 하여 작은 규모지만 완성 가능한 창의적 과제를 제공하세요. 새로운 아이디어 스케치, 효율적인 방법 고안, 문제 해결 방안 제시 등이 좋은 예시입니다.

프로젝트 진행 상황을 차트나 그래프로 시각화하여 성취감을 높이고, 작은 것이라도 끝까지 완성하는 성공 경험을 지속적으로 제공하는 것이 중요합니다. 혁신적 아이디어에 대한 인정과 격려를 아끼지 마세요.

5) 지도자형

① 트라우마 반응

지도자형 아이들은 영향력과 통제력의 상실에 가장 취약합니다. 트라우마는 다른 사람을 보호하고 이끌 수 없다는 무력감으로 경험됩니다. 과도한 책임감으로 모든 것을 자신의 탓으로 돌리거나, 타인을 더욱 강하게 통제하려는 시도를 보일 수 있습니다. 리더십 역할에서 완전히 물러나거나, 반대로 모든 상황을 주도하려는 강박적 행동이 나타납니다. 다른 사람의 고통을 자신의 책임으로 느끼는 과도한 죄책감도 특징적입니다.

② 트라우마 회복

단계별 리더십 역할 복귀를 통해 영향력과 자신감을 점진적으로 회복시켜 주세요. 작은 그룹에서의 역할부터 시작하여 큰 그룹, 공식적 역할 순서로 확대해나가세요.

'오늘 도운 사람' 일기를 매일 작성하게 하여 자신이 다른 사람에게 도움이 되었던 작은 일들을 기록하게 하세요. 친구의 고민 들어주기, 과제 도와주기, 격려의 말 건네기 등이 포함될 수 있습니다.

책임감의 범위를 명확히 설정하여 자신이 책임질 수 있는 범위와 없는 범위를 구분할 수 있도록 도와주세요. 후배나 어린 친구들을 멘토링하며 긍정적 영향력을 경험할 수 있는 기회를 제공하는 것도 효과적입니다.

6) 완벽주의형

① 트라우마 반응

완벽주의형 아이들은 기준과 품질의 붕괴에 극도로 민감합니다. 트라우마는 자신이 추구해온 완벽함이 무의미해지는 경험입니다. 더욱 높은 기준을 설정하여 자신을 괴롭히거나, 아예 포기하고 "어차피 완벽할 수 없다"는 절망감에 빠질 수 있습니다. 세세한 부분에 대한 강박적 집착이나 작은 실수에 대한 극도의 자기비난이 나타납니다. 타인의 평가에 대한 과도한 민감성이나 비판에 대한 극심한 두려움도 보입니다.

② 트라우마 회복

'좋음'의 새로운 기준 설정이 핵심입니다. 완벽함이 아닌 성장과 노력 중심의 평가 기준을 함께 만들어가세요. 60% → 80% → 90% 완성도로 점진적으로 목표를 상향 조정하는 방식을 사용하세요.

'배움의 실수 일기' 작성을 통해 매일 실수에서 배운 점을 하나씩 긍정적으로 기록하게 하세요. "오늘 계산 실수를 통해 검산의 중요성을 배웠다" 같은 방식으로 실수를 학습 기회로 재해석하는 연습이 중요합니다.

결과보다 과정에 대한 피드백을 제공하고, 노력과 개선 의지에 대해 지속적으로 인정하고 격려해 주세요. 완성도가 100%가 아니어도 충분히 가치 있다는 것을 경험하게 하는 활동들을 제공하세요.

7) 헌신박애형

① 트라우마 반응

헌신박애형 아이들은 돌봄과 사랑의 배신에 가장 깊이 상처받습니다. 트라우마는 자신의 선의와 헌신이 무시되거나 악용당하는 경험입니다. 과도한 자기희생으로 자신을 소모시키거나, 완전히 타인을 불신하고 고립되는 반응을 보일 수 있습니다. 도움을 요청하는 것에 대한 극도의 어려움이나 자신의 필요를 표현하지 못하는 모습이 나타납니다. 타인을 돕는 일에 강박적으로 매달리거나 반대로 모든 관계에서 거리를 두려는 시도도 보입니다.

② 트라우마 회복

자기 돌봄 연습이 최우선입니다. 매일 자신을 위한 작은 일 하나씩을 정해서 실행하게 하세요. 좋아하는 차 마시기, 산책하기, 좋아하는 음악 듣기 등 간단한 활동부터 시작하세요.

'받는 연습' 프로그램을 통해 작은 도움부터 받아들이는 연습을 시키세요. 친구가 준 사탕 받기, 도움 제안 수락하기, 칭찬 받아들이기 등으로 시작하여 점진적으로 확대해 나가세요.

안전한 돌봄 관계를 형성하여 믿을 수 있는 한 명과의 상호 돌봄 관계를 경험하게 하고, "네"와 "아니오"를 적절히 말하는 경계 설정 연습을 제공하세요. 자신의 필요를 표현하는 것이 이기적이 아니라 건강한 것임을 지속적으로 확인시켜주세요.

8) 조정협조형

① 트라우마 반응

조정협조형 아이들은 갈등과 불화의 지속에 극도로 스트레스를 받습니다. 트라우마는 화합과 조화를 만들어낼 수 없다는 무력감으로 경험됩니다. 모든 갈등을 자신이 해결해야 한다는 과도한 부담감을 갖거나, 갈등 상황을 완전히 회피하려는 반응을 보일 수 있습니다. 자신의 의견을 표현하지 못하고 항상 중립을 지키려는 강박이나 모든 사람을 만족시키려는 무리한 시도가 나타납니다. 결정을 내리는 것에 대한 극도의 어려움도 특징적입니다.

② 트라우마 회복

작은 의견 표현 연습부터 시작하세요. 좋아하는 음식, 색깔, 음악 등 개인적 선호도부터 표현하게 하여 점진적으로 중요한 주제에 대한 의견 표현으로 확대해 나가세요.

'중재자 휴식' 시간을 정기적으로 확보하여 갈등 해결 역할에서 벗어나는 개인 시간을 마련해 주세요. 이 시간에는 오로지 자신만을 위한 활동을 하도록 격려하세요.

효과적인 갈등 해결 기술을 체계적으로 학습시켜 자신감을 회복시키고, '나의 선택' 일기를 통해 매일 자신이 내린 작은 결정들을 긍정적으로 기록하게 하여 결정 능력에 대한 신뢰를 키워주세요.

9) 현실주의형

① 트라우마 반응

현실주의형 아이들은 실용성과 효과의 부정에 깊이 좌절합니다. 트라우마는 현실적 해결책이 통하지 않는 무력한 상황으로 경험됩니다. 더욱 실용적이고 구체적인 해결책을 찾는 데 강박적으로 매달리거나, "어차피 소용없다"는 체념감에 빠질 수 있습니다. 이상적인 것들에 대한 극도의 불신이나 모든 것을 현실적 이익으로만 판단하려는 경향이 강화됩니다. 미래에 대한 계획을 완전히 포기하거나 반대로 과도하게 세세한 계획에 매달리는 모습도 나타납니다.

② 트라우마 회복

실용적 성공 경험 축적이 핵심입니다. 작은 현실적 문제부터 단계적으로 해결하는 성공 경험을 제공하세요. 일상생활 개선, 효율적 학습법 적용, 시간 관리 등이 좋은 시작점입니다.

'오늘의 효과적인 일' 기록을 매일 작성하게 하여 실제로 도움이 된 행동들을 정리하게 하세요. 이를 통해 자신의 실용적 능력에 대한 신뢰를 회복할 수 있습니다.

단기(일주일)-중기(한 달)-장기(한 학기) 실용 계획을 현실적으로 수립하고, 실생활에 직접 도움이 되는 기술과 정보를 학습할 기회를 지속적으로 제공하세요.

10) 독창이상형

① 트라우마 반응

독창이상형 아이들은 창의성과 이상의 좌절에 특히 취약합니다. 트라우마는 자신만의 독특한 비전이 현실에서 구현될 수 없다는 절망감으로 경험됩니다. 더욱 급진적이고 이상적인 아이디어에 매달리거나, 완전히 현실에 타협하며 자신의 개성을 포기하는 양극단 반응을 보일 수 있습니다. 기존 시스템에 대한 극도의 거부감이나 혁신에 대한 강박적 집착이 나타납니다. 자신의 독창성에 대한 의심이나 다른 사람과 다르다는 것에 대한 극도의 부담감도 보입니다.

② 트라우마 회복

현실적 이상 실현 프로젝트를 통해 작은 규모로 실현 가능한 이상적 아이디어를 실행해보게 하세요. 교실 환경 개선, 학교 문제 해결 제안 등이 좋은 예시입니다.

'작은 변화 만들기' 활동을 통해 주변의 작은 것부터 개선하여 변화의 가능성을 경험하게 하세요. 이를 통해 이상과 현실 사이의 구체적 연결고리를 찾을 수 있도록 도와주세요.

독창적 아이디어에 대한 지속적 인정과 격려를 제공하고, 꿈과 현실을 연결하는 구체적인 실행 계획을 함께 세워나가는 과정을 지원하세요.

11) 예술이상형

① 트라우마 반응

예술이상형 아이들은 아름다움과 조화의 파괴에 가장 깊이 상처받습니다. 트라우마는 세상의 추함과 불완전함을 직면하게 되는 경험입니다. 더욱 완벽한 아름다움을 추구하는 강박에 빠지거나, 모든 예술적 활동을 포기하고 현실을 받아들이려는 극단적 변화를 보일 수 있습니다. 자신의 작품이나 표현에 대한 극도의 불만족이나 다른 사람의 평가에 대한 과민반응이 나타납니다. 완벽한 작품을 만들 때까지 계속 수정하거나 아예 완성하지 못하는 모습도 보입니다.

② 트라우마 회복

'불완전한 아름다움' 인정을 통해 와비사비(불완전함의 아름다움) 개념을 도입하세요. 완벽하지 않아도 충분히 아름답고 가치 있다는 것을 다양한 예술 작품을 통해 보여주세요.

'일일 5분 작품' 만들기를 통해 매일 5분으로 완성 가능한 작은 창작 활동을 제공하세요. 간단한 스케치, 짧은 시, 멜로디 흥얼거리기 등이 포함될 수 있습니다.

결과보다 창작 과정 자체의 즐거움을 강조하고, 전통적 아름다움 외에 새로운 형태의 아름다움을 탐색할 기회를 제공하세요. 자연의 불규칙한 패턴, 일상의 소소한 아름다움 등을 발견하는 활동이 도움이 됩니다.

2. 상담사를 위한 지문 성향 맞춤 치료 프로토콜

1) 1단계: 지문 검사 및 인식

GFAT 검사를 활용하여 내담자의 지문 프로필을 작성하세요. 단순히 유형을 분류하는 것을 넘어, 그 지문 특성이 현재 내담자가 겪고 있는 문제에 어떤 영향을 미치는지 파악하는 것이 중요합니다. 예를 들어, 호형문 내담자의 완벽주의가 학업 스트레스와 어떻게 연결되는지, 두형문내담자의 관계 욕구가 또래 갈등에 어떤 영향을 미치는지 탐색하세요. 평가 결과를 바탕으로 내담자의 지문 특성에 맞춘 상담 계약을 수립하세요.

2) 2단계: 지문별 라포형성 전략

① 감성형 라포 형성

감정적 공명과 따뜻한 분위기 조성이 핵심입니다. 첫 만남부터 따뜻하고 수용적인 분위기를 만들어 감정적 안전감을 제공하세요.

"지금 어떤 마음이신가요? 그런 감정을 느끼는 것이 자연스러워요"와 같은 공감적 반응으로 시작하세요. 내담자의 감정을 즉시 판단하거나 해결하려 하지 말고, 그 감정이 존재한다는 것 자체를 인정하고 받아들이는 모습을 보여주세요.

부드러운 목소리 톤, 따뜻한 눈빛, 적절한 신체적 거리 유지 등 비언어적 소통을 중시하세요. "천천히 말씀해 주세요, 시간은 충분해요"라는 메시지를 지속적으로 전달하여 서두르지 않는 분위기를 만들어주세요.

② 독창형 라포 형성

지적 호기심과 탐구 정신 존중이 가장 중요합니다. 충분한 배경 설명과 이론적 근거를 제공하여 신뢰를 구축하세요.

"상담이라는 과정이 어떻게 작동하는지 궁금하실 텐데, 자세히 설명해드릴게요"로 시작하여 상담의 메커니즘, 이론적 배경, 예상되는 과정에 대해 상세히 설명하세요.

내담자의 모든 질문을 진지하게 받아들이고, "정말 좋은 질문이네요. 함께 생각해 볼까요?"와 같이 탐구하는 자세를 보여주세요. 복잡하고 깊이 있는 대화를 두려워하지 말고, 오히려 철학적이고 근본적인 질문들을 환영하는 분위기를 조성하세요.

③ 규율원칙형 라포 형성

명확한 구조와 예측 가능성 제공이 핵심입니다. 첫 회기부터 상담의 전체적인 틀과 진행 방식을 체계적으로 설명하세요.

"오늘 우리가 다룰 세 가지 주제는 첫째, 둘째, 셋째,"와 같이 명확한 세션 구조를 제시하고, 각 단계별로 예상 소요 시간을 안내하세요.

상담의 목표, 진행 과정, 기대되는 결과, 내담자의 역할과 상담자의 역할을 명확히 정의하여 불확실성을 최소화하세요. "우리는 이런 순서로 진행하겠습니다"라는 식으로 일관된 패턴을 유지하는 것이 중요합니다.

④ 창조사고형 라포 형성

효율성과 혁신적 접근 강조로 신뢰를 구축하세요. 상담을 통해 얻을 수 있는 구체적이고 실용적인 결과를 제시하세요.

"우리가 함께 만들어갈 변화는"이라고 시작하여 상담의 효과성과 창의적 해결책에 대한 기대감을 높이세요. 시간을 효율적으로 사용하며, 매 세션마다 가시적인 진전을 확인할 수 있는 방법을 제공하세요.

새로운 관점이나 혁신적인 방법에 대한 내담자의 아이디어를 적극적으로 환영하고, "정말 창의적인 접근이네요!"와 같은 인정과 격려를 아끼지 마세요.

⑤ 지도자형 라포 형성

상호 존중과 협력적 관계 구축이 중요합니다. 내담자를 동등한 파트너로 인정하고, 그들의 경험과 통찰을 존중하는 자세를 보여주세요.

"당신의 경험에서 배울 점이 많을 것 같아요"라고 시작하여 내담자의 전문성과 리더십을 인정하세요. 상담 과정에서도 내담자가 주도권을 가질 수 있는 부분을 만들어주세요.

"오늘은 어떤 주제에 집중하고 싶으신가요?"와 같이 선택권을 제공하고, 내담자의 의견과 제안을 적극적으로 수용하는 모습을 보여주세요. 상담자가 모든 것을 이끌어가는 것이 아니라 함께 만들어가는 과정임을 강조하세요.

⑥ 완벽주의형 라포 형성

높은 기준과 전문성 인정이 라포 형성의 열쇠입니다. 상담자의 전문성과 체계적인 접근을 명확히 보여주어 신뢰를 얻으세요.

상담 계획을 정교하게 세우고, "저는 이런 자격을 가지고 있으며, 이런 방식으로 진행하겠습니다"라고 전문성을 명확히 제시하세요. 내담자의 높은 기준을 이해하고 존중한다는 메시지를 전달하세요.

"당신이 추구하는 완벽함에 대해 이해합니다"라고 말하며, 완벽주의 자체를 부정하지 않고 그 가치를 인정하면서도 건설적인 방향으로 활용할 수 있음을 보여주세요.

⑦ 헌신박애형 라포 형성

진정한 관심과 돌봄 표현이 가장 중요합니다. 내담자를 향한 진심어린 관심과 따뜻한 돌봄의 마음을 일관되게 보여주세요.

"당신이 다른 사람들을 위해 얼마나 많은 일을 하는지 알 수 있어요. 이제는 당신 자신도 돌봄 받을 시간이에요"라고 말하며 그들의 헌신을 인정하고 격려하세요.

내담자가 자신의 필요를 표현하는 것을 적극적으로 격려하고, "당신의 필요도 중요해요"라는 메시지를 지속적으로 전달하세요. 상담자가 먼저 관심과 돌봄을 보여주어 안전한 관계의 모델을 제시하세요.

⑧ 조정협조형 라포 형성

균형과 조화 중시하는 접근이 필요합니다. 상담 과정에서도 여러 관점을 고려하고 균형 잡힌 시각을 제시하세요.

"모든 상황에는 여러 측면이 있죠. 함께 다양한 관점에서 살펴보면 어떨까요?"라고 시작하여 편견 없는 탐색 자세를 보여주세요.

내담자의 중재자적 성향을 인정하고, "당신은 다른 사람들의 마음을 잘 이해하시는군요"라고 그들의 강점을 확인해 주세요. 갈등 상황에서도 모든 입장을 고려하는 공정한 자세를 보여주는 것이 중요합니다.

⑨ 현실주의형 라포 형성

실용적 가치와 구체적 도움 제공이 핵심입니다. 상담의 실제적 효과와 일상 생활 개선에 미칠 영향을 구체적으로 설명하세요.

"이 상담을 통해 당신의 일상이 실제로 어떻게 개선될 수 있는지 보여드리겠습니다"라고 시작하여 실용적 기대감을 높이세요.

추상적이거나 이론적인 설명보다는 "예를 들어…"라는 식으로 구체적인 사례와 실제 적용 방법을 제시하세요. 매 세션마다 실생활에서 바로 활용할 수 있는 구체적인 도구나 방법을 제공하는 것이 중요합니다.

⑩ 독창이상형 라포 형성

창의성과 이상 추구 존중이 라포 형성의 기초입니다. 내담자의 독특한 관점과 이상적 비전을 진심으로 이해하고 격려하세요.

"당신의 독창적인 생각과 이상적인 비전이 정말 흥미롭네요. 그런 꿈을 현실로 만들어갈 방법을 함께 찾아보면 어떨까요?"라고 시작하여 그들의 창의성을 인정하세요. 기존의 틀에 얽매이지 않는 유연한 접근을 보여주고, 새로운 아이디어나 독특한 해결책을 환영하는 분위기를 조성하세요. "정말 참신한 관점이네요!"라는 식으로 그들의 독창성을 지속적으로 격려하세요.

⑪ 예술이상형 라포 형성

아름다움과 감성 중시하는 접근이 필요합니다. 상담 환경부터 아름답고 조화로운 분위기를 조성하여 내담자가 편안함을 느낄 수 있도록 하세요.

"당신이 추구하는 아름다움과 조화에 대해 더 들려주세요"라고 시작하여 그들의 예술적 감성을 이해하고 존중한다는 메시지를 전달하세요.

창의적 표현 방법(그림, 음악, 시 등)을 상담에 자연스럽게 포함시키고, "당신만의 독특한 표현 방식이 상담에도 큰 도움이 될 것 같아요"라고 격려하세요. 완벽하지 않은 과정도 그 자체로 아름답다는 관점을 제시하는 것이 중요합니다.

통합적 라포 형성 원칙

초기 관찰과 적응	내담자의 주요 지문 특성을 파악하고, 그에 맞는 라포 형성 전략을 조정하세요.
유연한 전환	내담자의 상태나 상황에 따라 다른 지문 특성이 나타날 때는 그에 맞는 접근 방식으로 유연하게 전환하세요.
개별화된 속도	각 지문 유형이 신뢰를 형성하는 속도가 다르므로, 서두르지 말고 내담자의 속도에 맞춰 라포를 형성해나가세요.
진정성 유지	어떤 접근 방식을 사용하든 상담자의 진정성과 일관된 관심을 유지하는 것이 가장 중요합니다.

① 감성형 상담자의 성향 강점과 활용법

감성형 상담자의 가장 큰 강점은 내담자의 감정을 마치 자신의 것처럼 깊이 느끼고 이해할 수 있는 능력입니다. 이들은 내담자가 아직 말로 표현하지 못한 미묘한 감정까지도 직감적으로 포착할 수 있어, 내담자로 하여금 "이 사람은 정말 나를 이해해준다"는 느낌을 갖게 할 수 있습니다.

감정 미러링 기법을 사용할 때, 감성형 상담자는 단순히 내담자의 말을 반복하는 것이 아니라 그 말 속에 숨어있는 진짜 감정을 정확히 읽어내어 반영할 수 있습니다. 예를 들어 내담자가 "별일 아니에요"라고 말할 때, 감성형 상담자는 그 뒤에 숨겨진 상처나 실망감을 감지하고 "지금 많이 속상하시겠어요"라고 반응할 수 있습니다.

직감적 통찰 제공은 감성형 상담자만이 할 수 있는 독특한 기법입니다. 이들은 논리적 분석보다는 직관을 통해 내담자의 깊은 내면을 들여다볼 수 있습니다. "혹시… 그 순간에 어린 시절의 외로움이 떠오르지 않으셨나요?"와 같은 질문으로 내담자 스스로도 인식하지 못했던 감정의 뿌리를 발견하게 도와줄 수 있습니다.

치유적 침묵 활용은 언제 말하고 언제 침묵해야 하는지를 감정적으로 알아채며, 그 침묵 자체가 내담자에게 위로와 안전감을 제공합니다. 단순히 조용히 있는 것이 아니라, 따뜻한 관심과 공감이 담긴 '치유적 현존'을 보여줍니다.

② 독창형 상담자의 성향 강점과 활용법

독창형 상담자는 문제의 표면을 넘어 본질을 꿰뚫어보는 통찰력과 기존과는 완전히 다른 새로운 관점을 제시하는 능력이 탁월합니다. 이들은 내담자가 '막다른 길'이라고 느끼는 상황에서도 새로운 출구를 발견하게 도와줄 수 있습니다.

　소크라테스식 탐구법을 활용할 때, 독창형 상담자는 답을 직접 제시하지 않고 깊이 있는 질문을 통해 내담자 스스로 새로운 깨달음에 도달하도록 안내합니다. "그 생각이 정말 사실일까요? 다른 가능성은 없을까요? 그 믿음은 언제부터 갖게 되었을까요?"와 같은 근본적 질문들을 던질 수 있습니다.

　패턴 분석 기법에서 독창형 상담자는 내담자가 인식하지 못하는 행동이나 사고의 반복 패턴을 발견하는 데 뛰어납니다. 겉보기에는 전혀 관련 없어 보이는 여러 상황들 사이의 숨겨진 연결고리를 찾아내어, "이 모든 상황에서 공통적으로 나타나는 패턴이 있네요"라고 통찰을 제공합니다.

　의미 탐색 대화는 단순한 문제 해결을 넘어서 "이 경험이 당신의 인생 여정에서 갖는 더 깊은 의미는 무엇일까요?"라는 실존적 차원의 탐구를 이끌어갑니다. 이를 통해 내담자는 자신의 고통조차 성장과 깨달음의 기회로 재해석할 수 있게 됩니다.

③ 규율원칙형 상담자의 성향 강점과 활용법

규율원칙형 상담자의 핵심 강점은 체계적이고 예측 가능한 상담 구조를 제공하여 내담자에게 안정감을 줄 수 있다는 것입니다. 특히 트라우마나 불안으로 인해 통제감을 잃은 내담자들에게는 이러한 구조적 접근이 치유의 기반이 될 수 있습니다.

　구조화된 문제 해결 프로토콜을 사용할 때, 규율원칙형 상담자는 복잡해 보이는 문제를 명확한 단계로 나누어 접근합니다. "먼저 문제가 정확히 무엇인지 정의해보겠습니다. 다음으로 달성하고 싶은 목표를 구체적으로 설정하고, 마지막으로 그 목표에 도달하기 위한 실행 계획을 세워보겠습니다"와 같이 명확한 로드맵을 제시할 수 있습니다.

진전 추적 시스템은 매 회기마다 목표 달성도를 구체적으로 측정하고, 그래프나 차트를 활용해 변화 과정을 시각화할 수 있습니다. 이를 통해 내담자는 자신의 발전을 객관적으로 확인할 수 있어 동기부여가 됩니다.

일일 루틴 구축 기법에서는 내담자의 생활에 예측 가능한 패턴을 만들어 줍니다. "매일 아침 7시에 일어나서 30분간 산책하고, 저녁에는 하루를 정리하는 시간을 갖는" 식으로 안정적인 일상 구조를 설계하여 내담자의 불안감을 줄여줄 수 있습니다.

④ 창조사고형 상담자의 성향 강점과 활용법

창조사고형 상담자는 기존의 틀을 벗어나는 혁신적인 해결책을 찾아내는 능력과 최소한의 시간과 노력으로 최대의 효과를 달성하는 효율성을 자랑합니다. 이들은 '불가능해 보이는' 상황에서도 창의적인 돌파구를 찾아냅니다.

브레인스토밍 세션을 진행할 때, 창조사고형 상담자는 내담자의 고정관념을 깨뜨리는 질문들을 던질 수 있습니다. "만약 돈이 전혀 문제가 되지 않는다면?", "만약 다른 사람의 시선을 전혀 신경 쓰지 않는다면?", "만약 실패가 불가능하다면?"과 같은 가정을 통해 무한한 가능성을 탐색할 수 있게 합니다.

실험적 접근법은 "이번에는 평소와 정반대로 행동해보는 실험을 해봅시다"라고 제안하며, 작은 변화가 어떤 결과를 가져오는지 관찰하게 합니다. 이러한 실험을 통해 내담자는 자신의 고정된 패턴에서 벗어나 새로운 가능성을 발견하게 됩니다.

효율성 최적화에서는 '80:20 법칙'을 적용하여 가장 큰 변화를 만들어 낼 수 있는 20%의 핵심 요소를 찾아내고, 여기에 집중하도록 안내합니다. 예를 들어 스트레스 관리에서 100가지 방법 중 가장 효과적인 3가지만 선별하여 집중적으로 연습하게 합니다.

⑤ 지도자형 상담자의 성향 강점과 활용법

지도자형 상담자의 핵심 능력은 내담자의 숨겨진 잠재력을 발굴하고 그것을 현실에서 발휘할 수 있도록 임파워먼트 하는 것입니다. 이들은 내담자를 문제를 가진 환자가 아니라 스스로 문제를 해결할 수 있는 주체로 바라봅니다.

강점 기반 인터뷰를 진행할 때, 지도자형 상담자는 내담자의 과거 성공 경험을 자세히 탐색합니다. "그때 어떤 강점을 발휘하셨기에 그런 좋은 결과가 나왔을까요?"라는 질문을 통해 내담자 스스로도 잊고 있었던 자신의 능력을 재발견하게 도와줍니다.

리더십 시나리오 연습에서는 내담자가 다양한 상황에서 어떻게 주도적 역할을 할 수 있는지 구체적으로 연습합니다. 직장에서의 갈등 상황, 가족 내 문제, 친구 관계 등에서 리더십을 발휘하는 방법을 시뮬레이션하며 자신감을 키워줄 수 있도록 합니다.

사회적 영향력 매핑은 내담자의 개인적 변화가 가족, 직장, 지역사회에 어떤 긍정적 파급효과를 미칠 수 있는지를 시각적으로 그려보며, 변화의 동기를 사회적 책임감과 연결시킵니다.

⑥ 완벽주의형 상담자의 성향 강점과 활용법

완벽주의형 상담자는 정밀하고 철저한 분석을 통해 내담자의 상황을 정확히 파악하고, 높은 품질의 상담을 제공하는 것을 강점으로 가지고 있습니다. 이들의 세심함과 완성도 높은 접근은 내담자에게 깊은 신뢰감을 줍니다.

정밀한 사례 개념화에서 완벽주의형 상담자는 내담자의 문제를 다각도로 분석합니다. 생물학적 요인, 심리적 요인, 사회적 요인, 환경적 요인 등을 종합적으로 고려하여 정확한 진단과 상담 계획을 세우는 게 가능합니다. 이때 놓치는 부분이 거의 없을 정도로 세밀한 검토를 진행할 수 있습니다.

완벽주의 재정의 기법은 완벽주의형 상담자가 자신의 경험을 바탕으로 제공할 수 있는 도구입니다. 건설적 완벽주의(높은 기준이 성장을 돕는 경우)와 파괴적 완벽주의(높은 기준이 스트레스만 주는 경우)를 명확히 구분하여 가르쳐줍니다.

과정 중심 평가에서는 결과만큼이나 과정의 품질을 중시합니다. "오늘 이 과제를 수행하면서 어떤 노력을 기울였는지, 어떤 부분에서 성장했는지"를 세밀하게 관찰하고 피드백하여 내담자의 자존감을 높여줍니다.

⑦ 헌신박애형 상담자의 성향 강점과 활용법

헌신박애형 상담자의 가장 큰 강점은 내담자에 대한 무조건적인 관심과 사랑으로 가장 안전한 상담 환경을 만드는 것입니다. 이들의 진심어린 돌봄은 상처받은 내담자의 마음을 이해하는 강력한 약이 됩니다.

무조건적 긍정적 관심을 제공할 때, 헌신박애형 상담자는 내담자가 어떤 모습을 보이든 변함없는 관심과 사랑을 표현합니다. "당신이 실수를 했든, 잘못된 선택을 했든, 그것이 당신의 가치를 조금도 떨어뜨리지 않습니다"라는 메시지를 일관되게 전달합니다.

자기 돌봄 모델링에서는 상담자가 스스로 자기 자신을 어떻게 돌보는지 보여줄 수 있습니다. 자신의 한계를 인정하고, 필요할 때 휴식을 취하며, 자신에게 친절한 말을 하는 모습을 통해 내담자가 자연스럽게 자기 돌봄 방법을 학습하도록 도와줍니다.

상호 돌봄 교육은 일방적으로 주기만 하거나 받기만 하는 것이 아니라, 건강한 주고받음의 관계 패턴을 가르쳐줍니다. "도움을 받는 것도 상대방에게 기여의 기회를 주는 선물"이라는 관점을 제시합니다.

⑧ 조정협조형 상담자의 성향 강점과 활용법

조정협조형 상담자는 복잡하고 상충하는 요소들을 조화롭게 통합하여 균형 잡힌 해결책을 찾는 능력이 뛰어납니다. 이들은 편향되지 않은 중립적 관점으로 모든 측면을 공정하게 고려합니다.

다중 관점 통합법을 사용할 때, 조정협조형 상담자는 내담자의 문제를 여러 각도에서 바라봅니다. "당신의 입장에서는 이렇게 보이고, 상대방 입장에서는 저렇게 보이며, 제3자가 보기에는 또 다르게 보일 수 있어요"라며 다양한 관점을 제시하여 편협한 시각에서 벗어나게 도와줄 수 있습니다.

갈등 중재 기법에서는 내담자 내부의 상충하는 욕구나 감정을 조정합니다. 예를 들어 '성공하고 싶은 마음'과 '안전하고 싶은 마음' 사이의 갈등을 중재하여 두 욕구를 모두 만족시킬 수 있는 제3의 길을 찾아줄 수 있습니다.

Win-Win 솔루션 개발은 모든 관련자가 만족할 수 있는 해결책을 찾기 위해 창의적으로 사고하며, 타협이 아닌 상생의 방법을 모색합니다.

⑨ 현실주의형 상담자의 성향 강점과 활용법

현실주의형 상담자의 핵심 능력은 이론적 접근보다는 즉시 실생활에 적용할 수 있는 실용적 해결책을 제공하는 것입니다. 이들은 내담자가 상담실을 나가자마자 실제로 활용할 수 있는 구체적 도구들을 준비합니다.

즉시 실행 가능한 해결책을 제시할 때, 현실주의형 상담자는 "오늘 당장 시도해볼 수 있는 것"에 초점을 맞춰 줍니다. 복잡한 심리 이론보다는 "잠들기 30분 전에 스마트폰을 멀리 두고 책을 읽어보세요" 같은 간단하지만 효과적인 방법을 제안합니다.

자원 활용 최적화에서는 내담자가 현재 가지고 있는 자원(시간, 돈, 인맥, 기술 등)을 최대한 효율적으로 활용하는 방법을 찾습니다. 없는 것에 대해 아쉬워하기보다는 있는 것으로 최선을 다하는 방법을 가르쳐줍니다.

비용-효과 분석은 여러 가지 해결책 중에서 가장 적은 노력으로 가장 큰 효과를 낼 수 있는 방법을 우선적으로 선택하여 효율적인 변화를 추구합니다.

⑩ 독창이상형 상담자의 성향 강점과 활용법

독창이상형 상담자는 기존의 틀을 완전히 벗어나는 혁신적 비전을 제시하고, 내담자의 가능성을 무한대로 확장시키는 능력을 가지고 있습니다. 이들은 '불가능'이라는 말을 '아직 방법을 찾지 못했을 뿐'으로 재해석합니다.

비전 보드 작성에서 독창이상형 상담자는 내담자가 꿈꾸는 이상적 미래를 구체적이고 생생하게 시각화하도록 도와줍니다. 단순한 개인적 성공을 넘어서 "이 세상을 어떻게 더 아름답고 의미 있는 곳으로 만들 것인가"라는 거대한 비전까지 그려보게 합니다.

창의적 대안 탐색에서는 누구도 시도해보지 않은 완전히 새로운 방법을 모색합니다. "만약 이 문제를 해결하는 것이 당신의 사명이라면, 어떤 독창적인 방법을 시도해볼 수 있을까요?"라는 질문을 통해 기존 관념의 틀을 깨뜨립니다.

사회적 임팩트 연결은 개인적 성장과 사회적 기여를 연결하여, 내담자의 변화가 더 큰 사회적 변화의 일부가 될 수 있음을 보여줍니다. 이를 통해 개인적 이해에 사회적 의미를 부여합니다.

⑪ 예술이상형 상담자의 성향 강점과 활용법

예술이상형 상담자의 독특한 강점은 아름다움과 예술적 요소를 치료에 자연스럽게 통합하여 감성적이고 영감을 주는 경험을 제공하는 것입니다. 이들은 상담 자체를 하나의 예술 작품처럼 만들어갑니다.

예술 치료 통합에서 예술이상형 상담자는 그림, 음악, 춤, 시 등 다양한 예술 매체를 상담에 자연스럽게 포함시킵니다. "말로 표현하기 어려운 감정을 색깔로 그려보실까요?" 또는 "지금 마음을 음악으로 표현한다면 어떤 멜로디일까요?"와 같은 방식으로 접근합니다.

감각적 이완법은 아름다운 자연 소리, 부드러운 조명, 은은한 향기 등을 활용하여 오감을 통한 깊은 이완과 치유를 경험하게 합니다. 이러한 감각적 접근은 언어만으로는 도달하기 어려운 깊은 이해를 가능하게 합니다.

상징과 은유 활용에서는 직접적인 해석보다는 상징적이고 은유적인 표현을 통해 깊이 있는 통찰을 제공합니다. "당신의 마음이 정원이라면, 지금 어떤 계절인 것 같나요?"와 같은 아름다운 은유를 통해 내담자 스스로 깊은 깨달음에 도달하게 도와줍니다.

상담사 성향별 강점 활용 시 주의사항

감성형 상담자	내담자의 감정에 과도하게 동화되어 객관성을 잃지 않도록 적절한 경계를 유지해야 합니다.
독창형 상담자	너무 복잡하고 추상적인 접근으로 내담자를 혼란스럽게 하지 않도록 실용적 적용도 함께 제시해야 합니다.
규율원칙형 상담자	지나친 경직성으로 내담자의 개별적 특성을 놓치지 않도록 유연성을 확보해야 합니다.
창조사고형 상담자	효율성만 추구하다가 치료적 관계의 깊이를 소홀히 하지 않도록 주의해야 합니다.

지도자형 상담자	내담자를 이끌려는 욕구가 과해져서 내담자의 자율성을 침해하지 않도록 합니다.
완벽주의형 상담자	완벽을 추구하다가 내담자에게 부담을 주지 않도록 해야 합니다.
헌신박애형 상담자	과도한 돌봄으로 내담자의 독립성을 저해하지 않도록 적절한 경계를 유지해야 합니다.
조정협조형 상담자	중립성을 유지하려다가 필요한 순간에 명확한 방향 제시를 못하지 않도록 주의해야 합니다
현실주의형 상담자	즉각적 해결에만 집중하여 근본적 변화 필요성을 놓치지 않도록 해야 합니다.
독창이상형 상담자	너무 이상적인 목표로 내담자를 혼란스럽게 하지 않도록 현실성을 고려합니다.
예술이상형 상담자	예술적 요소가 치료의 본질을 흐리지 않도록 적절한 균형을 유지해야 합니다.

결국 각 성향의 상담자들이 자신의 고유한 강점을 최대한 활용하면서도, 내담자의 개별적 특성과 상황에 맞게 유연하게 조절하는 것이 가장 효과적인 상담을 위한 핵심입니다.

3. 실제 사례로 보는
지문 기반 상담의 극적인 전환점들

'아들의 침묵, 그 안에 숨겨진 사랑'

김혜리 씨는 감성형의 따뜻한 마음과 규율원칙형의 확고한 신념을 함께 지닌 어머니입니다. '나는 좋은 엄마가 되어야 해. 아이들을 잘 키워야 해.' 라는 마음이 늘 강했던 그는 두 아이를 누구보다 정성껏 키우고 있었습니다. 그러나 자기주관이 강하고 얽매이는 걸 싫어하는 첫째 딸과의 반복된 충돌 속에서 그는 자주 마음의 상처를 입었고, 자연스럽게 둘째 아들 현중이에게 의지하게 되었습니다.

엄마가 보기에 아들 현중이는 엄마가 기대한 대로 잘 웃고, 말을 잘 듣고, 큰 반항 없이 지내는 아이였습니다. 그러나 상담을 통해 서서히 드러난 준호의 진짜 마음은 전혀 달랐습니다.

GFAT 검사 결과지를 보면서 상담 내내 엄마는 현중이에게 질문을 할 때면 현중이의 말을 끊고 마치 현중이의 생각을 잘 알고 있다는 듯한 의견을 동조하듯이 말하고 엄마가 잘해주고 있다는 이야기를 거듭 강조하셨습니다.

현중이가 사실 다중 능력검사와 집중력 스트레스 검사에 보이는 결과로 지금 현재 행복하지 않은 것 같고 어머니에게 하고 싶은 말이 많은데 안하고 있는 것 같다고 말씀드리니 조심스럽게 이렇게 말했습니다.

"사실은요, 엄마가 힘들까 봐 말 안 했어요."

현중이는 감성형의 성향답게 엄마의 감정에 깊이 공감하는 아이였고. 누나와 엄마가 다툴 때마다, 그는 방 안에서 조용히 눈치를 봤다고 합니다. 그리고 엄마가 슬픈 얼굴을 할 때마다 '나라도 잘해야지'라는 생각으로 스스로를 눌러왔고 현중이는 자신도 표현하고 싶은 감정이 많았지만, 엄마를 더 힘들게 할까 봐 아무 말도 하지 않았다고 합니다. 그런 현중이에게 아무도 간섭하지 않고, 마음대로 느끼고 움직일 수 있는 자유의 공간인 게임은 유일한 해방구였습니다.

현중이는 스트레스 검사에서 심리적으로 억눌린 상태가 의심되었고, 집중력 검사에서는 표준보다 낮은 점수를 받았습니다. 이는 겉으로는 순응하지만, 내면은 정서적으로 불안정하다는 증거였을 가능을 보여주는 결과였습니다.

현중이의 지문 성향은 감성형-감성형, 사고방식은 창조사고형, 사랑을 주고받는 데 서툴지 않지만, 상처받을까 봐 자기표현에 망설임이 있는 아이였고. 학습과 감정 모두 외부 환경에 예민한 민감형이기도 합니다. 현중이가 진짜 필요로 했던 건, '엄마가 완전히 괜찮아'라고 느껴야 비로소 자기마음을 조금이라도 표현할 수 있었습니다.

한편 김혜리 씨는 부모 스트레스 검사에서 부모의 고통과 부모자녀의 역기능적 상호작용에 '지속적인 관리가 필요함'이라는 결과가 나왔고 자녀의 까다로운 기질에서는 양호함으로 나왔습니다. 이 결과는 아이를 누구보다 사랑하지만, 그 사랑이 늘 '잘해야 한다'는 압박으로 비쳐졌고, 스스로를 몰아붙이는 성향 탓에 감정 소모가 많은 걸로 보여집니다. 감성형과 규율원칙형의 특성은 때로 자녀에게 큰 '기대치'로 작용했고, 현중이가 감정적으로 숨을 곳을 잃는 순간이 많아 보였습니다.

상담 마지막에 김혜리 씨는 이렇게 말했습니다.

"나는 정말 좋은 엄마가 되고 싶었어요. 근데 그게 애한테는 너무 무거웠던 것 같아요. 그래서… 다시 시작해 보려고요. 현중이의 마음을 이제는 외면하지 않을게요.

내 생각을 말하기보다 현중이의 생각을 들으려고 노력해 볼게요. 현중이가 하고 싶은 것 행복한 것을 찾아서 말해주면 적극 지지하고 응원해 줄게요. 말 줄이기 아니 현중이의 말듣기 연습하면서 내 말 하지 않기요."

현중이는 조용히 웃었다. 그리고 말했습니다.

"엄마가 나 때문에 웃었으면 좋겠어요."

이 모자의 이야기는 부모와 자녀가 서로를 얼마나 아끼는지를 보여줍니다. 그러나 사랑이 아무리 커도 표현의 방식이 다르면 마음은 엇갈릴 수 있습니다. 김혜리 씨는 자기 감정에 솔직하지만, 자녀에게는 완벽한 부모이고자

하는 마음에 자기 기준을 강하게 세우곤 했습니다. 반면 현중이는 어른스러운 감성으로 엄마를 먼저 걱정하며 자기 감정을 눌러온 아이였습니다. 아이의 순응은 때때로 깊은 내면의 외로움을 의미합니다.

이제 변화는 시작되었습니다. 김혜리 씨는 "엄마가 먼저 바뀌어보겠다"고 했고, 현중이는 "엄마가 나를 알아줘서 기쁘다"고 했습니다. 이 작은 말들이 쌓여, 두 사람은 서로의 세계로 다가가는 중입니다.

지문검사는 이처럼 아이의 타고난 마음의 언어를 부모가 알아듣게 하는 도구입니다. 결국 해답은 과학이 아니라 사랑이며, 그 사랑을 가능하게 하는 것은 '이해'입니다.

지문 너머, 더 넓은 세상으로

제15장

한계를 깨는 마음의 혁명

1. 지문은 운명이 아닌 가능성의 시작점

우리는 지문을 바라볼 때 고정된 특성이 아닌 발전 가능한 가능성으로 봐야 합니다. 지문은 단순한 선 패턴이 아니라, 우리 아이들의 잠재력이 펼쳐지는 출발점입니다.

스탠포드 대학의 캐롤 드웩 박사의 연구에 따르면, 아이들이 자신의 능력을 고정된 것으로 보는 '고정 마인드셋'과 달리 '성장 마인드셋'을 가진 아이들은 도전을 기회로 받아들이고 실패를 배움의 과정으로 이해합니다. 이와 마찬가지로, 지문을 해석할 때도 '이것이 전부다'라는 관점이 아니라 '이것이 시작이다'라는 관점으로 접근해야 합니다.

초등학생을 대상으로 지문검사한 사례에서 보면 학생들의 지문 유형을 파악한 후, 각 유형별 강점을 중심으로 학습 전략을 수립했을 때 학생들이 자신의 타고난 특성을 한계가 아닌 강점으로 인식하도록 도왔으며, 추후 자기효능감이 상승함을 보았습니다.

2. 고정 관념을 뛰어넘는 성장형 마인드셋의 힘

성장형 마인드셋은 지문 이해와 직접적으로 연결됩니다. 우리 아이들의 지문이 가진 특성을 단순히 '이런 성격이니까 어쩔 수 없다'고 체념하는 대신, '이런 특성을 가지고 있으니 어떻게 더 발전시킬 수 있을까?'라고 질문하는 자세가 중요합니다.

몇몇 중학생 대상으로 성장형 마인드셋 프로그램을 적용해 보았을 때 학생들은 자신의 지문 특성을 이해하는 것을 넘어, 그 특성이 어떻게 발전할 수 있는지에 초점을 맞추기 시작했습니다. 예를 들어, 호형문(Arch) 지문을 가진 학생들에게 창의적 사고가 강점이지만 때로는 산만해질 수 있다는 점을 인식하게 하고, 이를 보완하기 위한 집중력 향상 전략을 함께 할 수 있도록 가르쳤습니다. 그 결과, 학업 성취도뿐만 아니라 사회적 문제 해결 능력도 향상됨을 보여주었습니다.

미국의 교육심리학자 앤젤라 더크워스는 "재능보다 열정과 끈기(Grit)가 성공을 더 잘 예측한다"고 말합니다. 지문의 특성은 우리에게 주어진 출발점일 뿐, 그 이후의 여정은 우리의 노력과 환경, 그리고 마인드셋에 달려 있습니다.

3. 매일 쓰는 5줄의 자기성찰이 가져온 부모의 변화

자기성찰은 성장형 마인드셋을 키우는 핵심 도구입니다.

한 학부모 모임에서 '5줄 일기'라는 간단한 방법을 통해 놀라운 변화를 경험했다고 합니다. 매일 저녁, 부모들은 다음 다섯 가지 질문에 한 줄씩

답하며 하루를 정리했습니다.

① 오늘 내 아이의 어떤 강점을 발견했는가?
② 아이의 행동 중 이해하기 어려웠던 것은 무엇인가?
③ 내가 아이의 지문 특성을 고려하여 더 나은 반응을 할 수 있었던 순간은?
④ 내일 아이와의 관계에서 시도해볼 한 가지는?
⑤ 오늘 나 자신의 성장을 위해 한 일은 무엇인가?

이 간단한 실천이 가져온 변화는 놀라웠다고 합니다. 한 학부모는 "아이의 급한 성격을 문제로만 봤는데, 이제는 그 에너지를 창의적인 방향으로 유도하는 방법을 찾게 되었어요. 무엇보다 아이를 판단하기보다 이해하려는 제 자세가 바뀌었습니다."

자기성찰을 위한 구체적인 방법으로, 다음과 같은 루틴을 시도해보세요.

아침 의도 설정	하루를 시작하며 "오늘 아이의 어떤 특성을 새롭게 이해하고 싶은가?"라는 질문으로 의도를 설정합니다.
순간 포착하기	하루 중 아이와의 중요한 순간을 사진이나 간단한 메모로 기록합니다.
저녁 5줄 일기	위에서 언급한 5가지 질문에 답합니다
주간 패턴 찾기	일주일에 한 번, 기록을 검토하며 패턴과 인사이트를 발견합니다.
월간 성장 대화	한 달에 한 번, 배우자나 신뢰하는 친구와 자신의 성장과 아이에 대한 새로운 이해를 나눕니다.

한 달에 한 번, 배우자나 신뢰하는 친구와 자신의 성장과 아이에 대한 새로운 이해를 나눕니다.

　호주 멜버른 대학의 연구에 따르면, 부모의 자기성찰 습관은 아이들의 성장형 마인드셋 발달과 강한 상관관계가 있습니다. 부모가 자신의 실수를 인정하고 그로부터 배우는 모습을 보여줄 때, 아이들도 같은 태도를 발전시킵니다.

제16장

우리 가족만의 행복 지도 그리기

1. 차이를 넘어 하나 되는 가족 생태계의 비밀

가족은 각기 다른 지문, 다른 성격, 다른 관점을 가진 구성원들의 작은 생태계입니다. 이 다양성을 조화롭게 만드는 것이 행복한 가정의 비결입니다.

한 가족 검사에서 '가족 지문 지도' 프로그램을 통해 가족 구성원 각자의 지문 유형과 성격 특성을 시각화하는 작업을 진행해 보았습니다. 이 지도를 통해 가족들은 서로의 차이를 문제가 아닌 강점으로 재해석할 수 있었습니다.

아버지(두형문 지문)는 체계적이고 분석적인 성향으로 가족의 안정을 중시했고, 어머니(호형문)는 직관적이고 창의적인 접근으로 즉흥적인 즐거움을 추구했습니다. 두 중학생 자녀는 각각 기형문과 복합형 지문을 가지고 있었습니다. 초기에는 이러한 차이가 갈등의 원인이었지만, 지문 지도를 통해 "우리는 서로 다른 강점을 가진 팀"이라는 인식으로 변화할 수 있었습니다.

가족 생태계의 조화를 위한 실천 방법	
강점 인정 저녁 식사	주 1회, 저녁 식사 시간에 각 가족 구성원의 한 가지 강점을 돌아가며 이야기해 봅니다.
역할 교환의 날	월 1회, 가족 구성원이 평소와 다른 역할을 맡아봄으로써 서로의 관점을 이해해 봅니다.
가족 의사결정 프로세스	요한 결정에서 각자의 성향을 고려한 의견 수렴 과정을 거칩니다.
차이 축하하기	성격 차이로 인한 갈등 상황을 '우리가 다양해서 좋은 순간'으로 재해석해 봅니다. 가족 연구에서는 구성원 간 차이를 인정하고 활용하는 가정이 전반적인 만족도와 개인의 자아 발달 측면에서 더 나은 결과를 보일 수 있었습니다.

2. 세대를 초월하는 이해의 대화, 지문이 알려준 공감의 언어

세대 간 소통의 어려움은 많은 가정이 겪는 고민입니다.

지문 과학은 이 간극을 줄이는 새로운 대화 방식을 제안합니다.

전문가들은 각 지문 유형별로 선호하는 의사소통 방식이 다르다고 설명합니다.

각 지문 유형별로 선호하는 의사소통 방식	
기형문(Loop)	직접적이고 실용적인 소통 선호
두형문(Whorl)	논리적이고 체계적인 대화를 선호
호형문(Arch)	창의적이고 개방적인 대화 방식 선호
복합형(Composite)	상황에 따라 유연하게 소통 스타일 변화

청소년과 부모 간 대화에 이 원리를 적용했습니다. 부모들은 자녀의 지문 유형에 맞춘 대화법을 배웠습니다, 예를 들어 두형문 지문을 가진 청소년에게는 "이것은 이렇게 해야 해"라는 지시보다 "어떻게 하면 더 흥미롭게 할 수 있을까?"라는 질문으로 접근했습니다.

효과적인 세대 간 대화를 위한 구체적인 방법

지문 유형별 대화 카드	각 가족 구성원의 지문 유형에 맞는 대화 질문 카드를 만들어 활용합니다.
감정 색상표	언어로 표현하기 어려운 감정을 색상으로 표현하여 소통합니다.
주간 1:1 시간	부모와 자녀가 일대일로 만나는 시간을 정기적으로 가집니다.
이야기 이어가기 게임	한 사람이 시작한 이야기를 가족이 돌아가며 이어가는 창의적 활동을 합니다. 부모가 자녀의 성향에 맞는 대화법을 사용했을 때, 갈등 해결 능력이 42% 향상되고 상호 이해도가 57% 증가했다고 합니다.

3. 10년 후에도 빛나는 가족 행복 포트폴리오 만들기

가족의 행복은 주식처럼 장기적 관점에서 '투자'해야 합니다. 10년 후에도 가치가 빛나는 가족 행복 포트폴리오를 구축하는 방법을 알아보겠습니다. 행복한 가정의 공통점은 '공유된 가치와 개별적 성장의 균형'에 있었습니다. 지문 과학은 이 균형을 찾는 데 도움이 됩니다.

가족 가치 헌장	모든 구성원이 참여하여 가족의 핵심 가치를 정의하고 시각화합니다.
성장 타임캡슐	1년마다 각자의 성장 목표와 가족의 공동 목표를 담은 타임캡슐을 만들고, 다음 해에 열어봅니다.
가족 버킷리스트	함께 이루고 싶은 경험 목록을 만들고 하나씩 실천합니다.
감사 저금통	일상에서 감사한 순간들을 기록해 저금통에 모으고, 정기적으로 함께 읽습니다.
역량 투자 계획	각 가족 구성원의 지문 유형에 맞는 재능을 발견하고, 그 발달을 지원하는 장기 계획을 세웁니다.

한 가족 치료사는 "가족의 행복은 구성원 각자가 자신의 고유한 빛을 발할 때 가장 밝게 빛난다"고 말합니다. 지문의 다양성은 이러한 고유한 빛을 발견하는 나침반이 될 수 있습니다.

제17장

지문이 예견하는 미래 교육의 혁명

1. 인공지능 시대, 가장 인간적인 도구로 돌아가기

"선생님, 제 지문이 다른 친구들과 많이 달라요."

지민이가 놀란 눈으로 말했습니다.

"그래, 지민아. 그것이 바로 네가 특별한 이유란다. 네 지문처럼 너의 재능과 성향도 모두 다르거든." 저는 미소 지으며 대답했습니다.

인공지능이 교육 현장을 빠르게 변화시키는 2025년, 역설적으로 가장 주목받는 교육 도구 중 하나는 수천 년 전부터 우리와 함께해온 지문입니다.

최신 연구에 따르면, 지문 패턴은 단순한 신원 확인 수단을 넘어 아이의 선천적 성향과 다중 능력을 읽을 수 있는 소중한 열쇠가 됩니다.

"지문은 태아기 초기에 형성되며, 이는 뇌의 발달 과정과 밀접한 관련이 있습니다. 특히 손가락 끝의 융선 패턴은 대뇌피질의 발달과 연결되어 있어, 아이의 선천적 성향과 재능에 대한 귀중한 정보를 제공합니다."

GFAT 검사 분석을 통해 학생들의 학습 스타일, 감정 처리 방식, 심지어 특정 영역에서의 잠재적 재능까지 파악할 수 있게 되었습니다. 예를 들어, 어떤 아이들은 분석적 사고와 논리-수학적 지능이 뛰어난 경향이 있고, 또 다른 아이들은 공간 지각 능력과 예술적 감각이 발달한 경우가 많습니다.

몇몇 중학생에게 '지문 기반 개인 맞춤형 교육'을 시도해보았습니다.

"아이들의 지문 패턴을 분석하고 그에 맞는 학습 환경을 제공했더니, 학업 성취도와 정서적 안정감이 모두 향상되는 결과를 얻었습니다."

특히 주목할 점은 지문 분석이 표준화된 테스트나 AI 알고리즘으로는 발견하기 어려운 아이들의 숨겨진 잠재력을 드러낸다는 것입니다.

"수업 시간에 조용하고 성적도 평균 이하였던 준호가 지문 분석에서 자연관찰 능력이 뛰어난 것으로 나타났어요."

"야외 학습 기회를 더 제공하고 자연 관찰 프로젝트를 맡겼더니, 놀라운 집중력과 통찰력을 보여주기 시작했죠."

많은 부모들은 이 접근법의 효과를 체감하고 있습니다.

"우리 아이가 왜 그렇게 행동하는지 이해하기 어려웠어요."

한 초등학생 학부모는 말합니다.

"지문 분석을 통해 아이가 신체-운동 능력이 뛰어나다는 것을 알게 된 후, 학습에 움직임을 더 많이 통합했더니 집중력과 이해도가 크게 향상되었어요."

물론 지문만으로 아이의 모든 것을 결정짓는 것은 아닙니다. 중요한 것은 지문 분석이 아이의 선천적 잠재력을 인식하는 출발점이 되어, 교사와 부모가 더 세심하게 관찰하고 개인화된 접근을 시도할 수 있게 한다는 점입니다.

"인공지능은 데이터를 기반으로 패턴을 찾아내는 데 뛰어나지만, 인간의 무한한 잠재력과 다양성을 온전히 이해하고 육성하는 데는 한계가 있습니다. 지문 분석은 각 아이의 고유한 특성을 존중하고 그에 맞는 교육 환경을 조성하는, 매우 인간 중심적인 접근법입니다."

AI 시대에 더욱 중요해진 것은 바로 인간만의 강점인 창의성, 공감 능력, 다양성에 대한 포용력입니다. 지문 분석은 아이들에게 자신의 고유한 능력과 성향을 인식하고 받아들이게 함으로써, 이러한 인간적 가치를 더욱 강화합니다.

"미래 사회에서 성공하는 사람은 AI와 경쟁하는 사람이 아니라, AI가 가지지 못한 인간만의 특성을 최대한 발휘하는 사람일 것입니다. 지문 분석은 그 특성을 조기에 발견하고 육성하는 소중한 도구가 될 수 있습니다."

결국, 가장 첨단 기술이 발달한 시대에 우리가 주목해야 할 것은 역설적으로 가장 원초적인 인간의 특성입니다. 지문이라는 오래된 도구를 통해 우리는 AI가 결코 모방할 수 없는 인간 각자의 독특함과 무한한 잠재력을 재발견하고, 그것을 미래 교육의 핵심 가치로 삼을 수 있을 것입니다.

2. 지문 과학이 바꾸어 놓은 세계 교육의 판도

1) 진로 탐색 사례 모음

① 진안군청 진로 탐색 프로그램

2023년 여름, 진안군청과 협력하여 지역 청소년들을 위한 진로 탐색 프로그램이 진행되었습니다. 이 프로그램은 지역 특성을 반영한 맞춤형 진로교육으로, 농촌지역 청소년들이 다양한 직업세계를 경험할 수 있도록 설계되었습니다.

프로그램의 주요 특징은 지문적성검사를 하고 선천적인 성향과 다중 능력을 기반으로 지역사회 자원을 활용한 실제적인 진로 탐색 프로그램이었습니다. 지문검사를 통한 자기의 미래직업보고서를 작성했는데 개인의 성향과 능력을 기반으로 178가지의 추천된 직업 중에서 5가지를 선택하여 동기부여와 할 수 있다는 자신감을 가진 탐색으로 청소년의 만족도는 높았습니다.

참가 학생들은 자신의 적성과 흥미를 발견하고, 미래 직업 가능성을 모색하는 기회를 가졌습니다. 프로그램 종료 후 설문조사에서는 85% 이상의 학생들이 진로에 대한 인식이 긍정적으로 변화했다고 응답했습니다.

진안군청 담당 팀장님의 후기

수목금 3일간 뜨겁게 진행된 여름방학 진로컨설팅 진.담.(진안의 진심이 담긴 캠프)이 마무리됐다.

기획부터 준비 운영까지 4개월, 작년에 이어 올해 시행중인 모 중학교의 담당 선생님과 진지하게 대화한 후, 업체에 연락해 직접 사무실에서 만나 뵙고 생소한 GFAT 검사의 유용성 검증을 위해 과장님을 비롯해 우리팀 전원이 검사를 한 후 피드백을 했다. 그 이후 구글링을 하며 검사의 장단점을 분석 후 컨설턴트로 오시는 다엘교육 안자선 대표님과 재능디자인연구소 손영배 소장님의 블로그-유튜브 등을 보고 들으며 방학특강으로 확정했다.

남들이 보면 유난스럽다할 정도로 검증을 한 이유는 작년에 진행된 진안교육 정책토론회에서 '공부 잘하는 아이도 공부에 흥미가 없는 아이도 맞춤형 진로진학 컨설팅' 과 '행복한 삶을 살 수 있게 꿈을 찾아달라' 는 건의사항을 수용한 시범사업의 첫 단추를 잘 꿰어야하기 때문이었다.

올해 사업은 아직도 절찬리 진행 중

1) 상설 진학-입시-학습 컨설팅: 전문업체

2) 진로컨설팅 진담캠프: 전문업체 + 진로전문가 특강

3) 학부모 아카데미 & 교육컨설턴트 양성

4) 꿈.진.(꿈이 이루어지는 진안)스터디룸 운영 등

진담캠프는 맨 처음 참여율이 저조해 진행의 어려움을 겪었지만 차츰 시간이 지날수록 입소문을 타고 문의가 많아졌고, 면단위 친구들의 픽업택시까지 운영하며 성황리에 잘 마무리됐다.

특히 '학부모 참관석'을 별도로 만들어 캠프 진행모습을 보여드렸고, 학부모님들도 검사와 상담을 해드리며 신뢰도와 만족도를 높였다.

이 결과는 안자선 대표님과 손영배 소장님께서 진심 가득 열정 가득한 강의와 컨설팅, 섬세한 준비 덕분이다. (다시 한번 두 분께 깊은 감사를 드립니다.) 손영배 소장님께서는 직접 쓰신 베스트셀러인 '청소년300프로젝트' 70권의 책에 일일이 친필로 응원메시지를 적어주시고 사인까지 해주셔서 감동ㅜㅜ

몸이 아픈 나를 위해 우리팀 직원들도 3일 동안 본인들의 일은 잠시 뒤로 하고 내 곁에서 모든 일을 척척척 해결해 든든했다는! 참관하신 학부모님들도 너무 좋다며 고맙다 하시는 말씀이 그동안의 고생들이 또 보람으로 바뀌었다.

이쁜 우리 아이들은 4시간 동안 선천적-후천적 검사로 몰랐던 재능을 찾고, 성격유형 별로 다시 앉아 친구-선배-후배들과의 이해력와 공감도를 높이고 적성에 맞는 다양한 직업군 중 5가지 직업을 골라 글로 써보고, 앞에 나와 미래비전 발표를 하며 선생님들과 친구들의 열렬한 환호와 깜짝 선물까지 받아 행사 후 나가는 표정이 달라져 있었다.

꿈을 찾았다는 아이와 하고 싶은 일이 생겼다는 친구까지 희망했던 작은 기적들이 일어나고 있었다. 여기까지 오기까지 지역에서는 많은 우려와 걱정이 있었지만 앞으로도 차근차근 '한 아이도 소중한 진안교육'을 위해 행.진.(행복한 진안행)할 예정이다. 다정하고 희망찬 진안교육을 응원해 주세요.^^

② 인천영종국제물류고등학교 진로 탐색

2022년 인천영종국제물류고등학교에서 특성화고 학생들을 위한 맞춤형 진로 탐색 프로그램을 진행했습니다. 물류, 유통, 국제무역 등 학교의 특성화 방향에 맞춘 이 프로그램은 학생들이 산업 현장의 실제 요구와 자신의 적성을 연결할 수 있도록 개인의 지문적성 검사를 통해 알아보는 시간이 었습니다.

진로 탐색은 하루 4시간의 집중 프로그램으로 진행되었으며, 자기이해 단계, 직업세계 탐색 단계, 진로계획 수립 단계로 구성되었습니다. 특히 학생들의 개인적인 성향과 선천적인 다중 능력과 후천적인 다중 능력으로 원하는 직업에 대인관계 기술과 의사소통 능력을 향상시키는 데 초점을 맞추었습니다. 물류 산업에서 중요한 협업과 고객 대응 능력을 강화하기 위한 개인의 핵심능력과 필요능력을 알아보는 시간은 주목받았습니다.

참가 학생들은 물류 산업의 다양한 직업군과 필요한 자격요건을 구체적으로 이해하게 되었고, 자신의 진로 계획을 보다 명확히 수립할 수 있게 되었습니다.

영종국제물류고등학교 담당 교사의 후기

진심을 담은 진로 탐색, 아이들의 손끝에서 시작되었습니다.

고교학점제 시행을 앞두고, 우리 아이들에게 정말 도움이 되는 진로 탐색 방법이 없을까 고민하던 중, '지문인식 적성검사'를 처음 접하게 되었습니다. 처음엔 솔직히 반신반의 했습니다. 워크넷이나 커리어넷 등 무료로 제공되는 검사도 많고, 굳이 비용을 들여야 할 필요가 있을까? 하는 생각도 들었기 때문입니다.

하지만 우리 아이 중에는 성적으로 인해 자존감이 낮아진 경우가 적지 않습니다. 그런

아이들에게 '너는 타고난 재능이 있어', '이런 분야에 강점이 있어'라는 이야기를 해주는 그것이 얼마나 큰 힘이 될 수 있을지 생각해 보았습니다.

그래서 먼저 제가 지도하던 동아리 학생들을 대상으로 조심스럽게 도입해 보았습니다. 검사 후 아이들의 반응은 놀라웠습니다.

"지금까지 받은 진로 검사 중 제일 잘 맞아요."

"진짜 저를 이해해 주는 것 같아요."

이런 만족도 조사 결과를 교장선생님께 보고드린 후 교사 연수 시간에 전 교직원이 직접 검사를 경험해 보는 시간도 가졌습니다. 반응은 매우 긍정적이었고, 몇몇 선생님은 이 검사에 대해 더 배우고 싶다고 하셨습니다.

결국 고교학점제를 주관하고 있는 부서인 교육연구부와 협업하여 1학년 전체 학생을 대상으로 검사를 진행했고, 검사 결과는 고교학점제 학업계획서에도 반영되어 학생들의 과목 선택과 진로 설계에 큰 도움을 주었습니다.

그 무엇보다도 인상 깊었던 점은, 검사 결과를 통해 아이들이 자신을 긍정적으로 바라보기 시작했다는 것입니다.

"나는 이런 성향이라서 이런 직업이 맞을 수 있구나."

"공부보다 사람 만나는 걸 좋아하는 이유가 있었네."

이런 자기 이해의 과정은 아이들에게 진로에 대한 흥미와 방향성을 동시에 제공해 주었습니다.

이 검사는 '진로'를 선택하는 도구이자, '자기 자신'을 이해하고 존중하는 출발점이자 한 명 한 명의 '가능성'을 바라보는 눈을 다시 뜨게 되는 계기가 되었습니다.

이 검사를 통해 우리 아이들이 '나답게' 살아갈 수 있는 진로를 찾아갈 수 있게 도와주심에 감사드립니다.

③ 무주군 다문화가족센터 진로지원 프로그램

2024년 무주군 다문화가족센터에서 다문화 청소년을 위한 특별 진로지원
프로그램을 운영했습니다. 이 프로그램은 다문화 배경을 가진 청소년들이
직면하는 특수한 진로 장벽을 극복하고 자신의 강점을 발견할 수 있도록
설계되었습니다.

　프로그램은 4주 과정으로 운영되었으며, 다문화 청소년의 진로를 이해
하는 방법에 초점을 맞추었습니다. 특히 글로벌 직업 환경에서 다문화 배경
이 가진 강점을 이해하고, 이를 자신의 진로에 연결하는 활동이 주를 이루
었습니다.

　참가 청소년들은 프로그램 종료 후 자아존중감과 진로 결정성이 유의미
하게 향상되었으며, 학부모들도 자녀의 진로 지원에 대한 인식이 크게 개선
되었습니다.

④ 완주화산중학교 2024년 직업큐레이터과정

2024년, 완주화산중학교에서는 중학생들을 위한 방과후 프로그램으로 '직
업큐레이터과정'을 시범적으로 운영하였습니다. 프로그램명이 다소 생소했
던 탓에 처음에는 호기심으로 참여한 학생들이 많았지만, 시간이 흐르면서
이 과정은 그들에게 진로를 탐색하고 설계하는 데 있어 매우 의미 있는
경험이 되었습니다.

　프로그램의 첫 단계는 GFAT 종합검사를 통해 자신에 대해 알아보는 것
이었습니다. '나는 어떤 사람일까?', '친구들은 어떤 성향을 가지고 있을까?'
를 함께 탐색하며, 자신과 타인을 이해하고 소통하는 관계의 중요성에 대해
깊이 있게 배우는 시간이 되었습니다.

이어지는 과정에서는 재능디자인연구소 손영배 소장님의 '청소년을 위한 300프로젝트'를 기반으로, 학생들이 스스로의 관심사를 중심으로 책을 읽고, 롤모델을 탐색하고, 인터뷰하며 글을 써보는 활동을 진행했습니다. 처음에는 낯설고 어렵게 느껴졌지만, 자신이 궁금한 것을 스스로 찾아가는 탐구 과정에서 높은 몰입도와 흥미를 보였습니다.

과정이 깊어질수록 학생들은 자신의 진로에 대한 방향성과 확신을 가지게 되었고, 'GFAT 종합검사 보고서'와 '청소년을 위한 300프로젝트'는 다른 친구들에게도 꼭 추천하고 싶다고 말했습니다.

1년 동안의 활동을 마무리하며 학생들은 자신의 관심 분야에 관련된 직업을 주제로 조사하고, 그 내용을 체계적으로 정리해 'MY 진로 BOOK 전시회'를 준비했습니다. 정보 수집 및 분석, 효과적인 발표 방법, 팀워크를 통한 협업까지 실질적인 역량을 키우는 시간들이었습니다.

이 과정을 통해 학생들은 자기주도적 학습 능력, 정보 분석력, 소통과 협업 능력이 향상되었으며, 무엇보다도 진로에 대한 주체성과 책임감을 가지게 되었다는 평가를 받았습니다.

활동을 마친 후 만족도를 묻자, 학생들은 "100점 만점에 100점!"이라며, 이 경험이 자신의 인생에 있어 하나의 전환점이 되었고 "정말 의미 있는 시간이었어요"라고 진심을 담아 표현해 주었습니다.

⑤ 세이브더칠드런 세움센터 진로교육 강의

2024년 세이브더칠드런의 세움센터에서 취약계층 청소년을 위한 진로교육 강의를 진행했습니다. 이 프로그램은 교육 기회가 제한된 청소년들에게 진로 탐색의 기회를 제공하고, 미래에 대한 희망과 목표를 설정할 수 있도록 지원하는 데 중점을 두었습니다.

강의는 '나의 강점 발견하기', '진로장벽 극복하기', '직업세계 이해하기', '진로계획 세우기'와 재능디자인연구소 손영배 소장님의 "청소년을 위한 300프로젝트"의 읽고 만나고 기록하라의 교육으로 구성되었습니다. 특히 청소년들이 자신의 어려운 환경을 극복하고 긍정적인 진로 정체성을 형성할 수 있도록 돕는 심리적 지원에 초점을 맞추었습니다.

참가 청소년들은 자신의 삶과 진로에 대한 주도권을 인식하게 되었으며, 구체적인 진로 목표와 실행 계획을 수립하게 되었습니다. 프로그램 종료 후 세움센터는 이 프로그램을 2025년에도 채택하기로 결정했다고 발표했습니다.

2) 프로그램의 공통적 특징과 성과

지문적성검사 진로 탐색 프로그램들은 몇 가지 공통적인 특징을 가지고 있습니다. 관계 중심적 접근으로 모든 프로그램에서 대인관계 기술과 의사소통 능력을 향상시키는 데 중점을 두었습니다.

① 맞춤형 설계

각 대상 집단의 특성과 환경을 고려한 맞춤형 프로그램 제공

② 실제적 체험

직접 체험과 현장 방문을 통한 실제적인 학습 경험 제공

③ 장기적 관점

일회성 교육이 아닌 지속적인 성장과 발전을 지원하는 프로그램 설계

이러한 프로그램들은 참가자들의 진로인식, 진로결정 자기효능감, 자아존중감 향상 등 다양한 성과를 이끌어냈으며, 특히 취약계층 청소년들에게 새로운 가능성과 기회를 제공했다는 점에서 큰 의미가 있습니다.

진로 탐색 프로그램은 단순한 직업 정보 제공을 넘어, 참가자들이 자신을 이해하고 미래를 설계하는 총체적인 성장 과정을 지원하는 데 초점을 맞추고 있습니다. 이는 빠르게 변화하는 직업 환경에서 청소년들이 유연하게 대응할 수 있는 역량을 기르는 데 기여하고 있습니다.

3. 당신의 아이가 이끌어갈 새로운 세상을 위한 준비

영유아기부터 청소년기에 이르기까지, 우리 아이들은 그 어느 세대와도 다른 미래를 맞이하게 될 것입니다. 인공지능과 자동화 기술이 일상을 재편하고, 기후 변화와 글로벌 연결성이 새로운 도전과 기회를 가져오는 세상에서, 부모와 교사로서 우리는 어떻게 아이들을 준비시켜야 할까요? 지문 분석이라는 과학적 도구는 이 질문에 대한 중요한 실마리를 제공합니다.

1) 지문에 담긴 미래의 나침반

"내 아이가 어떤 아이인지 정말 알고 싶다면, 그 손끝을 보라"라는 말이 있습니다. 태아기 초기에 형성되는 손가락 지문 패턴은 뇌 발달과 밀접한 관련이 있으며, 이는 타고난 다중 능력과 학습 선호도에 대한 귀중한 정보를 담고 있습니다. 예를 들어, 두형문(Whorl) 패턴과 논리사고능력이 우세한 아이들은 분석적 사고와 논리-수학적 지능이 발달한 경향이 있고, 기형문(Loop) 패턴과 언어능력이 두드러진 아이들은 언어적 표현력과 대인관계 지능이 뛰어날 수 있습니다. 호형문(Arch) 패턴과 공간능력이 높은 아이들은 공간 지각 능력과 예술적 감각이 발달한 경우가 많습니다. 이런 타고난 성향은 미래 사회에서 어떤 역할과 기여를 할 수 있을지에 대한 초기 힌트를 제공합니다.

하지만 중요한 것은, 이러한 지문 패턴은 아이의 운명을 결정짓는 것이 아니라 잠재력의 방향을 제시하는 나침반 역할을 한다는 점입니다. 아이가 가진 선천적 강점을 이해하고 이를 바탕으로 미래 사회에 필요한 역량을 개발하는 것이 우리의 목표입니다.

① 영유아기 무한한 가능성의 씨앗 심기

영유아기(0-6세)는 뇌 발달이 가장 활발한 시기로, 아이의 다중 능력이 다양하게 발현될 수 있는 환경을 조성하는 것이 중요합니다. 만약 당신의 아이가 지문검사를 통해 높은 논리-수학적 사고의 잠재력을 가지고 있다면 블록 놀이, 패턴 맞추기, 간단한 퍼즐과 같은 활동을 통해 이러한 능력을 자극할 수 있습니다. 하지만 동시에 다른 지능 영역도 골고루 발달시키기 위해 그림책 읽기, 노래 부르기, 신체 활동 등 다양한 경험을 제공해야 합니다.

"선천적으로 언어 지능이 뛰어난 제 아이에게도 수학적 사고를 기를 수 있는 활동이 필요한가요?"라고 궁금해하실 수 있습니다. 네, 그렇습니다. 영유아기는 모든 지능의 기초를 다지는 시기이므로, 강점 영역뿐만 아니라 다양한 영역의 경험을 제공하는 것이 좋습니다. 다만, 접근 방식을 아이의 선호도에 맞게 조정할 수 있습니다. 예를 들어, 이야기를 통해 수학적 개념을 소개하거나, 노래로 수 세기를 익히게 할 수 있습니다.

또한 영유아기에는 감각적 경험이 매우 중요합니다. 모래, 물, 찰흙과 같은 다양한 질감의 자연 소재를 탐색하게 하고, 바깥에서 뛰어놀며, 음악에 맞춰 움직이는 등의 활동은 뇌의 다양한 영역을 자극합니다. 이러한 풍부한 감각 경험은 미래 사회에서 중요한 창의성과 문제 해결 능력의 기초가 됩니다.

무엇보다 중요한 것은 따뜻하고 반응적인 상호작용입니다. 디지털 기기보다는 부모와의 직접적인 대화, 놀이, 책 읽기 등이 영유아의 건강한 뇌 발달에 필수적입니다. 이것이 미래 사회에서 AI와 차별화될 수 있는 정서적 지능과 사회성의 기반이 됩니다.

② 초등학교 시기 강점을 발견하고 다양성을 키우는 여정

초등학교 시기(7-12세)는 아이들이 자신의 강점을 발견하고 다양한 역량을 개발하는 중요한 단계입니다. 지문 분석을 통해 파악한 아이의 다중 능력 프로필을 바탕으로 좀 더 구체적인 지원이 가능합니다. 예를 들어, 기형문(Loop) 패턴이 우세하고 언어적 지능이 뛰어난 아이라면, 독서 습관을 길러주고 다양한 글쓰기 경험을 제공하는 것이 좋습니다. 하지만 단순히 책을 많이 읽히는 것을 넘어, 미래 사회에 필요한 디지털 리터러시와 결합하여 블로그 작성, 팟캐스트 제작, 디지털 스토리텔링 같은 활동을 격려할 수 있습니다. 같은 맥락에서, 공간 지능이 뛰어난 아이에게는 미술, 조각, 건축 설계 등의 활동뿐만 아니라, 3D 모델링, 간단한 게임 디자인 등 디지털 시대의 공간적 사고를 활용하는 경험도 제공하는 것이 좋습니다.

초등학교 시기에는 특히 '메타인지'(자신의 학습을 인식하고 조절하는 능력)를 발달시키는 것이 중요합니다. "너는 어떻게 배우는 것이 가장 효과적이니?"라는 질문을 통해 아이가 자신의 학습 선호도를 인식하게 하고, 문제를 해결하는 다양한 방식을 시도해볼 수 있도록 격려해 주세요.

한 학부모님은 이렇게 말씀하셨습니다. "지문 분석을 통해 제 아이가 신체-운동적 지능이 뛰어나다는 것을 알게 된 후, 학습에 움직임을 더 많이 통합했더니 집중력과 이해도가 크게 향상되었어요." 이처럼 아이의 학습 선호도를 존중하면서도, 다양한 학습 방식을 경험하게 하는 것이 중요합니다. 또한 초등학교 시기는 디지털 시민성의 기초를 다지는 시기이기도 합니다. 온라인 정보를 비판적으로 평가하는 능력, 디지털 도구를 창의적으로 활용하는 능력, 온라인에서의 예절과 안전에 대한 이해 등은 미래 사회에서 필수적인 역량입니다.

무엇보다 중요한 것은 '성장 마인드셋'을 키우는 것입니다. "아직 할 수 없는 거야"라는 인식을 심어주고, 노력과 도전을 통한 성장을 격려하는 것이 미래 사회의 빠른 변화에 적응할 수 있는 능력의 기초가 됩니다.

③ 청소년기 정체성을 확립하고 미래를 준비하는 시간

청소년기(13-18세)는 자아 정체성이 형성되고 진로에 대한 구체적인 탐색이 이루어지는 시기입니다. 지문 분석을 통해 파악한 타고난 강점과 성향을 바탕으로, 미래 사회에서 어떻게 자신의 역할을 찾을 수 있을지 안내하는 것이 중요합니다.

이 시기의 청소년들은 '나는 누구인가?'라는 근본적인 질문에 대한 답을 찾고 있습니다. 지문 분석은 이러한 자기 이해의 여정에 과학적 근거를 제공할 수 있습니다. 예를 들어, 자기이해능력이 뛰어난 청소년에게는 철학, 심리학, 문학 등을 통한 깊은 사고의 기회를 제공하고, 이를 미래의 상담, 교육, 인문학 연구 등의 진로로 연결시킬 수 있습니다.

미래 사회에서는 전통적인 직업의 경계가 흐려지고, 새로운 직업이 계속 등장할 것입니다. 따라서 단순히 '어떤 직업을 가질 것인가?'보다는 '어떤 문제를 해결하고 싶은가?', '어떤 가치를 추구하고 싶은가?'라는 질문을 중심으로 진로 탐색을 안내하는 것이 효과적입니다.

청소년기에는 협업과 프로젝트 기반 학습이 특히 중요합니다. 다양한 다중 능력을 가진 또래들과 함께 실제 문제를 해결하는 프로젝트에 참여함으로써, 미래 사회에서 필요한 협업 능력, 의사소통 능력, 창의적 문제 해결 능력을 개발할 수 있습니다.

또한, 이 시기에는 디지털 도구를 책임감 있게 활용하는 법을 배우는 것이 중요합니다. 소셜 미디어, AI 도구, 데이터 분석 등의 기술을 단순히 소비하는 것이 아니라, 이를 통해 가치 있는 콘텐츠를 창작하고 사회적 영향력을 행사하는 경험을 제공하세요.

무엇보다 청소년기에는 회복탄력성(레질리언스)을 키우는 것이 중요합니다. 실패와 좌절을 건설적으로 다루는 법, 스트레스를 관리하는 방법, 불확실성 속에서도 앞으로 나아가는 용기 등은 미래 사회에서 성공적으로 적응하기 위한 필수 요소입니다.

2) 부모와 교사의 동반자적 역할

아이들의 미래를 준비하는 과정에서 부모와 교사는 가장 중요한 안내자입니다. 지문 분석을 통해 아이의 타고난 성향을 이해한 후, 어떻게 이를 교육에 활용할 수 있을까요?

무엇보다 중요한 것은 '레이블링'을 피하는 것입니다. "우리 아이는 수학적 지능이 부족해"라는 식의 고정관념은 아이의 가능성을 제한합니다. 대신, "우리 아이는 현재 음악적 접근을 통해 수학을 배울 때 더 효과적이구나"라는 식의 열린 마인드를 유지하세요.

또한, 아이의 강점을 인정하면서도 균형 있는 발달을 격려하는 것이 중요합니다. 예를 들어, 논리-수학적 지능이 뛰어난 아이에게도 정서적 표현과 공감 능력을 키우는 활동이 필요합니다. 미래 사회에서는 기술적 역량과 인간적 역량의 균형이 더욱 중요해질 것이기 때문입니다.

부모로서 할 수 있는 가장 강력한 역할 중 하나는 '모델링'입니다. 평생 학습자의 모습을 보여주고, 새로운 도전에 열린 태도를 유지하며, 디지털 도구와 정보를 비판적으로 활용하는 모습을 보여주세요. 아이들은 말보다 행동을 통해 더 많이 배웁니다.

교사로서는 개별화된 학습 경험을 제공하는 것이 중요합니다. 모든 학생이 같은 방식으로 배울 것을 기대하기보다는, 다양한 학습 스타일과 다중 능력을 존중하는 다양한 교수법을 활용하세요. 예를 들어, 같은 과학 개념을 가르치더라도 시각적, 청각적, 신체-운동적 학습자들을 위한 다양한 접근 방식을 준비할 수 있습니다.

또한, 미래 사회에서 중요한 '소프트 스킬'을 의도적으로 가르치는 것이 필요합니다. 비판적 사고, 창의성, 의사소통, 협업, 적응력 등은 교과 내용 못지않게 중요한 미래 역량입니다. 이러한 역량은 프로젝트 기반 학습, 토론, 팀워크 활동 등을 통해 개발될 수 있습니다.

부모와 교사 모두에게 중요한 것은 '긍정적 자아상'을 형성하도록 돕는 것입니다.

"너는 특별해"라는 빈 칭찬이 아니라, 구체적인 노력과 성장에 대한 인정을 통해 아이들이 자신의 가치와 가능성을 믿을 수 있도록 도와주세요.

3) 미래 사회의 핵심 역량 키우기

지문 분석을 통해 파악한 아이의 다중 능력 프로필을 바탕으로, 미래 사회에서 필요한 핵심 역량을 어떻게 개발할 수 있을까요? 여기서는 특히 중요한 세 가지 역량에 초점을 맞추겠습니다.

① 창의성과 혁신 능력

인공지능이 반복적이고 알고리즘화된 작업을 대체하는 미래에, 인간만의 고유한 창의성은 더욱 중요해질 것입니다.

언어능력이 뛰어난 아이의 경우, AI와 함께 창작하는 방법을 배우는 것이 중요합니다. AI 도구로 기본 내용을 생성한 후, 이를 인간만의 독창적 관점과 감성으로 편집하고 개선하는 능력을 키울 수 있습니다.

공간능력이 뛰어난 아이에게는 VR/AR 기술을 활용한 창작 활동, 3D 디자인, 게임 개발 등의 경험을 제공할 수 있습니다. 이러한 활동은 미래의 메타버스와 같은 가상 환경에서 가치를 창출할 수 있는 능력의 기초가 됩니다.

음악능력이 뛰어난 아이에게는 전통적인 악기 연주뿐만 아니라, 디지털 음악 제작, 사운드 디자인 등의 경험을 제공하여 기술과 예술의 융합 능력을 키울 수 있습니다.

무엇보다 중요한 것은 '분야 간 경계 넘기'를 격려하는 것입니다. 예술과 과학, 인문학과 기술 등 다양한 분야를 연결하는 융합적 사고를 통해 혁신적인 아이디어가 탄생합니다.

② 자기이해능력과 대인관계 능력

기술이 발전할수록, 역설적으로 인간적 연결과 공감 능력의 가치는 더욱 중요해집니다.

대인관계능력이 뛰어난 아이는 이미 이 영역에서 강점을 가지고 있겠지만, 디지털 환경에서의 의사소통과 협업 능력을 추가로 개발하는 것이 필요합니다. 글로벌 팀 프로젝트, 온라인 토론, 디지털 리더십 경험 등을 통해 이러한 능력을 키울 수 있습니다.

논리사고능력(논리수학능력)이 뛰어난 아이에게는 감정 인식과 공감 훈련이 특히 중요할 수 있습니다. 이야기, 역할극, 토론 등을 통해 다양한 관점과 감정을 이해하는 능력을 개발하세요.

또한, 모든 아이들에게 디지털 디톡스와 대면 소통의 가치를 가르치는 것이 중요합니다. 스크린 시간을 관리하고, 깊은 대화와 실제 관계의 중요성을 인식하며, 온라인과 오프라인의 건강한 균형을 찾는 습관을 형성하세요.

③ 적응력과 회복탄력성

변화가 유일하게 확실한 미래에서, 새로운 상황에 빠르게 적응하고 실패에서 회복하는 능력은 필수적입니다.

자기이해능력이 강한 아이들은 자기성찰과 감정 조절에 강점이 있을 수 있지만, 외부 변화에 유연하게 대응하는 능력을 추가로 개발할 필요가 있습니다. 다양한 환경과 도전에 노출시키고, 불확실성을 관리하는 전략을 가르치세요.

신체운동능력이 뛰어난 아이들에게는 스포츠를 통해 회복탄력성을 가르칠 수 있습니다. 패배, 부상, 슬럼프 등을 극복하는 과정에서 정신적 강인함과 인내심을 기를 수 있습니다.

무엇보다 중요한 것은 '성장 마인드셋'을 형성하는 것입니다. 실패를 배움의 기회로 인식하고, 도전을 즐기며, 끊임없이 자신을 개선하는 태도는 어떤 미래가 오더라도 적응할 수 있는 가장 강력한 도구입니다.

4) 미래를 향한 지속적인 여정

지문 분석은 아이의 타고난 잠재력을 이해하는 출발점이지만, 미래를 준비하는 것은 평생에 걸친 여정입니다. 중요한 것은 아이의 독특한 다중 능력 프로필을 존중하면서도, 미래 사회에 필요한 다양한 역량을 균형 있게 개발할 수 있도록 지원하는 것입니다.

한 미래교육 전문가는 이렇게 말합니다. "미래 사회에서 성공하는 사람은 AI와 경쟁하는 사람이 아니라, AI가 가지지 못한 인간만의 특성을 최대한 발휘하는 사람일 것입니다. 지문 분석은 그 특성을 조기에 발견하고 육성하는 소중한 도구가 될 수 있습니다."

결국, 가장 첨단 기술이 발달한 시대에 우리가 주목해야 할 것은 역설적으로 가장 원초적인 인간의 특성입니다. 지문이라는 오래된 도구를 통해 우리는 AI가 결코 모방할 수 없는 인간 각자의 독특함과 무한한 잠재력을 재발견하고, 그것을 미래 교육의 핵심 가치로 삼을 수 있습니다.

부모와 교사로서 우리의 역할은 아이들이 자신만의 고유한 지문처럼 독특한 강점과 가능성을 발견하고, 이를 바탕으로 어떤 미래가 오더라도 자신만의 의미 있는 자리를 찾을 수 있도록 안내하는 것입니다. 그것이 바로 우리 아이들이 새로운 세상을 이끌어갈 수 있도록 하는 가장 강력한 준비일 것입니다.

아이들은 매일 조용한 질문을 던집니다.

"나는 왜 자꾸 실수할까?"

"왜 친구들과 다른 걸까?"

"나는 어떤 사람이 될 수 있을까?"

그 물음은 말보다 먼저 행동으로 나타나고,

부모와 교사인 우리는 그 질문을 '듣고', '이해하고', '답할' 책임이 있습니다.

지문적성검사는 유아기부터 시작되지만, 청소년기의 진로 탐색에도 강력한 길잡이가 되어줍니다. 아이의 지문 속에는 타고난 성향, 에너지 방향, 학습 민감도, 그리고 다중 능력의 우선순위까지 과학적으로 담겨 있습니다.

이 검사는 단순한 검사 그 이상입니다.

유아기부터 실천할 수 있는 '과학육아'의 시작점이며, 청소년기뿐 아니라 유아기부터 아이의 가능성을 구체화하는 진로 설계의 나침반이 됩니다.

우리가 해야 할 일은, 이 과학적 기반 위에서 아이의 성향을 정확히 이해하고, 강점을 발견해 더욱 빛나게 하고, 약점은 비난이 아닌 보완의 관점에서 도와주는 것입니다.

부모와 교사는 아이의 해석자이며, 가능성을 현실과 연결해주는 안내자입니다.

우리는 아이의 손끝에 새겨진 신호를 해석할 수 있는 따뜻한 전문가가 되어야 합니다. 지문은 운명이 아니라 가능성의 지도입니다.

아이의 질문에, 지식이 아닌 이해로, 통제 대신 신뢰로, 모두가 알고 있는 정답이 아닌 한사람이 원하는 방향으로 대답하는 것입니다.

그것이 바로 부모와 교사의 역할입니다.

이 책은 끝났지만, 아이의 질문은 오늘도 계속되고 있습니다.

이제 그 질문에, 당신의 진심 어린 대답이 시작되기를 바랍니다.

손가락 끝에서 시작되는 인류의 새로운 여정

저녁 노을이 물드는 창가에서, 한 아이가 작은 손가락으로 유리에 그림을 그립니다. 단순한 선과 동그라미지만, 그 안에는 무한한 우주가 담겨 있습니다. 그 작은 손가락 끝에서, 인류의 새로운 여정이 시작되고 있습니다.

한 아이의 변화가 세상을 바꾸는 나비효과

나비의 날갯짓이 지구 반대편에 폭풍우를 일으킬 수 있다는 나비효과처럼, 한 아이의 작은 변화는 세상을 바꾸는 시작점이 됩니다. 오늘 여러분이 아이의 손을 잡고 함께한 모래성 쌓기, 그림책 읽기, 별자리 관찰하기와 같은 일상의 작은 순간들이 아이의 뇌에 새로운 신경 연결을 만들고, 그 연결은 미래의 혁신적인 아이디어, 깊은 공감 능력, 문제 해결 능력으로 발전합니다.

어쩌면 오늘 밤 여러분의 아이가 그린 상상 속 동물이, 미래에는 멸종 위기 종을 구하는 환경 보호 프로젝트로 이어질지 모릅니다. 혹은 함께 만든 종이비행기가 우주 탐사의 꿈으로 자라날지도 모릅니다. 혹은 단순히 아이가 느낀 '나는 소중하고 사랑받는 존재'라는 감정이, 다른 이들을 소중히 여기는 따뜻한 사회운동가로 성장하는 씨앗이 될 수도 있습니다.

아이의 손끝에서 시작된 작은 변화들이 모여, 우리가 미처 상상하지 못했던 놀라운 미래를 창조해 나갑니다. 그것이 나비효과의 경이로운 힘입니다.

지문 너머의 세계로 나아가는 우리의 다음 걸음

이 책을 통해 우리는 손가락 지문 속에 담긴 놀라운 비밀을 탐험했습니다. 그러나 진정한 여정은 이제 시작입니다. 지문 너머의 세계, 즉 그 패턴 속에 담긴 잠재력이 현실로 꽃피는 세계로 나아가는 것이 우리의 다음 걸음입니다.

이제 우리는 알고 있습니다. 아이의 지문은 단순한 신원 확인 도구가 아니라, 그들만의 고유한 재능과 가능성을 담은 생체 청사진이라는 것을. 그러나 이 청사진은 운명이 아닌 가능성의 지도입니다. 그 가능성이 어떻게 발현되고 꽃피울지는 아이를 둘러싼 환경, 경험, 그리고 무엇보다 아이 자신의 선택에 달려 있습니다.

때로는 우리의 선입견과 고정관념이 아이의 다양한 가능성을 제한할 수 있습니다. "우리 아이는 이런 아이야"라는 레이블을 붙이는 순간, 우리는 아이가 될 수 있는 무수한 다른 모습들을 보지 못하게 됩니다. 지문 너머의 세계로 나아가기 위해, 우리 역시 열린 마음으로 끊임없이 배우고 성장해야 합니다.

아이가 자신의 손으로 세상을 탐험하고 창조할 때, 우리는 그저 옆에서 지켜보고, 때로는 안내하고, 무엇보다 아이 스스로 자신의 길을 찾아갈 수 있도록 신뢰하는 것. 그것이 지문 너머의 세계로 나아가는 우리의 다음 걸음입니다.

모든 아이가 자신만의 빛으로 빛나는 세상을 위하여

저 밤하늘의 별들을 보세요. 어떤 별은 붉게, 어떤 별은 푸르게, 어떤 별은 강렬하게, 어떤 별은 은은하게 빛납니다. 그럼에도 우리는 어떤 별이 '더 옳은' 방식으로 빛난다고 말하지 않습니다. 모든 별이 저마다의 방식으로 빛나며 밤하늘의 경이로운 풍경을 완성합니다.

우리 아이들도 마찬가지입니다. 모든 아이는 세상에 단 하나뿐인 존재로, 자신만의 고유한 방식으로 빛날 권리가 있습니다. 어떤 아이는 말로, 어떤 아이는 그림으로, 어떤 아이는 몸으로, 어떤 아이는 노래로 자신을 표현합니다. 어떤 아이는 사람들 앞에서 밝게 빛나고, 어떤 아이는 조용한 방에서 깊은 생각에 잠겨 빛납니다.

우리의 역할은 아이들이 자신만의 빛을 발견하고, 그 빛을 자유롭게 발산할 수 있는 환경을 만들어주는 것입니다. 그것은 때로는 아이의 작은 관심사를 진지하게 대하는 것일 수도, 실패해도 다시 도전할 용기를 북돋아주는 것일 수도, 혹은 그저 아이의 이야기에 귀 기울여주는 것일 수도 있습니다.

아이들의 손가락 끝에서 시작된 무한한 가능성이 세상 곳곳으로 퍼져나가, 모든 아이가 자신만의 빛으로 당당히 빛나는 세상. 그런 세상을 향해, 오늘도 우리는 아이의 작은 손을 잡고 한 걸음 나아갑니다.

이 여정에 함께해 주서서 감사합니다. 이제 책은 끝이 났지만, 여러분과 아이의 진짜 모험은 지금부터 시작입니다. 아이의 손끝에서 피어나는 무한한 가능성의 세계로, 설렘 가득한 발걸음을 내딛으세요.

그리고 언젠가, 먼 훗날, 여러분의 아이가 자란 모습을 바라볼 때, 오늘 심은 작은 씨앗들이 어떤 아름다운 숲을 이루었는지 경이로운 마음으로 목격하게 될 것입니다. 그 순간을 상상하며, 오늘의 작은 발견과 만남과 놀이에 온 마음을 다해 함께하세요.

모든 아이가 자신만의 빛으로 빛나는 세상을 위하여, 우리의 여정은 계속됩니다.

감사의 글

이 책을 세상에 내놓기까지, 보이지 않는 많은 손길들이 함께해 주셨습니다. 무엇보다도, 부족한 저에게 지혜를 주시고, 길이 보이지 않을 때마다 따뜻한 빛으로 인도해주시고 언제나 저와 함께하시며 모든 순간을 이끌어 주신 하나님께 가장 먼저 감사드립니다.

그리고 이 책을 쓰는 내내 따뜻한 격려와 믿음으로 저를 끝까지 밀어주시며, 진심으로 응원해 주신 사단법인 출산육아교육협회이사장님이시며 ESG교육문화연구소 대표님이신 양진 이사장님께도 깊은 감사의 마음을 전합니다. 이사장님의 그 믿음과 지지가 아니었다면, 저는 이 책의 첫 문장조차 용기 내어 쓰지 못했을지도 모릅니다.

또한 원고를 검토해 주시고, 검수해 주신 IFAS 대표님이시며 '지문과 장문을 활용한 적성검사시스템에 대한 연구'로 이학박사학위를 받으신 김용 박사님께도 깊이 감사드립니다. 박사님의 세심한 검수와 조언 덕분에, 이 책이 단순한 경험담을 넘어 전문성과 깊이를 갖춘 기록으로 완성될 수 있었습니다.

이 책은 결코 혼자의 힘으로 만든 결과물이 아닙니다.

함께해 주신 분들의 진심과 헌신이 모여 완성된, 소중한 동행의 결실입니다. 그 모든 손길에 마음 깊이 감사드립니다.

초판 1쇄 발행 2025년 11월 22일

지은이 안자선
펴낸이 박 진
펴낸곳 도서출판 울림#

등록 제2015-27호
주소 인천광역시 남구 염전로 330 제이타워 1차605호(주안동)
전화 032-504-2004
팩스 032-504-9004

ISBN 979-11-956462-3-4 93300
정가 24,000원